Norbert Kuchinke

RUSSLAND UNTERM KREUZ

1000 Jahre russisch-orthodoxes Christentum

BASTEI
LÜBBE

BASTEI-LÜBBE-TASCHENBUCH
Band 64 072

Norbert Kuchinke, Jahrgang 1940, war Redakteur bei den Zeitschriften **Capital** und **Der Spiegel**. Von 1973 bis 1983 arbeitete er als Korrespondent in Moskau. Heute ist er als freier Schriftsteller und Journalist tätig und hat u. a. ein Buch über **Gott in Rußland** und über **Elite in Rußland** geschrieben.

Originalausgabe
Copyright © 1987 by Gustav Lübbe Verlag GmbH,
Bergisch Gladbach
Printed in West Germany Dezember 1987
Einbandgestaltung: Klaus Blumenberg, Köln
Satz: ICS Communikations-Service GmbH, Bergisch Gladbach
Druck und Bindung: Ebner Ulm
ISBN 3-404-64072-1

INHALT

»GOTT IM HERZEN«

TAUSEND JAHRE RUSSISCH-ORTHODOXE KIRCHE (988 BIS 1988)

Schon Stunden vor dem Gottesdienst kommen Gläubige in die Kirche, um einen Platz, wenn möglich vor dem Altar, zu erstehen. An hohen Feiertagen der russisch orthodoxen Kirche – wie Weihnachten, Ostern oder Pfingsten – wollen Christen von nah und fern die Geburt oder Auferstehung des Heilands mit dem Patriarchen, dem Oberhaupt ihrer Kirche, gemeinsam feiern. Die Jelochowskaja-Kathedrale, die Patriarchen-Kirche, in der Sparta-kusstraße 15 in Moskau, in der über sechstausend Menschen Platz finden (in der russischen Kirche gibt es keine Bänke), ist dann mehr als überfüllt; nicht einmal eine Stecknadel würde auf den Boden fallen können. Auf dem Kirchplatz vor der Kathedrale stehen Gläubige und auch Schaulustige, die wegen des großen Andrangs nicht mehr in die Kathedrale eingelassen werden konnten.

Selbst auf den Straßen um das wuchtige Gotteshaus drängen sich die Menschen, die wenigstens, wenn sie schon nicht unmittelbar dabei sein können, den Gesang der Priester, der Gläubigen und des Kirchenchores von draußen hören möchten. Damit die Menschenansammlung vor der Kathedrale nicht allzu groß wird, die Menge womöglich nicht mehr zu kontrollieren wäre, schirmen staatliche Ordnungshüter die Kathedrale ab. Berittene Polizisten stehen abseits, um bei Tumulten oder Massenpanik einschreiten zu können. Akkreditierte Ausländer, für die eine mit Gittern abge-grenzte Ecke der Kathedrale reserviert ist, dürfen erst nach mehr-fachen Ausweiskontrollen den Eingang passieren.

Über fünf Stunden lang dauert ein festlicher Gottesdienst in der

Russische Pilger aus Sibirien oder dem Fernen Osten sind oft Tage und Wochen unterwegs, um im europäischen Teil der Sowjetunion Gottesdienste besuchen zu können.

Patriarchenkirche. Die Gläubigen stehen dichtgedrängt, beten inbrünstig und singen Gott zu Ehren abwechselnd mit den Priestern. An hohen Feiertagen bietet sich in allen russisch-orthodoxen Kirchen des Landes mehr oder weniger das gleiche Bild. Die rund siebentausend russisch-orthodoxen Kirchen, die es in der Sowjetunion noch gibt, sind dann alle überfüllt. Und das Sprichwort: »Es ist eng wie in der Kirche«, gilt heute wie früher. Frömmigkeit befällt die Sowjetmenschen nicht nur zu Festtagen wie Ostern oder Weihnachten. Von den Russen, die etwa die Hälfte der Sowjetbürger stellen, geht ungefähr jeder dritte Erwachsene in die Kirche. Also: von den rund hundertdreißig

Millionen Russen sind nach vorsichtigen Schätzungen der Moskauer Kirchenleitung etwa vierzig bis fünfzig Millionen gläubig und besuchen auch dann und wann ein Gotteshaus. Orthodoxe Priester, die weder die Politik des kommunistischen Staates noch die des Moskauer Patriarchats wegen der zu laschen Haltung gegenüber der weltlichen Macht akzeptieren, und auch staatliche Funktionäre, denen die Kontrolle über die Kirche obliegt, sind aus unterschiedlichen (politischen) Gründen eher an weniger als an mehr Gläubigen interessiert. Nach ihrer Einschätzung sind etwa zwanzig Millionen Russen gläubig.

Die genaue Zahl in Rußland kennt wohl — außer dem lieben Gott — niemand. Keiner registriert; in keinem Dokument wird nach dem Glauben gefragt; Umfragen unter Sowjetbrügern zu diesem Thema sind bislang nicht durchgeführt worden.

Sicher ist nur eins, daß die russisch-orthodoxe Kirche in der Sowjetunion existiert und eher an Einfluß — vor allem unter der Jugend — gewonnen als verloren hat, obwohl sie nach außen hin kaum die Möglichkeit besitzt, für sich zu werben.

1988 wird die russisch-orthodoxe Kirche tausend Jahre alt.

Nach siebzig Jahren Oktoberrevolution und atheistischer Staatsdoktrin sind die Hoffnungen, Wünsche und Pläne der Ideologen bezüglich des Glaubens nicht in Erfüllung gegangen. Der erste Arbeiter- und Bauernstaat hatte sich vorgenommen, die christliche Religion zu beseitigen. Ihren Platz sollte die kommunistische Ersatz-Religion von Marx, Engels und Lenin einnehmen. »Das Opium fürs Volk«, so Marx über den christlichen Glauben, war und ist im russischen Menschen stärker verwurzelt als die materialistisch denkenden Religionsplaner angenommen hatten. Der Staat duldet — oder sah sich wohl dazu gezwungen — die Kirche und sieht mittlerweile in ihr vielleicht auch eine moralische Hilfe, die in Lethargie und Gleichgültigkeit verfallenen Bürger zu motivieren und sittlich aufzubauen. Unter Generalsekretär Michail Gorbatschow ist auch für die Kirche der Bewegungsraum größer und freier geworden.

Allerdings ist nicht zu erwarten, daß die Prophezeiungen des von allen Russen, den Gläubigen und Atheisten, verehrten Dichters Fjodor Michailowitsch Dostojewski aus seinem Roman ›Die Brüder Karamasow‹ bald in Erfüllung gehen. Er konnte sich ein Rußland ohne Gott nicht vorstellen: ». . . Das Volk ist gläubig in unserer Weise, und eine atheistische Kraft, mag sie auch noch so aufrichtigen Herzens, noch so genialen Geistes sein, wird bei uns in Rußland nichts ausrichten. Das behaltet im Gedächtnis. Das Volk wird dem Atheisten begegnen und wird ihn bewältigen und wird das einige orthodoxe Rußland bleiben. Schätzet das Volk und behütet sein Herz, . . . denn dieses Volk trägt Gott im Herzen.« An russisch-orthodoxen Festtagen, wenn in Kirchen, Klöstern oder der Patriarchen-Kirche Tausende Gläubige inbrünstig und stundenlang — ohne müde zu werden — beten und Gott hingebungsvoll verherrlichen, bekommt der Außenstehende den Eindruck, Dostojewski würde noch heute leben und beobachten.

Tatsache ist aber, daß außerhalb der Kirchen der Staat mit seinen atheistischen Symbolen präsent ist. Noch sind Religion und Kommunismus in der Sowjetunion unvereinbare Lehren, die den ganzen Menschen, einschließlich seiner Seele, beanspruchen. Wer Kommunist ist, darf nicht gläubig sein und umgekehrt, wenigstens nach außen hin. Ein Moskauer Priester: »In die Herzen der Parteibuch-Kommunisten kann kein Ideologe hineinschauen, vor Gott aber kann kein Christ seine Seele verstecken.«

Die innere Abgrenzung von Kommunismus und Religion wurde in der Sowjetunion auch äußerlich vollzogen. Die Kirche ist vom Staat getrennt. Schon lange vor der Revolution hatte Lenins kommunistische Partei in ihrem Programm 1903 verkündet, daß die Kirche vom Staat und die Schule von der Kirche getrennt werden müßten. Dieser Schritt wurde nach dem Sieg der Bolschewiken über den Zaren alsbald vollzogen. In Artikel 124 der sowjetischen Verfassung hieß es bis 1977: »Zum Zwecke der Gewährleistung der Gewissensfreiheit für die Bürger sind in der UdSSR die Kirche vom Staat und die Schule von der Kirche getrennt. Die Freiheit der Ausübung religiöser Kulthandlungen und die Freiheit antireligiöser Propaganda werden allen Bürgern zuerkannt.«

Damit der Staat und somit die örtlichen Behörden gegenüber der Kirche und umgekehrt Gesetze einhalten und die praktische Verwirklichung kontrollieren, wurde der Rat für Religionsangelegenheiten beim Ministerrat der UdSSR in Moskau geschaffen. Der Rat hat in allen Unions- und autonomen Republiken, Regionen, Bezirken und Städten Bevollmächtigte, die darüber zu wachen haben, daß Kirche und Staat miteinander möglichst konfliktfrei leben. Was die Kirche darf und was ihr verboten ist, haben die Gesetzgeber genau festgelegt.

Mit der Trennung von Staat und Kirche wurden auch andere amtliche Bezeichnungen eingeführt. Der Gottesdienst oder eine Beerdigung sind eine ›Kulthandlung‹, der Priester ist ein ›Diener des Kultes‹, der Kelch ist ein ›Kultgegenstand‹. Die Kirche darf sich nur in ihren Kirchen betätigen, ›Kulthandlungen‹ wie Gottesdienste, Taufen oder Hochzeiten sind nur in Kirchen erlaubt. Jegliche Tätigkeit außerhalb des Kirchengebäudes ist ihr untersagt. Sie darf nicht: Jugendlichen organisierten Religionsunterricht, auch nicht in der Kirche, erteilen. Der ›Religionsunterricht und die religiösen Riten‹ wurden an allen staatlichen, öffentlichen und privaten Lehranstalten abgeschafft, stellte das Volkskommissariat für Bildungswesen 1918 fest; heute gibt es nur noch staatliche Schulen, in denen keine Religion unterrichtet wird. Auch in dieser Frage konnten sich die russischen Kommunisten auf ihren Vordenker Karl Marx stützen: Durch die Trennung von Schule und Kirche werde eine zwangsweise, gewaltsame Heranführung der Schüler zur Religion unterbunden. Die Beseitigung des religiösen und klerikalen Elements sei der Anfang der geistigen Emanzipierung des Volkes, stellte Marx fest. Die Kirche darf nicht zu innen- und außenpolitischen Themen Stellung nehmen. Mit einer Ausnahme: Im Interesse des Staates darf und soll die Kirche (im Sinne der sowjetischen Vorstellung) für Weltfrieden in den Gotteshäusern predigen und außerhalb für ihn eintreten.

Die Kirche darf nicht über Radio, Fernsehen, staatliche Zeitungen oder Zeitschriften das Wort Gottes verkünden oder für ihre Zwecke werben; sie darf keine religiöse Literatur außerhalb der Kirche verkaufen und keine Bücher in den Kirchen mit religiösphilosophischem, mystischem oder belletristischem Inhalt aufbewahren. Sie darf armen Leuten finanziell nicht helfen, karitative Organisationen nicht unterstützen und karitativ nicht tätig werden. Der ehemalige Vorsitzende des Rates für Religionsangelegenheiten Wladimir Kurojedow, im Range eines Ministers, begründete das Verbot so: Diese Tätigkeit habe keine direkte Beziehung zur Ausübung religiöser Kulthandlungen. Und sie sei praktisch auch nicht notwendig. In der UdSSR seien Not, Hunger und Arbeitslosigkeit längst beseitigt. Die ganze soziale Fürsorge übernehme der sozialistische Staat.

Lang und ausführlich ist der Katalog der Verbote für die Kirche. Nur sind viele Verordnungs-Passagen in der Praxis zu verstaubter Makulatur geworden. Staatsbeamte und ›Diener des Kultes‹ gehen derzeit miteinander loyaler und verständnisvoller um als früher. Priester unterlaufen das Paragraphengestrüpp, wo sie nur können. Sie geben bedürftigen Christen Geld, erteilen jugendlichen Gruppen und Erwachsenen Religionsunterricht in Wohnungen und taufen auch außerhalb der Kirche, wenn es verlangt wird. Denn nicht alle Eltern, die womöglich berufliche Nachteile fürchten, möchten ihr Kind in der Kirche taufen lassen. Dort müssen die getauften Kinder in Listen eingetragen werden, die von staatlichen Funktionären kontrolliert werden können.

Doch auch der Staat hat dem Priester Rechte eingeräumt, die er nicht wahrnimmt oder nicht wahrnehmen kann, weil die Behörden nicht informiert sind oder sich mit einem ›Njet‹ stur stellen. Obwohl Priester zu Sterbenden, die in Krankenhäusern liegen und einen Geistlichen verlangen, gehen dürfen, ist dieses — soweit sie sich erinnern können — nur selten oder noch gar nicht passiert. Für die Krankenölung müßte ein separater Raum zu Verfügung stehen und die Genehmigung des Chefarztes eingeholt werden; Bürokratie und Platzmangel in den Hospitälern würden eine Entscheidung im Sinne des Sterbenden sowieso zunichte machen;

die Erlaubnis ginge sicherlich erst dann ein, wenn der Tote schon beerdigt ist.

Tatsächlich aber ist der Staat gegenüber der Kirche tausendfach im Vorteil! Er besitzt die Macht, die Massenmedien und kann sie gezielt einsetzen – auch gegen die Kirche. Die russisch-orthodoxe Kirche hat außerhalb des Gotteshauses wenig Mittel, Menschen anzusprechen und sie von ihrer Heilslehre zu überzeugen. Sie ist auf ihre Gebete, ihre Liturgie und auf eine Zeitschrift ›Das Moskauer Patriarchat‹ angewiesen. Sie hat eine Auflage von 25 000 Exemplaren, 3000 erscheinen zusätzlich in englischer Sprache. Diese Zeitschrift, deren Auflage wegen vorgeschobenem Papiermangel, tatsächlich aber wegen staatlicher Kontingentierung so gering ist, kann nur im Abonnement von ausgewählten Personen bezogen werden. Ein Priester: »Unsere Propaganda ist die Nicht-Propaganda. Das bekommt der Kirche gar nicht schlecht.

Inzwischen sind auch die Kommunisten, denen die Parteistatuten eine atheistische Weltanschauung und die Beseitigung der ›Überreste der Religion‹ vorschreiben, einsichtiger und toleranter geworden. Plumpe und böswillige Propaganda gegenüber der Kirche und den Gläubigen in Medien, auf Straßen oder vor Gotteshäusern – so wie es in den zwanziger-, dreißiger- und fünfziger Jahren üblich war – unterbleibt.

Damals wurden Popen (beleidigende Bezeichnung für Priester), als Puppen verkleidet, durch Straßen getragen, bespuckt und verspottet. In Kirchen wurden Fenster und Türen zertrümmert, Ikonen, die heiligen Bilder der russsischen Gläubigen, wurden zerschlagen und verbrannt. Organisierte Gruppen vom kommunistischen Jugendverband, dem Komsomol, zogen grölend vor Gotteshäuser und provozierten Schlägereien mit Gläubigen. In Kirchen erschienen Komsomolzen mit Transistorradios, die sie während des Gottesdienstes auf volle Lautstärke stellten; jugendliche Gläubige zerrten und prügelten sie aus der Kirche. Die Vereine der ›Gottlosen‹ und ihre Zeitung ›Der Gottlose‹, die überall in der Sowjetunion aktiv waren, griffen die Gläubigen erbarmungslos an.

Schon in der Breschnew-Ära der sechziger Jahre gingen die Parteitheoretiker dazu über, den ideologischen Gegner Kirche nur noch mit wissenschaftlichen Mitteln zu widerlegen und anzugreifen. Die Vorarbeit leistete dabei das Institut für Atheismus in Moskau. Das gewandelte Verhältnis von Kirche und Staat fand auch in der redigierten Verfassung von 1977 seinen Niederschlag. Jeder Sowjetbürger darf nur noch ›atheistische Propaganda‹, aber keine ›antireligöse Propaganda‹ mehr betreiben, wie es in der alten Verfassung noch gestanden hatte. Auch aus den Schulbüchern wurden die antireligiösen Passagen gestrichen; nur ab und an sind noch Formulierungen zu finden, die die Gläubigen verunglimpfen sollen. »Die Gläubigen könnten durch das Küssen von Ikonen Infektionskrankheiten bekommen«, so wird den Kindern Angst gemacht.

Unter Generalsekretär Michail Gorbatschow, der sein Land liberalisiert und demokratisiert, darf auch die Kirche hoffen, sich freier entfalten zu können. Bischöfe und Metropoliten werden in staatlichen Zeitungen und im Fernsehen interviewt, von Gläubigen werden Beschwerdebriefe abgedruckt und im Sinne der Christen kommentiert. Die Beamten vom Religionsrat äußern sich über die Kirche mit Respekt: »Jeder ehrliche Kommunist sollte Achtung und Taktgefühl gegenüber ideologischen Gegnern haben.«

Damit sich ›das Opium fürs Volk‹ nicht auch noch unter den Parteigenossen verbreitet, halten die auf Reinheit der Lehre bedachten Ideologen bislang daran fest, daß ein Kommunist nicht gleichzeitig auch Christ – wie zum Beispiel in Polen – sein darf. Die zum Atheismus verpflichteten Kommunisten und Mitglieder des Jugendverbandes der Komsomolzen, die zum Beispiel ihre Kinder taufen lassen, in der Kirche heiraten oder sich offen zum Glauben bekennen, werden aus der Partei oder dem Jugendverband ausgeschlossen. »Andere Nachteile dürfen sie laut Verfassung nicht haben«, behauptet ein Beamter des Religionsrates. Doch mit dem Verlust des Parteibuches kann auch die Kündigung im Unternehmen verbunden sein. Viele Posten, vor allem die

Spitzenjobs in Betrieben, Instituten oder Ministerien, werden in der Regel nur an Parteigenossen vergeben, die mit dem Ausschluß aus der Partei auch ihre Arbeit verlören.

Unterschiedlich ist allerdings das Ansehen und der Status von Christen in staatlichen Betrieben, Instituten oder Behörden, die von Parteimitgliedern geleitet werden. »Es hängt vieles vom Vorgesetzten und vom Beruf ab«, meint eine Wissenschaftlerin im Moskauer Puschkin-Museum. »Ich bin gläubig, das wissen alle, der Chef ist äußerst tolerant und gebildet, ich habe überhaupt keine Nachteile.« In anderen Unternehmen wiederum werden die Gläubigen schikaniert, verspottet und aus religiösen Gründen, die allerdings nicht genannt werden, kaum befördert. In Dörfern oder kleinen Städten der russichen Provinz, wo mehr Menschen als in Großstädten gläubig sind, regieren Parteifunktionäre zum Teil noch so mächtig und selbstherrlich wie früher die Großgrundbesitzer. Sie üben noch heute oft direkten Druck auf Gläubige aus und hindern sie daran, in die Kirche zu gehen oder ihre Kinder taufen zu lassen.

Arbeiter oder Kolchosbauern, die keine Karriereabsichten verfolgen und weniger Angst als strebsame Angestellte haben, sind – neben den Babuschki (Großmüttern) und Pensionären – die noch sichtbarsten Gläubigen in den Kirchen. Aber auch Jugendliche, die von den Versprechungen der Partei enttäuscht sind, über die stereotypen Losungen seit langem hinweghören, sie nicht mehr registrieren, suchen nach neuen Werten, die dem Leben Sinn und Halt geben sollen. Viele von ihnen vermuten sie in der Kirche. Andere wiederum, die dem grauen Alltag entfliehen wollen und einen Ausgleich suchen, gehen vielleicht erst einmal in die Kirche, weil es dort so feierlich ist, weil dort so schön gesungen und die Seele so angenehm berührt wird. Die Ästhetik und Mystik in den Kirchen spricht die Jugend mehr an als die trostlosen Parteisäle, in denen stupide seit Jahrzehnten dasselbe Parteidogma doziert wurde; erst Michail Gorbatschow holte es vom Sockel der Unfehlbarkeit.

Gegenüber der Jugend mußte der Staat die Zügel lockern, um sie nicht rebellisch werden zu lassen. Sie gehen heute mehr denn je ihre eigenen Wege im ersten Arbeiter- und Bauernstaat. Parteilose Studenten werden nicht mehr von der Universität relegiert, wenn sie sich zu Gott bekennen. Jungen Damen wird nicht mehr das Kreuz von der Halskette gerissen, auch wenn sie das Schmuck- oder Kult-Stück demonstrativ zeigen. Mittlerweile ist es unter der Jugend schicker, ein Kreuz zu tragen als ein Parteiabzeichen am Revers zu haben. Selbst Funktionäre haben die größten Berührungsängste mit der Kirche abgestreift und gehen in Gotteshäuser, wenn ihre Eltern, Verwandten oder Freunde von einem Priester beerdigt werden.

Die Spitzen von Partei, Regierung und Kirche haben im Umgang miteinander einen modus vivendi gefunden. Selbst bei Empfängen im Kreml, dem Heiligtum der weltlichen Macht, dürfen die Vertreter Gottes auf Erden nicht fehlen. Patriarch Pimen, der Oberhirte der russich-orthodoxen Kirche, wird regelmäßig mit seinen Führungs-Eminenzen eingeladen und entsprechend hofiert. Die weltlichen Protokollbeamten berücksichtigen die religiösen Verpflichtungen und Gebote der prominenten Kirchenvertreter und servieren ihnen nur Fisch auf einem eigenen Tisch, weil die Elite der russisch-orthodoxen Kirche aus dem Mönchsstand kommt und kein Fleisch essen darf.

Der äußerliche Lebensstil der Kirchenmänner ist ähnlich dem der Kremlherren. Je höher der Rang — in der Kirche wie beim Staat, desto größer sind die Wohnung, die Datscha (Wochenendhaus) und das Auto. Nur: die Hierarchen der Kirche und deren nobles Leben werden von den Gläubigen über die Spenden finanziert, die Repräsentanten der Regierung und der Partei decken ihren Bedarf aus der Staatskasse.

Der Patriarch von Moskau und ganz Rußland (offizieller Kirchentitel) Pimen wird wie ein sowjetischer Minister in der Luxus-Limousine ›Tschajka‹ mit Fahrer chauffiert; den Bischöfen steht wie einem Abteilungsleiter im Ministerium ein Mittelklasse-Wagen vom Typ ›Wolga‹ mit Fahrer zur Verfügung. In Moskau bewohnt der Oberhirte mit Dienstpersonal eine herrschaftliche Villa, in der einst

Der Patriarch der russisch-orthodoxen Kirche, Pimen, wird wie ein Minister in der Luxuslimousine »Tschajka« chauffiert.

der deutsche Botschafter von Mirbach residierte. In Peredelkino, dem Datscha-Dorf prominenter Sowjetliteraten, unweit von Moskau gelegen, kann sich der Patriarch in einem komfortablen, von Kiefern- und Birkenbäumen umgebenen Landhaus erholen, von Mönchen wird er bedient und von Nonnen bekocht. Behagt ihm in Moskau die Kälte im Winter oder der Regen im Sommer nicht, dann kann er sich in seine Residenz am Schwarzen Meer zurückziehen.

Auch um Geld braucht sich der Mönch und Patriarch keine Sorgen zu machen. Er besitzt ein offenes Konto und kann zu jeder Zeit jede Summe abbuchen. Der Oberhirte der russischen Kirche und seine angestellten hohen Priester zahlen von ihren Spendengehältern den höchsten sowjetichen Steuersatz von 13 Prozent, so wie gutverdienende weltliche Bürger auch. Einfache Priester, Angestellte oder Arbeiter bei der Kirche, die ein geringeres Gehalt beziehen, müssen ausnahmsweise mehr Steuern zahlen. Den Grund für die niedrige Besteuerung der Eminenzen nennt ein Oppositionspriester: »Der Staat möchte die Kirchenfürsten bei Laune halten.«

Das Fußvolk der Gottesdiener, Sänger in Kirchenchören, Küster, Hausmeister, Anstreicher, Gärtner oder Maurer, alle also, die bei der Kirche auf der Gehaltsliste stehen, werden wie im Westen progressiv versteuert; der Höchstsatz liegt bei 50 Prozent. Pfarrer in einer großen Moskauer Kirchengemeinde haben brutto ein Gehalt wie ein sowjetischer Minister von etwa siebenhundert Rubeln (zweitausendeinhundert Mark). Dem Minister werden 13 Prozent abgezogen, dem Priester aber 50 Prozent; mit dreihundertfünfzig Rubeln netto verdient der Pfarrer allerdings immer noch doppelt soviel wie ein sowjetischer Durchschnittsbürger. Im Schnitt bekommen die Moskauer Priester fünfhundert Rubel, Sänger in Chören dreihundert Rubel im Monat, davon zahlen sie 20 bis 30 Prozent Steuern.

Je größer die Stadt, je größer und reicher die Kirchengemeinde, die für die Gehälter und Löhne aufzukommen hat, desto mehr können die Beschäftigten aus der gemeinsamen Kasse erhalten. In kleinen und armen Dorfgemeinden hingegen bekommen Pfarrer im Monat oft nicht mehr als hundert Rubel (dreihundert Mark). Auch dort brauchen die Geistlichen und ihre Familien nicht zu hungern, denn die spendenfreudigen Dörfler, die Vieh halten und Gartenfrüchte ernten, versorgen den Pfarrer mit Eiern, Fleisch, Milch, Kartoffeln oder Speck. Nicht selten auch stecken die frommen Babuschki den Dorfpriestern ein paar Rubelchen heimlich in die Tasche, die sie dann nicht zu versteuern brauchen. »In

Rußland wird kein Pfarrer verhungern, im Schnitt leben sie alle ganz gut«, gesteht ein Priester.

Die meisten Kirchengemeinden im weiten Rußland brauchen sich finanziell nicht zu sorgen. Russen, die gläubig sind, spenden auch. Selbst Rentner, die im Monat nur sechzig Rubel (hundertachtzig Mark) beziehen, unterstützen die Kirche, weil sie wissen, daß die russische Kirche auf die Spenden ihrer Gläubigen angewiesen ist und ohne diese nicht leben kann. Darüber sind auch viele Nichtgläubige informiert, die ebenfalls spenden, um der Kirche, zu der sie sich im Augenblick zwar nicht bekennen, ihre Existenz zu erhalten.

Die Kirche indes lebt nicht nur von Spenden. Sie selbst füllt ihre Kasse auf. Taufen, Hochzeiten, Beerdigungen oder Bitt- und Dankesgebete, die von Gläubigen auf Zetteln bestellt und dann während des Gottesdienstes verlesen werden, lassen sich die Priester bezahlen. »Wer arm ist und kein Geld hat, braucht natürlich nicht zu zahlen«, sagt ein Pfarrer fast entschuldigend. Für Taufen, Hochzeiten oder Beerdigungen haben die Ökonomen der Kirche eine Art Tarif festgelegt. Am aufwendigsten und daher am teuersten ist die Aufbewahrung eines Verstorbenen in der Kirche. Sie kostet einschließlich des Seelenamtes fünfundvierzig Mark, für eine Trauung müssen die Gläubigen dreißig und für eine Taufe fünfzehn Mark bezahlen. Während des mehrstündigen Gottesdienstes verlesen Priester oft über hundert Bittgebete für Tote, kranke Kinder oder alte Eltern; dafür zahlen die Bittsteller pro Zettel von drei bis neun Mark und mehr.

Hohe Rubelsummen fließen aus den privaten Betrieben in die Kirchenkasse. Nur die russisch-orthodoxe Kirche besitzt, in der ansonsten verstaatlichten Sowjetunion, vom Fiskus unabhängige Produktionsstätten; ihr gehören kleine Handwerksbetriebe und seit ein paar Jahren sogar eine Fabrik. Sie wurde von Geldern der Kirche für sechzehn Millionen Mark in dem kleinen Ort Sofrino bei Moskau erbaut und von dem höchsten Regierungsorgan der UdSSR, dem Ministerrat, genehmigt.

Die Kirchenfabrik produziert jährlich tausendfünfhundert Tonnen Kerzen und stellt maschinell unter anderem über zwei Millionen kleine Ikonen aus Metall her, die in Kirchen an Gläubige verkauft werden. Sie beliefert die orthodoxen Kirchen im ganzen Land mit Taufbecken, versilberten und vergoldeten Kreuzen. Die private Fabrik in Sofrino arbeitet nach kapitalistischen Prinzipien. Gewinne kann sie auf ihr Konto buchen, für Verluste muß sie mit ihrem Vermögen haften. Der Staat nimmt auf die Manager der Kirche keinen Einfluß.

Die sechshundert Arbeiter und Angestellten der ersten und bisher einzigen privaten Fabrik in der Sowjetunion arbeiten nach einem Plan, den ihnen die Ökonomen des rentablen Betriebes vorgeben. In der UdSSR, einem Land mit chronischer Mangelwirtschaft, brauchen sich die Vertriebsmanager um den Absatz ihrer Waren keine Sorgen zu machen. In der Regel ist die Nachfrage größer als das Angebot – in Sofrino ist es nicht anders. Die Ware wird dem Produzenten förmlich aus der Hand gerissen. »Wir könnten drei- bis viermal mehr verkaufen«, erklärt der kaufmännische Leiter. Daß die Kirchenfabrik nicht mehr produzieren und die Wünsche der Abnehmer nicht befriedigen kann, liegt an den staatlichen Betrieben, die nur kontingentiert Rohstoffe liefern. Auf diese Liefermenge haben sich die Kaufleute der Fabrik von Anfang an eingestellt und entsprechend niedrig die Maschinenkapazität ausgerichtet.

Von Sofrino aus werden die russisch-orthodoxen Kirchen in der Sowjetunion mit großen und kleinen Kreuzen, preiswerten Heiligenbildern aus billigem Metall oder Kerzen versorgt. Die Kirchenartikel werden oft 5000 Kilometer und mehr mit der Eisenbahn auch in die entlegendsten Dörfer in Sibirien oder dem Fernen Osten transportiert und an die Kirchengemeinden geliefert. In den Kirchen werden diese Waren dann an die Gläubigen verkauft; in staatlichen Geschäften oder auf freien Märkten dürfen die in Sofrino produzierten Gegenstände nicht feilgeboten werden.

Die Gewinnspannen der Fabrik und der Verkäufer sind groß. Weil das Angebot geringer ist als die Nachfrage, können die Kaufleute der Fabrik und des Moskauer Patriarchats, die den Kirchen die Höhe der Verkaufspreise empfehlen, mit Gewinnen von 1000 Prozent und mehr kalkulieren. Eine Kerze zum Beispiel, die in der Herstellung keine zehn Pfennige kostet, wird an Gläubige in der Kirche für über eine Mark verkauft. An dem lukrativen Geschäft der Kirche partizipiert auch der Staat, der etwa 50 Prozent vom Gewinn an Steuern kassiert. Selbst die Arbeiter- und Angestellten des Betriebes werden wie der Poduktionsgewinn und die übrigen Beschäftigten der Kirche progressiv versteuert — theoretisch bis zu 50 Prozent.

Trotz der erheblichen Abzüge haben die Beschäftigten der Kirchenfabrik mehr in der Lohntüte als ihre Kollegen in vergleichbaren Staatsbetrieben, die zudem noch mehr Stunden und mehr Tage im Monat zu arbeiten haben. In Sofrino besteht der Arbeitstag aus sieben Stunden, in staatlichen Unternehmen aus acht. Die Beschäftigten in Sofrino haben an kirchlichen und staatlichen Feiertagen arbeitsfrei, insgesamt also etwa 20 Tage mehr als die Werktätigen in Staatsbetrieben, die seit der Revolution an religiösen Festtagen, die offiziell keine mehr sind, arbeiten müssen.

Im Kirchenbetrieb von Sofrino ist zwar die obligatorische Einheitsgewerkschaft zugelassen, aber nicht das sonst übliche Parteibüro, das in dem privaten Betrieb auch ohne Arbeit und Aufgabe wäre, denn in Sofrino ist keiner der Lohnempfänger Mitglied der kommunistischen Partei. »Bei uns sind über 90 Prozent der Beschäftigten gläubig«, verkündet der gläubige Betriebsleiter stolz, ohne darauf hinzuweisen, daß ein Gläubiger nicht in der Partei sein darf. Statt des Parteibüros haben die Gläubigen Arbeiter einen Raum zum Beten eingerichtet, in dem auch regelmäßig Gottesdienste abgehalten werden.

Neben höheren Löhnen, geringerer Arbeitszeit, einem besseren sozialen Klima haben die Beschäftigten von Sofrino noch andere Vorteile gegenüber ihren Arbeitskollegen in sozialistischen Betrieben. Die gläubigen Manager gewähren ihren Arbeitern zinslose Kredite für den Kauf eines Autos oder Fernsehgerätes. Mit betriebseigenen Bussen werden sie morgens zur Arbeit abgeholt und abends wieder nach Hause gebracht. Auch an Samstagen, Sonntagen oder Feiertagen stehen den Beschäftigten kostenlos Busse zur Verfügung, die sie zum Beispiel in den Wald fahren, um dort Pilze oder Beeren zu sammeln.

Kerzen oder Kreuze produziert die Kirche zwar in einer eigenen Fabrik, Bücher oder Zeitschriften, ideologisch brisanter, darf sie bislang aber nur in staatlichen Betrieben und in kleinen Auflagen drucken lassen. Die Bibel zum Beispiel wird nur alle Jahre wieder verlegt und in einer für den großen Bedarf geringen Zahl herausgebracht. Die letzte Auflage von 75 000 Exemplaren konnte wegen der großen Nachfrage nur an Geistliche und prominente Gläubige für neunzig Mark verkauft werden; »die breite Masse der Gläubigen ging leer aus. Wer dennoch eine Bibel ergattern möchte, muß sich auf dem schwarzen Markt umsehen, auf dem sie für dreihundert Mark und mehr ab und an feilgeboten wird. »Selbst zwanzig bis dreißig Millionen wären in mehreren Wochen vergriffen«, erklärt ein Moskauer Priester, der den Lesehunger und das Religionsinteresse seiner Landsleute kennt.

Die russisch-orthodoxe Kirche, die nach der Revolution vom Staat getrennt und wie alle anderen privaten und gesellschaftlichen Unternehmen enteignet wurde, lebt heute ausschließlich von Spenden und der kircheneigenen Produktion; und sie lebt nicht schlecht. Über fünfhundert Millionen Mark im Jahr bekommt die russisch-orthodoxe Kirche in der Sowjetunion, schätzen Experten, allein an Spenden, die nicht versteuert zu werden brauchen.

Eigentum der Kirche sind nur die Geldspenden. Die Kirche als Institution besitzt in der Sowjetunion keinen Bau, keine Ikone, die in einem Gotteshaus hängt, keinen Stuhl, keinen Leuchter, kein Kreuz, keinen Altar. Kirchen mit dem gesamten Inventar – außer den Gegenständen, die unmittelbar für den Gottesdienst gebraucht werden – sind Eigentum des Staates. Die Kirche ist in der Kirche Mieter.

Die Kirchengemeinde, die juristisch mindestens zwanzig Mitglieder haben muß, um vom Staat registriert zu werden, mietet vom

Fiskus ein Gotteshaus und zahlt entsprechend den sowjetischen Haustarifen dafür; die Mieten und auch die Preise für Strom, Wasser und Heizung sind niedrig. Für Reparaturen und teure Restaurierung der Kirchen zahlt nicht, wie sonst üblich, der staatliche Eigentümer, sondern die Kirche, der die Zahlungen allerdings nicht schwerfallen. Ein Moskauer Priester: »Wir haben Gott sei Dank genug Geld.«

Im vorrevolutionären Rußland hatte die Kirche außer Geld auch Macht und Einfluß. Von den etwa hundertfünfzig Millionen Russen, die bei der letzten Volkszählung von 1897 registriert wurden, bekannten sich fast alle zum russisch-orthodoxen Glauben. In den Personaldokumenten stand früher die Konfession, heute wird die Nationalität erwähnt.

Die russisch-orthodoxe Kirche hatte bis zur Revolution etwa zweihunderttausend Priester. Ihr gehörten über fünfzigtausend Kirchen, mehr als zwanzigtausend Bethäuser und Kapellen. Knapp hunderttausend Mönche und Nonnen lebten in über tausend Klöstern, die über ganz Rußland verstreut waren. In achtundfünfzig Seminaren und vier theologischen Akademien wurde der Priesternachwuchs ausgebildet.

Erheblich bescheidener sind die Zahlen heute. In etwa siebentausend russisch-orthodoxen Kirchen dienen zwanzigtausend Priester, von denen ungefähr ein Fünftel Mönche sind. Von siebzig Eparchien (vergleichbar mit Bistümern), die von Bichöfen, Archimandriten oder Metropoliten geleitet werden, wird die russische Kirche im größten Land der Erde verwaltet, diese wiederum erhalten ihre Anweisungen vom Moskauer Patriarchat, dem der Patriarch von Moskau und ganz Rußland vorsteht; ›ganz Rußland‹ ist kirchenrechtlich zum Beispiel auch Estland oder Lettland im Norden, und Kasachstan oder Usbekistan in Asien. In manchen Eparchien sind nur siebzehn Kirchen; die anderen wie die von Lwow (Lemberg) haben etwa tausend; manche Eparchien sind flächenmäßig so groß wie ein Bezirk, andere wie eine Republik und somit größer als die gesamte Bundesrepublik Deutschland. In der Metropole Moskau mit acht Millionen Einwohnern, dessen

Bischofsamt der Patriarch selbst ausübt, werden in neunundvierzig Kirchen Gottesdienste abgehalten, das heißt: sie sind der russischen Kirche für ›Kultzwecke‹ vom Staat übergeben worden. Vor 1917 gab es auf dem heutigen Territorium von Moskau tausend Kirchen, in der früher kleineren Metropole wurden vor der Revolution dreihundertfünfzig Kirchen gezählt, hinzu kamen noch siebenundzwanzig Klöster (fünfzehn Männer- und zwölf Frauen-Klöster), die erst einmal alle geschlossen wurden. Die angehenden russischen Priester werden in drei Priesterseminaren und zwei theologischen Akademien (Leningrad und Moskau/ Kloster Sagorsk) ausgebildet, deren Tageskapazitäten allerdings für den Andrang zu klein sind, so daß etwa die Hälfte der Studenten ihr Lehrprogramm in Abendkursen absolvieren.

Rußland war und ist ein Land der Kirchen. Nur: früher wurden in allen etwa siebzigtausend Kirchen und Kapellen Gottesdienste abgehalten, Kinder getauft, Ehepaare getraut und Tote beerdigt. Die Kirchen waren gepflegt und Schmuckstücke von Dörfern und Städten, auf die die Einwohner stolz waren. Heute werden eben nur die siebentausend russisch-orthodoxen Gotteshäuser, die geöffnet sind, von den Gläubigen mit viel Mühe und Aufwand, weil oft Farben, Zement oder Steine im Sozialismus fehlen, in Schuß gehalten. Die anderen Kirchen, Zehntausende im Lande, sind zum Teil zu Ruinen verfallen, zu Lagerhallen, Handwerksbetrieben, Küchen, Bibliotheken, Museen oder Ballettschulen umfunktioniert worden. »Schweine- oder Kuhställe, wie oft im Westen behauptet wird«, sagt ein Beamter vom Religionsrat, »sind nie in Kirchen gewesen.«

Nachträglich hat der Staat wertvolle Kirchenbauten unter Denkmalschutz gestellt und bemüht sich, sie — auch mit finanzieller Hilfe der Kirche — für hohe Rubelsummen zu restaurieren; damit werden architektonische Schandflecken beseitigt und beispielsweise Produktionsbetriebe, deren Schornsteine durch Kirchenfenster nach draußen qualmen, wenigstens zu Museen oder Bibliotheken umgestaltet. Alte und verfallene Kirchen wieder ihrer Zweckbestimmung zu übergeben, also für Gottesdienste zu öffnen, kommt den Funktionären, die dann die Reparaturen von den Kirchenmanagern bezahlt bekämen, nicht in den Sinn. Die atheistischen Ideologen sind bemüht, die Zahl der geöffneten Kirchen auf dem derzeitigen Niveau von etwa siebentausend zu halten. Deshalb auch werden architektonisch wertvolle, historisch bedeutende Kirchen weiterhin zweckentfremdet benutzt oder einfach in einem verfallenen Zustand belassen.

Besonders betroffen sind die majestätisch und festungsartig gebauten Klosteranlagen, hinter deren Mauern russische Geschichte und orthodoxe Religion gemacht und geschrieben wurden. Von den ehemals über tausend Klöstern sind heute noch ganze zwanzig übriggeblieben. In den größten Städten Rußlands, in Moskau und Leningrad, die vor der Revolution mit Klöstern übersät waren, gab es bis vor kurzem kein einziges mehr. Sie befinden sich in der Regel in kleinen Städten oder Dörfern, zum Teil so versteckt, daß selbst viele Russen von deren Existenz nichts wissen.

Als Geste der kommunistischen Herrscher im Kreml gegenüber der orthodoxen Kirche und den Millionen Gläubigen in Rußland wird die Wieder-Eröffnung des ältesten Klosters in Moskau empfunden. Der Staat machte der Kirche, so sehen es beide Seiten, anläßlich des tausendjährigen Jubiläums ein Geschenk. 988, vor tausend Jahren, ist Rußland christlich geworden.

Tausend Jahre Christentum heißt aber auch tausend Jahre russischer Staat, tausend Jahre russische Geschichte, tausend Jahre russische Kultur. Diese Verbindung sehen wohl auch die traditionsbewußt gewordenen russischen Ideologen.

Das älteste Kloster in Moskau, das 1282 gegründete Danilowskij, wurde als letztes der Klöster in der Metropole 1932 geschlossen. »Jetzt ist es als erstes wieder eröffnet worden, vielleicht ist dieser Vorgang ein gutes Omen für andere Klöster«, hoffen bereits russische Gläubige und auch Priester. In dem 1982 der russisch-orthodoxen Kirche übergebenen Kloster, das von ihrem Geld für Millionen Rubel repariert und restauriert wurde, leben nicht nur Mönche, dort residieren mittlerweile auch Eminenzen des Patriarchats, dem ›russischen Vatikan‹, wie ein Priester erläuternd sagte.

Der Abt und Nonnen aus den benachbarten Klöstern in Schirowizy bei Minsk, Weißrußland.

In den zwanzig russisch-orthodoxen Klöstern der Sowjetunion arbeiten, meditieren und feiern über vierhundert Nonnen und über dreihundert Mönche Gottesdienste mit einem Ziel: Gott zu dienen und ihn zu preisen. Die Zahl der Nonnen und Mönche ist in den Klöstern seit Jahren mehr oder weniger konstant, obwohl sie beträchtlich höher sein könnte, wenn der Staat der Kirche die Eröffnung von neuen (alten) Klöstern oder den Ausbau der vorhandenen erlauben würde: Russische Frauen und Männer zieht es nach wie vor in Klöster. Eine Oberin: »Wir müssen leider wegen Platzmangel viele, viele Frauen, die mit Tränen in den Augen bitten, aufgenommen zu werden, ablehnen.« Die gleichen Schwierigkeiten haben auch alle anderen Klöster. Ein Mönch: »Wenn wir mehr Platz in den Klöstern hätten und neue eröffnet würden, wäre es für uns kein Problem, die Zahl der Mönche zehn-, zwanzig- oder dreißigmal zu erhöhen.«

Doch bisher haben nicht einmal die vorhandenen Klöster in der Sowjetunion eine eindeutige rechtliche Grundlage. Obwohl Kirche und Staat kein Abkommen darüber haben, in wie vielen Klöstern wie viele Nonnen oder Mönche leben können, besteht zwischen dem Moskauer Patriarchat, den einzelnen Eparchien, denen die Klöster unterstehen, und dem Staat eine stillschweigende Übereinkunft, den Status quo zu erhalten. Ein Mönch: »Zu den Klöstern schweigt das sowjetische Gesetz. Es gibt für sie keine juristische Garantie.«

Bislang schweigt auch die Kirchenleitung. Noch gibt sie sich mit dem Vorhandenen zufrieden. Denn gerade die Klöster, aus deren Reihen die Patriarchen, Metropoliten oder Bischöfe kamen und kommen und die Politik der Orthodoxie bestimmt haben und bestimmen, waren während und nach der Revolution eine besondere Zielscheibe der Kommunisten. Die Nester der Reaktion, des finsteren Glaubens und ungerechten Staates, so sahen es die Bol-

Patriarch Pimen, auch Abt des Dreifaltigkeits-Sergij-Klosters in Sagorsk, nimmt an hohen Festtagen am Gottesdienst im Kloster teil.

schewiken, sollten erst einmal ausgeräuchert werden. Die Klöster wurden geschlossen, Mönche und Nonnen in sibirische Lager verbracht oder physisch gleich vernichtet.

Auch vor herausragenden Heiligtümern der russischen Religion, der russischen Geschichte und der russischen Nation zeigten die entschlossenen Revolutionäre keinen Respekt. Selbst das Dreifaltigkeits-Sergij-Kloster, von allen Russen geachtet, geehrt, das Rußland mehrfach vor der Eroberung durch fremde Heere gerettet hatte, so steht es in den Geschichtsbüchern, war für die Bolschewiken nur nach Gegner und ein historisches Relikt. Die Mönche wurden verjagt und die Reliquien des Heiligen Sergij, zu denen Millionen Russen im Laufe der Jahrhunderte aus allen Teilen des Landes ehrfurchtsvoll gepilgert waren, verbrachten die Revolutionäre ins antireligiöse Museum nach Moskau, um mit ihnen den Hoskuspokus der Religion zu dokumentieren.

Schon lange vor der Revolution hatte Lenin und seine kommunistische Partei die Einstellung zur russisch-orthodoxen Kirche und zu anderen Religionen im Lande formuliert. Doch die liberalen Theorien wurden während und nach der Revolution nie mit der Praxis in Einklang gebracht. 1903 wurde programmiert, daß es unter einer bolschewistischen Regierung keinen ›herrschenden‹ Glauben und keine ›herrschende‹ Kirche geben werde. Alle Religionen, alle Kirchen müßten vor dem Gesetz gleich sein. Jeder müsse zudem die Freiheit haben, sich zu jedem Glauben zu bekennen und ihn verbreiten zu dürfen. Die Kirche müsse vom Staat und die Schule von der Kirche getrennt werden. Lenin argumentierte in dem Artikel ›Sozialismus und Religion‹, daß es jedem Menschen vollkommen allein überlassen sein müsse, sich zu jeder beliebigen Religion zu bekennen oder sie abzulehnen, also Atheist zu sein; alle rechtlichen Unterschiede zwischen gläubigen und ungläubigen Staatsbürgern seien unzulässig.

Nach dem Sieg der Bolschewiken wurden die früheren Forderungen im Januar 1918 im Dekret ›Über die Trennung von Kirche und Staat, von Schule und Kirche‹ realisiert. Sich zu einer bzw. keiner religiösen Lehre zu bekennen, ohne dadurch als Christ zum

Beispiel rechtliche Nachteile zu haben, wie es ausdrücklich im Gesetz garantiert wurde, waren feierliche Sätze auf einem Stück Papier ohne praktische Bedeutung.

In Wirklichkeit wollten die atheistischen Kommunisten, die in Rußland an die Macht gekommen waren, nach dem Sieg über den ersten ideologischen Gegner, den Zaren und seine Herrschaftsstrukturen, auf den zweiten, die Kirche, mit dem ersten eng verbunden, beseitigen. Sie nahmen der Kirche zuerst Grund und Boden weg, schlossen Klöster, Kirchen und theologische Lehranstalten, schafften die kirchliche Ehe ab und nationalisierten das Kircheneigentum.

Der Julianische (byzantinische) Kalender wurde vom Gregorianischen (westlichen) ersetzt und bestimmte nun den Anfang und das Ende des Jahres, deshalb auch wird die ›Große sozialistische Oktoberrevolution‹ am 7. November gefeiert. Die Kirche hingegen, deren religiöse Festtage abgeschafft und von sozialistischen Tagen der Arbeit, wie zum Beispiel dem 1. Mai, ersetzt wurden, begeht wie eh und je ihre Feiertage in der Kirche nach dem alten Kalender. Weihnachten feiern die orthodoxen Russen nicht am 24. Dezember, sondern am 6. Januar.

Während der Revolutionswirren, begünstigt durch die Abdankung des letzten Zaren Nikolaj II im Frühjahr 1917, hatte die Kirche versucht, durch die Wiedereinführung des Patriarchats ihre Position zu stärken und den Makel der Staatskirche loszuwerden. 1721 hatte Zar Peter der Große die Kirche der Staatsgewalt einverleibt, das Patriarchat abgeschafft und an die Stelle des Patriarchen, den heiligen Synod, der aus hohen Geistlichen bestand und von einem Staatsbeamten, dem Oberprokuror, beaufsichtigt wurde, gesetzt. Nach 200 Jahren bekam die russisch-orthodoxe Kirche mit der Wahl des Moskauer Metropoliten Tichon im November 1917 zum Oberhirten wieder einen Patriarchen, der wohl die schwierigste Arbeit und den gefährlichsten Kampf in der Geschichte der russichen Kirche zu leisten hatte. Als der Patriarch in Moskau unter dem Gnadenbild Rußlands, der Gottesmutter-Ikone von Wladimir, gewählt wurde und das fromme Volk für den Patriarchen, für sich und den Glauben betete, tobten in Petersburg und Moskau heftige Kämpfe zwischen Regierungs-Soldaten (Weißen) und Revolutions-Truppen (Roten). Der Patriarch wußte, daß er das ihm anvertraute Schiff durch ein aufgewühltes und gefährliches Meer zu lenken hatte. Er sagte: »Durch das Geschenk der Patriarchenwürde spüre ich, wieviel von mir verlangt wird und wieviel mir fehlt. Dieses Bewußtsein erfüllt meine Seele mit Zittern. Ähnlich wie David bin ich klein unter meinen großen und schönen Brüdern gewesen, der Herr aber erwählte mich ... Das Patriarchat wird in den gefahrvollen Tagen Rußlands, unter dem Feuer der Waffen, dem tödlichen Kanonendonner, wiederhergestellt. Auf unsere kleinmütigen Vorwürfe: ›Herr, die Söhne Rußlands haben deinen Bund verlassen, deine Altäre zerstört, die Heiligtümer des Kreml beschossen, Priester ermordet‹, hören wir deine Worte: ›Noch gibt es siebentausend Männer, die ihre Knie nicht vor dem modernen Baal (Götzen) gebeugt haben.‹ Und ich fühle, als spräche der Herr zu mir: ›Geh hin und suche jene, um derentwillen das russische Land noch steht und hält. Vergiß aber nicht, auch die verirrten Schafe zu suchen, die dem Schlachten, dem Verderben geweiht sind, die wahrhaft bedauernswerten Schafe. Hüte sie alle und nimm dazu den Stab des Wohlwollens. Gehe mit ihm und suche das Vermißte, hole das Weggejagte zurück, verbinde das Verwundete, stärke das Kranke, das Fettgewordene und Ungebärdige mache zunichte, weide sie alle in Gerechtigkeit.‹«

Der glaubensfeste und mutige Patriarch, dem die Verantwortung und Sorge aller russischen Kirchen oblag, mußte zusehen, wie seine Kirche Stück für Stück zerschlagen wurde, wie seine Priester verschleppt, eingesperrt und ermordet wurden. Über das ganze Land ergoß sich eine Welle des Blutes. Der Patriarch schwieg nicht ängstlich, er fürchtete nicht um sein Leben, er prangerte erbarmugslos die Untaten der (neuen) kommunistischen Regierung an und nannte sie einen »Auswurf des Menschengeschlechtes« und »Wahnsinnige«.

Der Metropolit von Peterburg warnte die Regierung in einem

Brief, daß das ganze russiche Volk wie eine Mauer zur Verteidigung seiner Heiligtümer zusammenstehen würde, wenn die Vernichtung derselben nicht aufhörte. Wiederholt hatten rote Brigaden versucht, die Neskij-Lawra in Petersburg anzugreifen, die von gläubigen Männern und Frauen erfolgreich verteidigt wurde. In Kiew wurde das Höhlen-Kloster von bolschewistischen Truppen gestürmt, und der angesehene Metropolit Wladimir in seiner Wohnung ermordet.

Die Spannung zwischen Kirche und atheistischer Regierung wuchs in dem erbarmungslos geführten Bruderkrieg. Damit die Kirche nicht noch mehr in den Kampf zwischen den ›Weißen‹ und ›Roten‹ hineingezogen wurde, befahl Patriarch Tichon seinen Geistlichen, keine der im Bürgerkrieg beteiligten Pareiten zu unterstützen und sich nicht politisch zu betätigen.

Innerlich jedoch waren die meisten Priester, und auch der Patriarch, auf der Seite der bürgerlichen Truppen, die ihre Kirchen vor den ›Roten‹ schützen und verteidigen wollten. Die Lage der Kirche und der Geistlichen war von Stadt zu Stadt, von Dorf zu Dorf unterschiedlich und wechselhaft. Die Bolschewiken verfolgten die Priester und schlossen die Kirchen, die ›Weißen‹ öffneten sie wieder, wenn sie die Orte zurückerobert hatten. Die Rache der revolutionären Gegner war dann um so grausamer. Sie waren fest entschlossen, die Kirche als ›konterrevolutionäre Organisation‹ zu vernichten.

Nachdem die Bolschewiken ihre Macht in Moskau den Umständen entsprechend stabilisiert, der Terror gegenüber der Kirche etwas nachgelassen hatte, war eine Hungerkatastrophe im Lande der Grund, daß Atheisten und Christen sich wieder blutig auseinandersetzten.

Der Bürgerkrieg, die Abwehr der ausländischen Interventionsmächte und eine Dürreperiode im Süden Rußlands schwächten das Land 1921 derart, daß über 20 Millionen Menschen vom Hungertod bedroht waren. In anderen Gegenden Rußlands wurden durch die Verwüstungen der Revolution, den Protest und die Abwesenheit von Bauern, die zum Teil in den Reihen der ›Weißen‹ oder

›Roten‹ kämpften, auch nur soviel geerntet, daß gerade die Einheimischen noch halbwegs satt wurden und in die Hungergebiete des Südens kaum Nahrungsmittel schicken konnten. Dort starben die ausgemergelten Menschen reihenweise. Die Not und Verzweiflung unter ihnen war so groß, daß Fälle von Kanibalismus vorkamen. Diese Kunde hatte sich im ganzen Land herumgesprochen und wirkte auf Freund und Feind erschreckend. Die Kassen des Staates aber waren leer und das Geld durch eine galoppierende Inflation wertlos geworden.

Atheisten und Christen wollten den verzweifelten und vom Tod gezeichneten Menschen helfen. Patriarch Tichon rief in einem dringenden Appell alle christlichen Kirchen auf, die Hungernden zu unterstützen. Die Bitte wurde erhört und aus allen Teilen der Welt gingen Hilfsgüter ein. Der Papst entsandte eine Kommission, die unbürokratisch Nahrungsmittel zu organisieren und zu liefern hatte. Das Ausmaß der Hungerkatastrophe war indes so gewaltig, daß die karitative Hife der Landsleute und des Auslandes nicht mehr als ein Tropfen auf einen heißen Stein sein konnte. Die Kirche, die bereits Sammelaktionen auf Geheiß des Patriarchen überall im Land für die Hungernden veranstaltete, hatte sich auch dazu entschlossen, wertvollen Kirchenschmuck, der nicht während der Liturgie gebraucht wird und unersetzlich ist, zu spenden. Die Regierung beschloß 1922, daß die Kirche alle wertvollen Gegenstände wie Kelche oder Kreuze, ob sie nun zum Gottesdienst gehörten oder nicht, abzuliefern hätten, um sie dann im Ausland gegen harte Valuta zu veräußern, und dafür wiederum Getreide und Lebensmittel kaufen zu können. Der Patriarch wehrte sich gegen diese Maßnahme mit dem Argument, daß entsprechend dem kanonischen Recht geweihte Gegenstände, die ausschließlich zur heiligen Liturgie gehörten, nicht zweckentfremdend abgegeben und verkauft werden dürften.

Andere Hierarchen der russischen Kirche, wie der Metropolit von Petersburg Wenjamin, waren bereit, für die Linderung der Hungersnot auch geweihte Gegenstände zu spenden. Wenn es sein müßte, würde er, der Metropolit, eigenhändig den (kostbaren mit

Brillanten und Edelsteinen verzierten) Beschlag der Gottesmutter-Ikone von Kasan, die in Petersburg am stärksten verehrt wurde, abnehmen, damit den hungernden Menschen geholfen werden könne. Dazu kam es allerdings nicht mehr. Der Petersburger Metropolit, der Gewißheit darüber haben wollte, daß die Wertgegenstände auch tatsächlich für die Linderung der Not gebraucht würden, wurde wegen Widerstandes gegen die Konfiszierung zum Tod durch Erschießen verurteilt.

Gegen die Maßnahme der Regierung, die heiligen Gegenstände zu beschlagnahmen, wehrten sich vor allem die Gläubigen, die von ihrem Patriarchen, der dieses Vorgehen als »Gottesraub« bezeichnete, angehalten wurden, die geweihten kirchlichen Kostbarkeiten nicht für profane Zwecke herauszugeben; die nicht geweihten sollten sie spenden.

Der Staat ging gewaltsam vor, schickte bewaffnete Rotarmisten und Milizionäre in die Kirche, die die von Gläubigen versteckten und geschützten heiligen Gegenstände zu beschlagnahmen hatten. Überall, in Städten und Dörfern, kam es zu tätlichen Auseinandersetzungen und blutigen Zusammenstößen, bei denen Milizionäre auf Gläubige mit Maschinenpistolen schossen, die sich wiederum mit Stangen, Knüppeln und zum Teil auch mit Waffen wehrten. In tausend Orten der Sowjetunion, stellte die Presse fest, hätten die Gläubigen offenen Widerstand gegen die Maßnahme der Regierung geleistet und die Gewalt provoziert. Damit war für die regierenden Bolschewiken in Moskau der Beweis erbracht, daß sich die Kirche gegen die junge Sowjetmacht verschworen habe.

Das Argument der Kirche, daß geweihte Wertgegenstände nach kanonischem Recht nicht abgegeben werden dürften, wollten die Regierungsbeamten nicht gelten lassen. Sie erinnerten daran, daß die Kirche durchaus bereit gewesen war, dem ihr genehmen Staat, also der Monarchie, mit allen Mitteln zu helfen. Während des ersten Weltkrieges bot die Kirche freiwillig dem Zaren an: »Wenn die Obrigkeit des Staates und der Kirche auffordert, erlaubt und befiehlt, werden die Kirchen und Klöster ohne zu zögern, zu schwanken und zu bedauern, sowohl das Kupfer der Glocken, das

Silber, Gold und die Kostbarkeiten der Ikonen, den Schmuck der Kreuze und Ornate . . . für die Bedürfnisse des Krieges spenden.« Die Anweisung des Patriarchen Tichon an seine Geistlichen, daß es nicht wichtig sei, was gegeben werde, sondern wem gegeben werde, bestärkte die Bolschewiken in ihrer Haltung, daß die Kirche ein unversöhnlicher Gegner der jungen Sowjetmacht sei und dafür bestraft werden müsse.

Daß die Regierung hart gegen Priester und Hierarchen der Kirche, die sich gegen die Herausgabe der kirchlichen Wertgegenstände gewehrt hatten, vorgehen würde, kündigte sie in ihrer amtlichen Presse an. In Artikeln wurden der Patriarch und seine Priester als haßerfüllte Feinde des Sowjetregimes, als öffentliche und geheime Betrüger des ungebildeten und leichtgläubigen Menschen, als Werkzeuge des internationalen Kapitalismus bezeichnet. »Was sollen die Arbeiter und Bauern machen, wenn sie nicht bereit sind, Millionen an Hunger sterben zu lassen? Sie sollen dieser ganzen Bande von überheblichen hochgestellten Pfaffen eine Abfuhr erteilen. Man soll die ›heiligste Gegenrevolution‹ mit glühenden Eisen ausbrennen«, schrieb die Regierungszeitung ›Iswestija‹.

Die ›heiligste Gegenrevolution‹ wurde sogleich mit brennenden Fackeln ausgelöscht. Tausende Priester und Gläubige wurden zu strenger Lagerhaft verurteilt oder erschossen. In Massenprozessen sollte der Bevölkerung die ›antisowjetische Haltung und Tätigkeit‹ des Klerus' vor Augen geführt werden. Die Staatsanwälte argumentierten dialektisch: die Priester seien nicht wegen religiöser, sondern wegen politischer und staatsfeindicher Tätigkeit vor Gericht gestellt worden.

Im Moskauer Musterprozeß gegen Geistliche wurde 1922 auch Patriarch Tichon zuerst als Zeuge geladen und später als Angeklagter verhaftet; abwechselnd lebte er unter Hausarrest im Konskoj-Kloster und in den berüchtigten Zellen des Lubljanka-Gefängnisses. Zwischendurch wurde er immer wieder von Offizieren des Geheimdienstes vernommen. Ein Jahr später, im Juni 1923, wurde der Patriarch — nachdem die Westmächte und vor allem Großbritannien gegen die feindliche Haltung der Sowjetregierung gegenüber der Religion und die Inhaftierung des Patriarchen protestiert hatten — freigelassen. Vorher aber hatte der Oberhirte der russisch-orthodoxen Kirche eine Erklärung abgegeben, in der er sich von seiner »antisowjetischen Tätigkeit« lossagte und beteuerte, kein »Feind der Sowjetmacht« mehr zu sein.

Der Patriarch schrieb an den Obersten Gerichtshof: »Ich halte es für eine Pflicht meines Gewissens, als Priester folgendes zu erklären: Ich, der seine Erziehung in der monarchistischen Gesellschaft erhalten hat und bis zur Verhaftung unter dem Einfluß antisowjetisch eingestellter Personen stand, war der Sowjetmacht wirklich feindlich gesonnen ... Meine antisowjetischen Aktivitäten sind, abgesehen von einigen unbedeutenden Unstimmigkeiten, in der Anklageschrift des Obersten Gerichts zusammengefaßt. Indem ich das Gerichtsurteil für richtig anerkenne ... bereue ich meine Verbrechen gegen die Staatsordnung und bitte das Oberste Gericht, meine Isolierung zu beenden, das heißt, mich aus der Haft zu entlassen. Gleichzeitig erkläre ich dem Obersten Gericht, daß ich künftig kein Feind der Sowjetmacht sein werde. Ich lehne unabwendbar und endgültig die ausländische und innere monarchistisch weißgardistische Konterrevolution ab.«

Das Eingeständnis des Patriarchen, wie auch immer — ob auf Druck der Behörden oder aufgrund von politischen Überlegungen — zustande gekommen, wurde in der sowjetischen Presse breit publiziert und als Beweis für das fehlerhafte und irrtümliche Verhalten der Kirchenleitung benutzt.

Durch die neuen gesellschaftlichen Verhältnisse in der Sowjetunion entwickelten sich in der russisch-orthodoxen Kirche Strömungen, die den Lauf des großen einheitlichen orthodoxen Flusses verändern wollten. Die latenten Spannungen, die es auch früher gab, vor allem zwischen dem ›weißen Klerus‹, den verheirateten weltlichen Geistlichen und dem ›schwarzen Klerus‹, den Mönchen, die gegenüber den weltlichen Priestern privilegiert sind und wie eh und je die Hierarchen wie Bischöfe, Metropoliten und den Patriarchen stellen dürfen, traten nun mehr oder weniger offen zutage. Auch die Haltung des Patriarchats gegenüber dem

Staat wollten manche Priester nicht akzeptieren und sahen eine Lösung des Konfliktes in der völligen Unterwerfung der Kirche gegenüber der weltlichen Macht.

Schon bei der gewaltsamen Konfiskation der kirchlichen Wertgegenstände durch die Bolschewiken waren sich die russischen Priester in der Beurteilung der Maßnahmen nicht einig gewesen. Die Meinungsverschiedenheiten und Spannungen in der Kirche nutzten die bolschewistischen Taktiker und Propagandisten geschickt aus, ja sie schürten sie, drohten und bestraften jene, die nicht auf die staatlichen Forderungen eingehen wollte, anderen machten sie Versprechungen und hatten damit Erfolg.

Geistliche spalteten mit Hilfe des Staates die Kirche und gründeten die ›lebendige Kirche‹, die sich später ›die Erneuerer‹ nannten. Sie wollten das Patriarchat abschaffen und hatten den Patriarchen Tichon mehrmals aufgefordert, sein Amt niederzulegen und den »Bürgerkrieg der Kirche gegen den Staat« einzustellen. In Konkurrenz zum Patriarchat gründeten sie ein ›Höheres Kirchliches Amt‹ (HKA) und reformierten ihre Kirche im Sinne der Staatsfunktionäre. Sie bekannten sich zum ›christlichen Sozialismus‹, beförderten verheiratete Priester gegen Bestimmungen der kirchlichen Dogmatik zu Bischöfen, ersetzten das gebräuchliche Altslawisch in der Liturgie durch das moderne Russisch. Radikale Priester unter den ›Erneuern‹, die sich wiederum von den gemäßigten trennten, forderten zum Beispiel die Auflösung aller Klöster und ihre Umwandlung in landwirtschaftliche Produktionsgenossenschaften. Der Staat hatte sein Ziel erreicht: die Spaltung und damit die Schwächung der Kirche.

Die schönsten und bedeutendsten Gotteshäuser in Dörfern und Städten wurden der traditionellen Patriarchatskirche weggenommen und den ›Erneuerern‹ für ihre ›kultischen Handlungen‹ übergeben. Sie besaßen bald fünfzehntausend Kirchen, die von knapp zweihundert Bischöfen betreut wurden. Sie durften eine theologische Akademie in Moskau, ein Institut in Petrograd (Leningrad), eine höhere Schule in Kiew unterhalten und eine orthodoxe Zeitschrift herausgeben. Nur eins fehlte der Reformkirche: das gläubige Volk, das treu zum Patriarchen und der alten russisch-orthodoxen Kirche hielt. Die Gläubigen witterten seitens der ›Erneuerer‹ Verrat an der heiligen russischen Kirche und blieben diesen Gotteshäusern fern, die die Reformer, von den Christen als ›rote Popen‹ beschimpft, ›besetzt‹ hatten. Nicht selten auch wurden die abtrünnigen Bischöfe und Pfarrer von den treuen Christen öffentlich beschimpft, tätlich angegriffen und aus den Ämtern gejagt. Das gläubige Volk stand wie eine Mauer gegen die Spalter der ›heiligen Orthodoxie‹ und hinter ihrem Patriarchen mit seinen Priestern.

An einer (zwar dem Staat gemäßen) Kirche ohne Volk waren auch die Religionsfunktionäre nicht sonderlich interessiert, die eben über sie die gläubigen Massen allmählich ins atheistische Lager ziehen wollten. Ohne staatliche Hilfe und ohne die Unterstützung aus dem Volk wurden die ›Erneuerer‹ bedeutungslos und ins Abseits gedrängt, obwohl sie sich dem Staat immer wieder anbiederten. Zu Lenins Tod 1924 verfaßten sie ein Beleidsschreiben und priesen ihn als den großen Befreier des russischen Volkes mit einer ›gütigen und christlichen Seele‹.

Die Funktionäre ließen die ›Erneuerer‹ fallen und versuchten wieder verstärkt über die Patriarchatskirche, zu der die Gläubigen hielten, ihre politischen Ziele zu erreichen und die christliche Bevölkerung für sich zu gewinnen. Dieses Vorhaben war aber nur durchführbar, wenn sie den Patriarchen, der im Volk nach wie vor großes Ansehen und tiefe Verehrung genoß, dazu bringen konnten, die junge Sowjetmacht und ihre politischen Maßnahmen zu akzeptieren und gutzuheißen. Patriarch Tichon, dessen Gesundheit durch Gefängnis, die ständige Sorge und den Kampf um seine heilige Kirche gelitten hatte, wurde noch kurz vor seinem Tod, 1925, von Religionsfunktionären bearbeitet, so wird in Kirchenkreisen behauptet, ein Testament zu unterschreiben, das veröffentlicht werden sollte. Dieses ›Testament‹ sei gefälscht, sagen Oppositionspriester.

Andere wiederum meinen, daß der Patriarch das Testament in dieser Form unterschrieben habe, um damit der bedrängten und gefährdeten Kirche zu helfen. Im Testament steht: »Als die Vertreter der Sowjetmacht die Regierung des russischen Staates übernahmen, erließen sie bereits im Januar 1918 das Dekret über die volle Freiheit der Bürger zu glauben, was sie wollen und nach diesem Glauben zu leben. Auf diese Weise gewährleistet das vom Dekret verkündete Prinzip der Gewissensfreiheit jeder religiösen Gemeinschaft, darunter auch unserer orthodoxen Kirche, die Rechte und Möglichkeiten zu leben und ihre religiösen Angelegenheiten gemäß den Forderungen ihres Glaubens zu führen, soweit diese nicht die Ordnung und Rechte der anderen Bürger verletzen.« Die Menschen sollten »keine Hoffnungen auf die Wiederkehr der monarchistischen Ordnung hegen und sich davon überzeugen, daß die Sowjetmacht wirklich eine Macht des Volkes, der Arbeiter und Bauern und deshalb fest und unerschütterlich ist«. Die Menschen sollten, heißt es weiter, »jeglichen Widerstand gegen die Staatsmacht, jedes böswillige Vorhaben, Meutereien und jedwede Feindseligkeit gegen sie verurteilen . . . Diejenigen, die in ihren Irrtümern beharren und sich weigern, sie vor der Sowjetmacht zu bereuen, sollen dem Gericht des orthodoxen Konzils übergeben werden«. Im Testament werden auch die russischen Priester, die ins Exil gegangen sind und dort Kirchen gegründet haben, erwähnt und ihre Tätigkeiten verurteilt: »Unter Benutzung unseres Namens, unserer kirchlichen Autorität, entfalten sie dort eine schädliche und konterrevolutionäre Tätigkeit. Wir erklären entschieden: Wir haben keine Verbindung zu ihnen, wie es unsere Feinde behaupten, sie sind uns fremd, wir verurteilen ihre schädliche Tätigkeit.«

Das Testament, eine Ergebenheitserklärung an den atheistischen Staat, wirkte auf die Gläubigen wie ein Hammerschlag auf den Kopf. Sie waren verwirrt, protestierten gegen das in ihren Augen manipulierte Testament. Die Staatsfunktionäre beteuerten, keinen Einfluß und Druck ausgeübt zu haben. Dies hätten sie auch gar nicht tun können, weil der Patriarch in den letzten Tagen seines Lebens nur von seinen ergebenen Anhängern, von Hierarchen der orthodoxen Kirche, von der Geistlichkeit Tichonscher Prägung umgeben gewesen sei, so ließen sie öffentlich verbreiten. »Von irgendeinem Druck auf das Gewissen des Patriarchen kann keine Rede sein. Er hat das Testament völlig selbständig und frei verfaßt.«

Mit der Spaltung der Kirche durch die ›Erneuerer‹, dem Wohlverhalten des Patriarchats gegenüber der Sowjetmacht, wollten die Bolschewiken nun Zeit gewinnen, ihre Macht festigen, die Kirchenleitung und die Gläubigen verwirren, um später Schritt für Schritt mit atheistischer Propaganda und Gewalt die Religion ganz abzuschaffen. »Wir sind Gegner jeder Religion. Uns können selbstverständlich weder die Säuberung unter den Heiligen (Spaltung der Kirche) noch die Verminderung der Hierarchie interessieren, ohne den Zusammenhang mit unserer Generalaufgabe – der Vernichtung der Religion überhaupt – zu sehen«, formulierten die Religionsideologen des Staates.

Ein enger Vertrauter Lenins, der führende Bolschewik Nikolaj Bucharin sagte über die Religion: »Die Kirchen sollen als Herde der Gegenrevolution vom Antlitz der Erde getilgt werden. Mit dem Kampf gegen die Kirche soll der Genosse Dscherschinskij beauftragt werden.« Felix Dscherschinskij war der Gründer und erste Chef des sowjetischen Staatssicherheitsdienstes, des heutigen KGB.

Das staatliche Religions-Ziel stand fest. Die Aufgabe war definiert und ideologisch abgesichert. Nur die Geschwindigkeit, mit der die Kirche vernichtet werden sollte, mußten die Exekutoren den Gegebenheiten und Umständen des jungen Sowjetstaates anpassen. Sie nutzten jede Schwäche der Kirche, jede politische Aktion, um gegen die Religion vorzugehen.

Bei der zwangsweisen Kollektivierung der Landwirtschaft unter Stalin in den Jahren 1929/1930, die gegen den Widerstand der Bauern mit Gewalt und Millionen Opfern durchgesetzt wurde, waren die Geistlichen und die Gläubigen in den Dörfern diejenigen, die sich der sozialistischen Landreform widersetzten, argumentierten die Bolschewiken, die auch gleich die Sündenböcke gefunden hatten. Wiederum ein Grund, gegen die Geistlichen

– diesmal vor allem gegen die Dorfpfarrer – vorzugehen. Sie wurden verhaftet und ohne Anklage entweder gleich umgebracht, ins Gefängnis gesteckt oder nach Sibirien verbannt. Vom Land griff 1930 die Terrorwelle gegen die Religion durch verschärfte Gesetze auf die Stadt über. Bis 1930 waren in Moskau zum Beispiel noch etwa fünfhundert Kirchen geöffnet, 1933 waren es nur noch hundert. Stalin, der in der Jugend selbst einmal Priester werden wollte, schaltete sich öffentlich in die Diskussion über die Religion ein und lieferte den tausenden Apparatschiks, die in der UdSSR seine ideologischen Vorstellungen und Befehle zu realisieren und zu vollstrecken hatten, die revolutionäre Legitimation. Stalin sagte: »Die Partei darf sich in religiösen Angelegenheiten nicht neutral verhalten. Sie führt vielmehr eine antireligiöse Propaganda gegen alle und jegliche religiöse Vorurteile durch, weil sie sich zur Wissenschaft bekennt ... Jede Religion ist der Wissenschaft entgegengesetzt ... Haben wir die reaktionäre Geistlichkeit bei uns unterdrückt? Jawohl, wir haben sie unterdrückt. Es ist nur zu bedauern, daß sie noch nicht vollständig vernichtet ist. . . « Stalins Helfer waren fleißig dabei, den Wunsch des Kremlmächtigen zu erfüllen . Kirchen wurden reihum geschlossen, die Geistlichen in Lager deportiert oder an Ort und Stelle umgebracht. Die Schwester des Schriftstellers Lew Tolstoj, Alexandra Tolsaja, notierte damals über die verzweifelte Lage der Bevölkerung: »Dort zerstören die russischen Menschen am Tage die Kirchen, nachts aber weinen sie, bereuen es, flehen zu Gott um Verzeihung, schlagen mit der Stirn auf den Fußboden und schluchzen in seelischer Verwirrung.«
Die Barbaren der Vernichtung machten auch vor national-religiösen Heiligtümern nicht halt. Die Mariä-Schutz-Kirche in Moskau – ein Beispiel für kirchlichen Festungsbau –, die Dostojewski so schätzte und liebte, wurde abgerissen. Selbst Napoleon, der Moskau 1812 belagerte, hatte seinen Soldaten befohlen, diese Kirche vor den Flammen zu schützen.
Unter die Spitzhacke kam auch Moskaus größtes Gotteshaus, die Erlöser-Kathedrale, die im 18. Jahrhundert zu Ehren des Sieges

über Napoleon errichtet worden war. Die besten russischen Architekten hatten sie entworfen, die bekanntesten Künstler ausgemalt. An den Wänden standen die Namen der Kriegshelden, die Rußland von dem Joch des napoleonischen Heeres befreit hatten. Stalin ließ 1931 die Kirche abreißen. An ihrer Stelle sollte ein wuchtiges ›Rätehaus‹ errichtet werden, mit einer vierzig Meter hohen Büste Lenins auf der Spitze, Symbol für den aufstrebenden Sowjetstaat. Aus diesem Vorhaben wurde jedoch nichts, da der Boden an dieser Stelle zu sumpfig war und den geplanten Kolossalbau nicht tragen würde, stellten Statiker fest. »Das war die Strafe Gottes«, meinen gläubige Moskowiter. Statt dessen errichteten die Bauplaner ein beheiztes Schwimmbad, in dem die Hauptstädter selbst bei minus 30 Grad im Freien baden können.

In allen Städten, großen und kleinen, in allen Dörfern, entlegenen und nahen, wurde gegen Christen und religiöse Einrichtungen barbarisch vorgegangen. Den Rest der Befreiung von der ›religiösen Knechtschaft‹ des russischen Volkes sollte nach Stalin die antireligiöse Propaganda besorgen.

Auch die Wissenschaft und Plantheorie wurde eingesetzt. In den Fünfjahresplan der Volkswirtschaft (von 1932 bis 1937) wurde der ›Fünfjahresplan der Gottlosigkeit‹ eingebaut. Am Ende desselben − also 1937 − sollte die Sowjetunion atheistisch und von der Religion befreit, religiöse Literatur verboten sein und gläubige Bürger, die in Betrieben oder Instituten arbeiteten, sich vom Glauben losgesagt haben, sonst aber entlassen oder eingesperrt werden. Im vierten Planjahr sollten bereits alle Gotteshäuser geschlossen sein; im fünften, davon gingen die Antireligionsplaner aus, sei nur noch die atheistische Überzeugung unter den Menschen zu festigen.

Mit allen ideologischen Mitteln, mit Drohungen, Strafen, physischer Gewalt und selbst dem Tod wollte man den Gegner in die Knie zwingen. Bei der Vernichtung der Kirche sollte der ›Verband der Gottlosen‹ (Besboschniki) helfen. In Betrieben und Behörden wurden ›Gottlose Stoßbrigaden‹ und ›Atheistenzellen‹ gegründet. ›Akademien des Atheismus‹ sollten den wissenschaftlichen Beweis erbringen und die Bürger überzeugen, daß es Gott nicht gibt.

Gegen diesen massiven Ansturm des Staates und seiner Organisationen waren Priester, Gläubige und die orthodoxe Kirche äußerlich machtlos. Mutige Geistliche und Christen gingen in den Untergrund und gründeten die sogenannte Katakombenkirche. In Verstecken wurden Priester ausgebildet, Gottesdienste abgehalten und Religionsstunden für junge Menschen durchgeführt.

Die russisch-orthodoxe Kirche war Ende der dreißiger Jahre, vor Ausbruch des Zweiten Weltkrieges, in einem katastrophalen Zustand. Nur sieben Bischöfe, nur einige hundert Priester waren im Amt, und in nur hundert Kirchen durften noch Gottesdienste abgehalten werden.

Mit dem Einmarsch der deutschen Truppen in die Sowjetunion am 22. Juni 1941, dem Tag der russischen Heiligen, änderte sich die Lage der russisch-orthodoxen Kirche schlagartig. Russische Christen erinnerten sich in diesen Tagen an ein Wort aus der Bibel: Der Grund von Kriegen zwischen Völkern ist Krieg gegen Gott.

Es ist eine Ironie der Geschichte oder ein Fingerzeig Gottes, so deuten es Russen, daß ausgerechnet ein Krieg zwischen zwei atheistischen, glaubensfeindlichen und diktatorischen Systemen die fast aussichtslos gewordene Lage der russischen Kirche besserte. Die gottlosen Nationalsozialsiten, die die gottlosen Kommunisten vernichten wollten und von ihren Führern Hitler und Stalin erbarmungslos in einen Kampf gegen den Glauben geführt wurden, halfen der getretenen russischen Kirche wieder auf die Beine. Sie machten es aus taktischen Gründen und nicht aus Überzeugung. Hitler wollte den russischen Christen zeigen, daß er ihren Glauben stärker respektiere als der Landesvater Stalin, dessen Regime ihnen nur Verfolgung, Unglück und den Tod der Kirche gebracht habe und deshalb auch besiegt werden müsse.

In den besetzten Gebieten wie in der Ukraine, in Weißrußland und Teilen Rußlands eröffneten die Deutschen wieder Kirchen und Klöster, um die Sympathie der Gläubigen zu gewinnen.

In der Hauptstadt der Ukraine Kiew und ihrer Diözese zum Beispiel gab es vor der Revolution tausendsiebenhundertzehn Kirchen, tausendvierhundertsiebenunddreißig Priester, über fünftausend Mönche und dreiundzwanzig Klöster. Bis zum Ausbruch des Krieges 1941 waren bis auf zwei Gotteshäuser alle anderen – auch die Klöster – geschlossen worden. 1942, als Hitler Kiew erobert hatte, wurden für die Gläubigen dreihundertachtzehn Kirchen, in denen über vierhundert Preister dienten, und für Nonnen und Mönche acht Klöster eröffnet.

Russisch-orthodoxe Priester, die weder mit den Deutschen, geschweige denn mit der nationalsozialistischen Ideologie sympathisierten oder gar kollaborierten und nur an ihre Kirchengemeinden dachten, die vorher von den Kommunisten aufgelöst worden waren, wurden von der Moskauer Patriarchatsleitung und vor allem vom Metropoliten Sergij, der sich den kommunistischen Kirchenfeinden peinlich anbiederte und andiente, nun dafür gescholten und als »Straßenräuber im Priestergewand« beschimpft, weil sie die Gemeinden in den besetzten Gebieten als Priester betreuten. Der Moskauer Hierarch warf ihnen sogar vor, sie würden nicht mehr dem orthodoxen Kreuz, sondern dem heidnischen Hakenkreuz huldigen. Er verpflichtete Priester und Gläubige in einem Aufruf, mit allen Mitteln die Partisanen zu unterstützen; von Moskau aus war das leichter gesagt als getan. Metropolit Sergij schrieb: ». . . Gründlich irren sich diejenigen, die meinen, unser jetziger Feind würde unsere Heiligtümer nicht antasten, unseren Glauben in Ruhe lassen . . . Das Herz eines Christen ist für die faschistischen Bestien verschlossen, es strömt nur einen vernichtenden, tödlichen Haß gegen den Feind aus . . . Es möge unseren Moskauer Heiligtümern nicht das gleiche widerfahen, was die Heiligtümer der anderen, von den Deutschen besetzten Städte erdulden mußten. . . «

Die russische Kirche steckte in einer Zwickmühle: Teile von ihr befanden sich auf eigenem Gebiet, das von Hitlers Armee besetzt war. Diese eröffnete Gotteshäuser, die vorher von den Kommunisten geschlossen worden waren. Als Christen konnten sie den Feind und Helfer, der ihnen Religionsausübung gestattete, vielleicht begrüßen, als patriotische Russen mußten sie ihn ablehnen und bekämpfen. Anders war die Lage der Priester und Gläubigen in den nicht okkupierten Gebieten. Sie hatten bislang nur einen Feind, den atheistischen Staat, der sich durch deutsche Bedrohung zu einem frommen Lamm gegenüber der Kirche verwandelte.

Um Gläubige und nationalbewußte Russen für den Kampf gegen die deutschen Truppen zu gewinnen und zu motivieren, kam Stalin der eben noch von ihm verfolgten Kirche entgegen und öffnete ebenfalls Gotteshäuser und Klöster. Die Publikationen des ›Verbandes der Gottlosen‹ wurden eingestellt, die antireligiösen Museen geschlossen. Der Taktiker Stalin konnte damit rechnen, daß auch und vor allem die Gläubigen Rußlands in Zeiten nationaler Gefahr große Opfer und patriotischen Einsatz bringen würden, wenn sie nur ihre Religion ausüben dürften. Stalins Kalkül ging auf.

Die Patriarchatsleitung, hoffend, daß ihr Einsatz für die bedrohte Heimat der russischen Kirche Vorteile bringen würde, forderte von Anfang an ihre Gläubigen mit flammenden Appellen auf, den gemeinsamen Feind und Eroberer Hitler zu schlagen. Der Metropolit von Moskau, Sergij, der die Bürger an die großen Taten der National-Heiligen Alexander Newskij und Dimitrij Donskoj, die gegen Tataren, Schweden und Kreuzritter erfolgreich für ihre russische Heimat gekämpft hatten, erinnerte, beschwor den Geist vergangener ruhmreicher Zeiten, als Staat und Kirche gemeinsam die Feinde besiegt und aus dem Lande geworfen hatten. Metropolit Sergij: »Unsere orthodoxe Kirche hat immer das Schicksal unseres Volkes geteilt. Gemeinsam mit ihm hat sie gelitten und sich gemeinsam über Erfolge gefreut. Die Kirche steht auch heute zu ihrem Volk und segnet es für seinen Sieg. Nicht zum ersten Mal wird das russische Volk auf diese Art geprüft. Mit Gottes Hilfe wird die faschistische feindliche Kraft zerschlagen. Unsere Vorfahren ließen sich in schlimmeren Situationen nicht entmutigen, weil sie persönlich keine Angst hatten, die heilige Pflicht vor ihrem Vaterland und ihrem Glauben erfüllt haben und so als Sieger hervorgegangen sind.«

In den eröffneten Kirchen wurde für den ›Vaterländischen Krieg‹, gespendet und gesammelt — Geld, Nahrungsmittel, Schmuck,

Silber und Gold. Von gezielten Rubelspenden wurde eine Panzerbrigade, die den Namen des ruhmreichen Großfürsten und Heiligen Dimitrij Donskoj erhielt, aufgestellt. Metropolit Sergij telegrafierte diesen Spendenerfolg an Stalin, der sich dafür bedankte. Ans Volk hatte Sergij appelliert: »Möge unsere kirchliche Panzerkolonne der Segen unserer orthodoxen Kirche und ihr unaufhörliches Gebet für den Sieg der russischen Waffen begleiten.«

Mit Spenden der Gläubigen wurden Flugzeuge ausgerüstet, Krankenhäuser für verletzte Soldaten unterhalten, Waisenhäuser gebaut und die Soldaten der Roten Armee mit Waffen und warmer Kleidung beliefert. Die Priester forderten in patriotischen Reden die Gläubigen auf, tapfer zu kämpfen, reichlich zu spenden, für die Heimat, die gefallenen Soldaten — auch die atheistischen — und den Sieg zu beten. In den Kirchen wurden Bittgottesdienste für das bedrohte Vaterland, die kämpfenden Rotarmisten und Partisanen abgehalten.

Während vor dem Krieg die sowjetische Presse für die Kirche und die Geistlichen nur Hohn, Spott und Haß übrig hatte, sie propagandistisch an den Pranger stellte und ins Grab wünschte, änderte sie ihren Ton, als die Kirche im Krieg gebraucht wurde. Der Dank des Oberkommandos der Roten Armee an die ›russisch-orthodoxe Geistlichkeit‹ wurde sogar in der Parteizeitung ›Prawda‹ 1943 gedruckt. Priestern, die sich als Soldaten im Felde besonders tapfer geschlagen hatten, schickte Generalissimo Stalin persönlich Telegramme und bedankte sich in seinem und im Namen der Roten Armee. Für die Verteidigung von Leningrad, die aufopferungsvolle Tätigkeit während der Blockade durch deutsche Truppen, wurde der Metropolit Alexij, der in der von Hunger, Krankheit und Elend gepeinigten Stadt für Lebende und Tote Gottesdienste abgehalten und den Menschen Trost gespendet hatte, gemeinsam mit anderen Priestern von der sowjetischen Regierung mit dem Orden ›für die Verteidigung von Leningrad‹ ausgezeichnet.

Das durch den Krieg erzwungene Verhalten Stalins gegenüber der Kirche, die ihn bedingungslos im Kampf gegen die deutschen

Okkupanten unterstützte, stellte den Diktator auch in der Anti-Hitler-Koalition in ein besseres Licht. Im Spätsommer 1943 empfing Stalin, der vor Kriegsbeginn bedauert hatte, daß leider noch nicht die gesamte Geistlichkeit vernichtet sei, im Kreml drei Metropoliten; Stalin gestatte der Kirche, wieder einen Patriarchen zu wählen, den es seit dem Tode von Tichon 1925 nicht mehr gegeben hatte. Der ›historische Kompromiß‹ zwischen Staat und Kirche wurde eingeleitet.

Nach dem Treffen der Geistlichen mit Stalin besserte sich die Lage der Kirche abermals. In Städten und Dörfern wurden weiterhin Gotteshäuser eröffnet, und die Zahl von 100 Kirchen vor dem Krieg erhöhte sich auf etwa zwanzigtausend während des Krieges; die Zeitschrift des Moskauer Patriarchats durfte wieder erscheinen. Priesterseminare und theologische Akademien, die alle geschlossen worden waren, durften ihre Lehrtätigkeit aufnehmen. Am ›Tag des Sieges‹, dem 9. Mai 1945, wurden in allen Kirchen Rußlands die Glocken geläutet, der gemeinsam von Christen und Kommunisten gewonnene Kampf gegen Nazi-Deutschland wurde mit Gottesdiensten gefeiert, der gefallenen Soldaten wurde in Totenmessen gedacht.

Nach dem Krieg konnte die russisch-orthodoxe Kirche ihre Lage, die sie während des Krieges erreicht hatte, erst einmal stabilisieren. Die Zusagen, die ihr Stalin gemacht hatte, wurden eingehalten. Der Diktator, der die Kirche vor dem Krieg an den Rand des Todes gebracht hatte, starb 1953. Die Hierarchen der Kirche hielten Ehrenwache an seiner Bahre und priesen den Verstorbenen als ›große, moralische und soziale Kraft‹, dessen man ewig gedenken werde.

Stalins Nachfolger wurde Nikita Chruschtschow, der den Kult um Stalin, seine Verbrechen verurteilte, Millionen von Lagerhäftlingen befreite, rehabilitierte und eine Phase der Liberalisierung in der Sowjetunion einleitete.

Gegenüber der russisch-orthodoxen Kirche allerdings zeigte sich derselbe Chruschtschow weniger tolerant. Er nahm der Kirche, nach wie vor ein ideologischer Gegner, einen Teil wieder ab, den ihr Stalin gegeben hatte. Er reduzierte die Anzahl der Kirchen, in denen Gottesdienste abgehalten wurden, von zwanzigtausend auf etwa siebentausend; die Zahl der Priester verringerte er von dreißigtausend auf vierzehntausend. Von den neunundsechzig Klöstern, in denen Mönche und Nonnen lebten, ließ er fünfzig wieder schließen, ebenso verfuhr er mit den Priesterseminaren.

Unter Leonid Breschnew, der Chruschtschow im Amt des Parteichefs folgte, stabilisierte sich die Lage der Kirche und Christen in der Sowjetunion. Es wurden — mit wenigen Ausnahmen — zwar keine Kirchen und Klöster eröffnet, aber auch keine mehr geschlossen. Ein Moskauer Priester definierte die Lage der Kirche unter Breschnew in den sechziger und siebziger Jahren so: »Das Leben ist ein Kompromiß. Und diesen haben wir — Gott sei Dank — zwischen Kirche und Staat gefunden.«

Von dem Kommunisten und Reformer Michail Gorbatschow erwarten die Kirche und die Gläubigen mehr. Werden in der Sowjetunion aus ideologischen Gegnern vielleicht Partner?

»ÜBER DEM KREML STEHT GOTT«

KATHARINA DIE GROSSE ENTEIGNET KLÖSTER

Damit in ›Ruhe und Frieden‹ über den Wert der monotheistischen Religionen geurteilt werden konnte, bildete der Kiewer Großfürst Wladimir einen Religionsrat, wird in der russischen Chronik berichtet. Dieser Rat, der die einzelnen Weltreligionen zu begutachten hatte, habe den Islam verworfen, weil er den Wein, »welcher der Russen Freude ist«, verbietet. Das Judentum lehnten die Ratsherren ebenfalls ab, weil die Annahme mit einem blutigen Opfer verbunden ist. Den Ritus der katholischen Messe fand der Rat zu »einfach und zu rasch vorüberschreitend«. Was ihn begeisterte, war der Prunk und Pomp der Kirche von Byzanz.

Wladimirs Gesandte hatten nach dem Besuch der Haghia Sophia dem Großfürsten berichtet und geschwärmt: »Und wir kamen auch zu den Griechen, und sie führten uns dorthin, wo sie ihrem Gott dienen, und wir vermögen es gar nicht zu schildern. Nur eines wissen wir, daß dort Gott bei den Menschen weilt, und ihr Gottesdienst übertrifft den aller Länder. Wir können aber diese Schönheit nicht vergessen, denn ein Mensch, der Süßes gekostet hat, will nicht mehr Bitteres zu sich nehmen.«

Und so wurde Rußland im Jahre 988 orthodox.

Der Chronist Nestor berichtet: »Alle Einwohner«, befahl der schon getaufte Fürst, »reiche und arme, sollten sich am Ufer des Dnjepr versammeln, um die Taufe zu empfangen. Wenn jemand nicht erscheine, so sei er sein Feind. Die Kiewer widersprachen nicht und urteilten, wenn der Glaube nicht gut wäre, so würden ihn Fürsten und Bojaren nicht annehmen.

An dem bestimmten Tage stürmte eine zahllose Volksmenge beiderlei Geschlechts an die Ufer des Dnjepr. Und als Wladimir mit seiner Gemahlin und den Geistlichen erschien, stürzte sich das ganze Volk ins Wasser, die einen bis zur Brust, die anderen bis zum Hals; die Erwachsenen hielten die Kinder in die Höhe. Das Mysterium der heiligen Taufe wurde vollzogen.«

Auf Befehl des Großfürsten und ohne Widerstand nahmen die heidnischen Russen den christlichen Glauben an. Dem Adel und dem Volk gefielen die feierlichen und langen Gottesdienste. Die pompösen Kirchen, die anstelle der bescheidenen Tempel gebaut wurden, halfen ihnen, an die Allmacht Gottes mehr zu glauben als an die heidnischen Götter. Dem Volk wurden zudem Brücken gebaut. Die christliche Dogmatik wurde mit den heidnischen Vorstellungen bildhaft in Einklang gebracht.

Die Funktionen der heidnischen Götter wurden auf die christlichen Heiligen übertragen. Der Kult der Mutter Erde wurde zum Beispiel mit der Verehrung der heiligen Jungfrau vereinigt. Der Kult des Perun, Gott des Blitzes und Donners, lebte weiter im heiligen Ilja, der nach Meinung einfacher Menschen Sturm und Hagel beherrscht und die Ernte vernichten kann. Die Götter für das Vieh wurden von den Heiligen Flor, Lawr und Medost ersetzt.

Der russisch-orthodoxe Glaube kam aus Byzanz, die ersten Glaubenslehrer waren orthodoxe Griechen und Bulgaren. Sie errichteten die ersten Kirchen und malten die ersten Ikonen auf russischem Boden. Die junge russische Orthodoxie war von der byzantinischen Kirche abhängig und ihr untergeordnet. Sie beherrschte der Patriarch von Konstantinopel und seine ihm untergebenen Metropoliten, die anfangs Griechen waren.

Die Verbreitung des orthodoxen Christentums ging in Rußland schnell und ohne große Schwierigkeiten voran. Sie wurde auch dadurch erleichtert, weil die Russen bereits das slawische Alphabet hatten, und einige Kirchenbücher aus dem Griechischen ins Russische schon übersetzt waren. Der Bau von Kirchen und die Gründung von Klöstern wurde von den jungen russischen Christen im 11. Jahrhundert euphorisch betrieben. In Kiew wurde die Sophien-Kathedrale nach dem Vorbild der Hagia Sophia in Konstantinopel gebaut. Sie wurde zum religiösen Heiligtum der Kiewer Rus, der Wiege des russischen Christentums. Im Höhlen-Kloster von Kiew wurde das erste russische Geschichtsbuch geschrieben: von den Anfängen der Mythologie bis zur Gegenwart.

Nach dem Vorbild von Byzanz begannen auch die Russen, Heilige inbrünstig zu verehren. Ihnen aber reichten die allgemein-christlichen Vorbilder nicht aus, sie waren ihnen fremd, zu unpersönlich und zu weit weg. Neben den byzantinischen Heiligen hatten sie bald ihre eigenen. Die ersten russischen Heiligen waren die Fürsten Boris und Gleb, die als Christen vom Bruder umgebracht worden sind.

Die Organisatiton der russischen Kirche war eine getreue Kopie der byzantinischen. Die Geistlichkeit bestand aus verheirateten weltlichen Priestern, dem weißen Klerus, und aus unverheirateten Mönchen, dem schwarzen Klerus. In die oberste Kirchenhierarchie konnten und können bis heute nur Mönche aufsteigen.

Staat und Kirche waren von Anfang an eng miteinander verbunden Die Kirche segnete die staatliche Macht, die wiederum stellte die Kirche unter ihren Schutz. Die staatlichen Regenten aber, die Fürsten, lebten in ständiger Zwietracht und bekämpften sich gegenseitig. Das hatte weitreichende Folgen — vor allem gegenüber äußeren Feinden. Als 1223 die tataro-mongolischen Horden in Rußland einfielen, waren die Fürstentümer zu schwach, den asiatischen Eroberern Widerstand zu leisten. Die Wiege des russischen Christentums, Kiew, wurde 1240 von den Tataren besiegt und besetzt. Damit endete die Geschichte der Kiewer Rus.

Um die Nachfolge der Kiewer Rus im Süden stritten die Fürstentümer im Norden Rußlands. Nach langen Fehden und Kämpfen konnte sich schließlich das Moskauer Fürstentum gegen die Rivalen aus Susdal, Wladimir und Nowgorod durchsetzen. Damit begann die zweite Phase, die Moskauer, in der Geschichte des russischen Staates und der russisch-orthodoxen Kirche. Die Moskauer Fürsten verliehen sich den Titel die ›großen Fürsten der gesamten Rus‹.

Im Jahr 1326 wurde auch das russische Kirchenzentrum nach Moskau verlegt. Die neue Metropole der staatlichen und geistlichen Macht betrieb gegenüber den asiatischen Besatzern, die den russisch-orthodoxen Glauben tolerant akzeptierten, und gegenüber den benachbarten Fürsten eine kluge und ausgewogene Politik, die dazu führte, daß sich das Moskauer Fürstentum im 14. Jahrhundert politisch und militärisch festigen konnte.

Schon 1380 fühlte sich der Moskauer Großfürst Donskoj stark genug, gegen die Tataren zu kämpfen. Auf dem Schnepfenfeld besiegten die Russen, obwohl in der Unterzahl, das gegnerische Heer in einer Schlacht. In das Gefecht waren die russischen Krieger mit ihren heiligen Bildern, den Ikonen, gezogen. Obwohl der Sieg der Russen auf dem Schnepfenfeld sie nicht vom Tatarenjoch befreite, hatte er ihnen aber eins gegeben: das Vertrauen und den Glauben an die eigene Kraft, die Tataren eines Tages endgültig besiegen und aus Rußland vertreiben zu können. Hundert Jahre später, 1480, unter dem Großfürsten Iwan III, besiegten die Russen die asiatischen Eroberer, die fast dreihundert Jahre ihr Land besetzt hatten.

Moskau wurde zum gesamtrussischen, politischen, kulturellen und religiösen Mittelpunkt. Eine nationale Kultur entwickelte sich, die vom orthodoxen Glauben beeinflußt wurde. Der Mönch Andrej Rubljow, der erste bekannte russische Ikonenmaler, zog von Kirche zu Kirche, von Kloster zu Kloster und malte Ikonen und Fresken.

Ende des 15. Jahrhunderts wurden überall in Rußland Kathedralen aus weißem Stein gebaut. Klöster schossen wie Pilze in bis dahin unbesiedelten Gegenden aus dem Boden. Um die Klöster entstanden Siedlungen, Orte und Städte. Russische Historiker nennen

Im Kreml der nordrussischen Stadt Rostow Wjeliki regierten und residierten ehemals die Metropoliten der reichen Handelsmetropole.

diese Phase die ›Kloster-Kolonisation‹. Viele Mönche, die Klöster gegründet hatten, wurden später heilig gesprochen. Diese Zeit ist als das ›goldene Jahrhundert der russischen Heiligen‹ in die Historie eingegangen.

Der Staat unterstützte die Klöster und half bei der Gründung von neuen. Sie erhielten die umliegenden Ländereien und die dazugekommenen Dörfer; damit wurden die Klöster in Rußland zu feudalen Großgrundbesitzern. Die Bauern waren Leibeigene der Mönche. Auch andere Privilegien, wie zum Beispiel die Konzession, Handel zu treiben, wurden Klöstern eingeräumt; so verkaufte das Solowezkij-Kloster Salz und Fisch mit hohen Gewinnen. Klöster wurden vermögend und einflußreich.

Während Rußland politisch, militärisch und religiös immer selbstbewußter und mächtiger wurde, näherte sich das byzantinische Imperium, das für Rußland in Glaubensfragen bestimmend war, seinem Untergang. Die byzantinische Kirche versuchte verzweifelt, ihr Reich vor den türkischen Eroberern zu retten und war sogar bereit, näher an das katholische Rom zu rücken, um dadurch von den westlichen Ländern im Kampf gegen die Türken unterstützt zu werden.

Auf dem Kirchenkonzil von Florenz 1439 akzeptierten die Vertreter der Ostkirche in Konstantinopel das Primat des Papstes in Rom und das katholische Dogma. Mit einer Ausnahme: Die Ostkirche durfte weiter nach dem orthodoxen Ritus feiern.

Auch die Moskauer Kirchenleitung war der Union mit Rom nicht abgeneigt. Unter den russischen Priestern und Gläubigen aber machte sich Mißtrauen breit, das wiederum die Hierarchen der Kirche bestärkte, mit dem katholischen Westen nicht unter ein Dach zu ziehen. Die byzantinische Kirche verlor ihren Einfluß und ihre Autorität. Ihr russisches Kind war erwachsen geworden und wollte seine eigenen Wege gehen.

Erstmals 1448 wählte das Konzil der russischen Bischöfe selbständig einen Metropoliten. Nach dem endgültigen Zusammenbruch von Byzanz 1453 wurde die russische Kirche unabhängig. Die russischen Metropoliten brauchten fortan nicht mehr nach Konstantinopel zu gehen, um vom ökumenischen Partriarchen die dienstliche Bestätigung entgegenzunehmen.

Moskau war der letzte unabhängige orthodoxe Staat, der die Nachfolge von Byzanz angetreten hatte. In Moskau wurde die Idee vom ›dritten Rom‹ geboren und der Wunsch zum Vater des Gedankens, daß es ein ›viertes Rom‹ nicht mehr geben könne. Für die Russen bedeutete diese Einschätzung, daß Moskau international das politische und religiöse Machtzentrum sei und bleiben werde. Diese Haltung stärkte im 15. Jahrhundert das nationale Bewußtsein der Russen.

Mit der Macht des Moskauer Staates wuchs auch die Rolle der russisch-orthodoxen Kirche. Iwan III vereinigte Moskau mit den übrigen nordrussischen Fürstentümern und verlieh sich den Titel ›Herrscher aller Russen‹; gelegentlich nannte er sich Zar (abgeleitet vom lateinischen Cäsar). Seine Devise war: »Über Rußland steht Moskau, über Moskau steht der Kreml, über dem Kreml steht Gott.« Iwan IV., als Iwan der Schreckliche in die Geschichte eingegangen, nannte sich Zar von Moskau und ließ sich als erster unter den russischen Herrschern krönen. Die Krönung, als kirchliche Trauung zu verstehen, sollte den Zaren mit seinem Land vereinen. Die Kirche machte den Zaren zum ›Gesalbten Gottes‹ und Heiligen zu Lebzeiten.

Der Zar war die höchste Macht im Staat und in der Kirche. Der Staat hatte einen Zaren, die Kirche brauchte nun auch mehr als nur einen Metropoliten an ihrer Spitze. Sie schuf sich 1589 — so wie in Byzanz — das Patriarchat. Erster russicher Patriarch wurde Iow; unter ihm dienten vier Metropoliten und sechs Erzbischöfe.

Die orthodoxe Religion erlebte in Rußland ihren Höhepunkt und bestimmte das Leben von Bauern und Feudalherren. Nicht nur westliche Reisende, selbst die griechischen Lehrer waren von der tiefen Frömmigkeit und den stundenlangen inbrünstigen Gottesdiensten der Russen fasziniert und angetan. Für die Russen war das nationale Bewußtsein mit dem orthodoxen Glauben identisch. ›Russische Erde‹ und ›orthodoxe Erde‹ hatten damals die gleiche Bedeutung.

Schon während der fast dreihundertjährigen Tatarenherrschaft und der anhaltenden Fürstenfehden war der orthodoxe Glaube das nationale Bindeglied der Russen. Auch während der polnischen und schwedischen Invasionen im 17. Jahrhundert, der Bauernaufstände, die durch selbsternannte Zaren hervorgerufen worden waren, blieb die Kirche die einzige intakte Kraft in Rußland. Weil die weltlichen Regenten die anstürmenden polnischen Heere nicht besiegen konnten, übernahm der Patriarch Gemorgen die Führung. Mit patriotischen und religiös motivierten Russen befreite dieser Patriarch Moskau von der polnischen Belagerung. Die Kirche und die Gläubigen hatten den Zerfall des Staates verhindert und die Feinde aus dem Land getrieben.

Als 1613 wieder ein Zar, Michail Fjodorowitsch, gewählt und die Dynastie der Romanows, die bis zur Revolution von 1917 Rußland regierte, begründet wurde, pries der Zar die staatlichen und religiösen Verdienste der Kirche. Unter ihm und seinem Sohn Alexej Michajlowitsch erreichte die Harmonie von Kirche und Staat ihren Höhepunkt.

Doch ein (äußerlich) unbedeutendes Ereignis sollte die russische Kirche im 17. Jahrhundert in ihren Fundamenten erschüttern: 1652 wurde der Mönch Nikon zum Patriarchen von Rußland gewählt. Der Sohn eines leibeigenen Bauern wurde nicht nur Oberhirte der gläubigen Russen, sondern auch Freund und Berater des Zaren Alexej Michailowitsch: Mit dem Zaren als Verbündeten wollte der mutige und kluge Patriarch die russisch-orthodoxe Liturgie, die Bibel und die Zeremonien von Fehlern reinigen, die sich im Lauf der Zeit durch Unwissenheit und Sorglosigkeit der Geistlichen eingeschlichen hatten.

Nikon hatte nicht vor — obwohl ihm Geistliche, Bojaren und Mitglieder der Zarenfamilie dieses vorwarfen —, den russisch-orthodoxen Glauben zu reformieren. Wenn auch die russische Kirche schon seit geraumer Zeit von der griechischen unabhängig war, blieb sie dennoch ein religiöses Kind der griechischen Mutter. Nikon wollte den russischen Gottesdienst nach Inhalt und Ritus wieder an den griechisch-byzantinischen angleichen.

Die Kirchenbücher, in die sich viele Fehler durch falsche Übersetzungen und mangelhaftes Abschreiben eingeschlichen hatten, sollten vernichtet und durch neue, die dem griechichen Urtext gleichen, ersetzt werden. Mit der Einführung des Buchdrucks in Rußland glaubten die Anhänger des Patriarchen, daß sich die Fehlerquote in den Büchern verringern würde. Das Gegenteil war der Fall, weil die Buchdrucker die fehlerhaften Abschriften als Textvorlagen benutzten.

Der Patriarch, den der Zar ursprünglich bei seinem Reformwerk unterstützte, redigierte die Bibel und befahl den Priestern, nur noch diese während des Gottesdienstes zu benutzen. Während die gebildeten Priester, der schwarze Klerus in den Klöstern, das Reformwerk guthießen und anwendeten, sperrten sich andere Geistliche, vor allem die ungebildeten Dorfpfarrer, gegen die Neuerung aus Moskau. Sie sahen ihre Ruhe und ihre alten ehrwürdigen russisch-orthodoxen Gebräuche bedroht.

Dabei handelte es sich bei dem Reformwerk nicht um grundlegende theologische und philosophische Diskussionen und Änderungen. Der Patriarch hatte zudem lediglich angeordnet, daß das Kreuzzeichen nicht mit zwei, sondern mit drei Fingern zu machen sei. Über das häufiger oder weniger zu sprechende ›Amen‹ und ›Halleluja‹ in der Kirche entbrannte ein heftiger Streit.

Auch über die Gesänge in der Kirche, die der Reformer Nikon geändert hatte, wurde heftig polemisiert. Mit dem Christentum kamen nach Rußland auch die griechischen Kirchengesänge. Instrumente wurden und werden bis heute in der russischen Kirche nicht benutzt. Ursprünglich trug nur ein Sänger abwechselnd mit dem Priester monotone Rezitative vor. Später sang ein Chor einstimmige Lieder, die von dreistimmigen abgelöst wurden. Nikon, der Fehler im griechischen Kirchengesang erkannt hatte und Elemente der westeuropäischen Musik in die russische einführen wollte, wurde daraufhin beschuldigt, Rußland an das verhaßte Rom zu verraten. Er behauptete sich und ersetzte die griechischen Noten aus Buchstaben durch die europäischen

Noten aus Zeichen. Auch diese Veränderung schien einigen Priestern und Gläubigen einer Gotteslästerung gleichzukommen.

Anfangs war sogar die geistliche Elite gegen die Reformpläne von Nikon. Der Patriarch aber blieb hart und verfolgte jeden, der sich widersetzte. Priester, die die Änderungen nicht mitmachen wollten, wurden eingesperrt oder nach Sibirien verbannt. Unter ihren gläubigen Anhängern wurden sie als Märtyrer verehrt.

Der Widerstand gegen den Reformer Nikon wurde so stark, daß sich der Zar gezwungen sah, ihn als Patriarchen abzusetzen und wieder als einfachen Mönch in ein Kloster zu schicken.

Die äußerlichen Reformen spalteten die russische Kirche. Der Raskol (das Schisma) war vollzogen. Die Anhänger der verfälschten Tradition, die Alt- oder Strenggläubige genannt, lehnten die in ihren Augen reformierte Kirche ab – und das tun sie bis zum heutigen Tag. Sie beharrten auf ihrem Glauben und verbrannten sich lieber, als den reformierten Glauben anzuerkennen. Doch innerhalb der Altgläubigen kam es wiederum zu Streitigkeiten und Trennungen. Manche von ihnen, vor allem die Gläubigen auf dem Land und im fernen Sibirien, die sich schon vor Nikon gegenüber den im Volk nicht besonders angesehenen Priestern kritisch verhielten, wollten nach dem Raskol mit ihnen nichts mehr zu tun haben. Sie waren zu der Überzeugung gelangt, daß jeder Mensch sein eigener Priester sei und ohne Ehe zu leben habe. Andere Altgläubigen, besonders in den Städten, sahen ihr christliches Heil nur in einer Gemeinde mit einem Priester und einer von ihm geschlossenen Ehe.

Die Aristokraten, die ober und städtische Geistlichkeit vor allem, entschieden sich erst zögerlich, später aber konsequent für die einleuchtenden Reformen Nikons. Somit waren die Altgläubigen zu einer Minderheit und einem Schattendasein verurteilt, in dem sie noch heute leben.

Unter Zar Peter I, dem Großen, begann Anfang des 18. Jahrhunderts die dritte Periode (nach der Kiewer und der Moskauer) für den russischen Staat und die russische Kirche. Peter der Große verlegte 1712 die Hauptstadt von Moskau an den Fluß Newa an der Ostsee und gründete St. Petersburg, das heutige Leningrad. Von St. Petersburg aus herrschte in Rußland nur noch einer: Peter der Große. Nach dem Sieg über die Schweden und dem mit ihnen geschlossenen Frieden von 1721 ließ er sich noch den Kaisertitel – Imperator – verleihen.

Peter der Große regierte und herrschte – alle anderen im Staat hatten nur noch zu dienen, auch die Kirche, die ihre Interessen den staatlichen unterzuordnen hatte. Unter Peter dem Großen wurde die russisch-orthodoxe Kirche zu einer Staatskirche umfunktioniert. Als der Patriarch Adrian, auch als ›großer Herr‹ tituliert, 1700 starb, ließ der Zar, der nach dem Gewohnheitsrecht einen neuen Patriarchen zu bestimmen hatte, den Patriarchenstuhl unbesetzt.

Mit der Abschaffung des Patriarchats und der damit verbundenen Zerschlagung der kirchlichen Machtzentrale zeigte der Zar der Kirche die Rolle, die sie im petrinischen Staat zu spielen hatte. In erster Linie sollte sie dem Staat dienen, ihm untergeben sein und sich um die Seelen der Menschen kümmern. Peter der Große erklärte sich selbst zum Oberhaupt der russischen Kirche und trat bei feierlichen Anlässen oft auch als Patriarch auf.

An die Spitze der Kirchenleitung setzte der Zar den heiligen Synod. Er bestand aus zwölf Geistlichen, von denen keiner – ohne die Gunst des Zaren – Synodal werden konnte. Sie wiederum wurden von einem Oberprokuror, dem die Synodalkanzlei unterstand, kontrolliert; für den Zaren war der Oberprokuror ›unser Auge und Anwalt für die Staatsangelegenheiten‹. Ähnlich wie die Beamten und Militärs hatten die Mitglieder des obersten Kirchenkollegiums zu beeiden, daß sie dem Zaren und der Zarin ›ein treuer und gehorsamer Knecht und Untertan‹ sein werden. Der Synod durfte nur theologische Fragen entscheiden, die Verwaltung des Kirchengutes hatte sich der Zar vorbehalten. Die Geistlichen wurden Diener des Staates und wie Beamte und Militärs hierarchisch eingestuft und entlohnt. Der Metropolit und Bischof entsprach einem General, der Priester einem Major und der Diakon einem Leutnant. Kritiker spotteten über die Verbeamtung der Geistlichen: Die russische Geistlichkeit sei eine Miliz, die nur noch eine etwas andere Uniform als die weltlichen Truppen des Zaren trage. Obwohl ein Metropolit den Rang eines Generals, ein Erzbischof den Rang eines Generalleutnants besitze, erinnere die Behandlung der Kirchenfürsten durch den Zaren eben deshalb an eine Kaserne.

In der bisherigen russischen Geschichte standen Kirche und Staat in einem engen Verhältnis zueinander. Für die weltlichen Herrscher war es selbstverständlich gewesen, daß sie sich an den Normen des Glaubens, zumindest theoretisch, orientierten. Metropoliten, Patriarchen und Bischöfe berieten und beeinflußten Fürsten und Zaren. Unter Peter dem Großen, einem Anhänger der frühen Aufklärung, hatte das Staatsinteresse Vorrang und die Kirche sich diesem anzupassen und zu fügen. Die Kirche wurde, wie andere Gruppen im Staate auch, verpflichtet, dem Zaren und dem Staat zu dienen.

Ohne die Kirche zu fragen oder zu konsultieren, verlegte der Zar den Jahresanfang in Rußland – nach westeuropäischem Beispiel – vom 1. September auf den 1. Januar. Diese Verordnung wollte vor allem den Altgläubigen, die sich gegen jeden sperrten, der etwas zu verändern wagte, nicht einleuchten. Gott könne doch, war ihre Überlegung, die Welt nicht am 1. Januar erschaffen haben, sondern nur im Herbst, wenn die Äpfel geerntet werden. Woher sonst hätte Eva den Apfel genommen?

Die Altgläubigen beschimpften den Zaren als Antichristen, der auf dem Zarenthron sitze und die Kirche vernichten wolle. Gegen die vom Zaren eingeführte westliche Kleidung, gegen das Rauchen von Tabak widersetzten sie sich ebenso wie gegen das Abschneiden der langen Bärte und das Verbot, sie in Zukunft tragen zu dürfen.

Mit konkreten Maßnahmen wollte Peter der Große vor allem die Klöster und das Mönchtum reformieren. Er wollte die Macht und den Einfluß der Klöster einschränken, sowie ihren Reichtum und ihre finanziellen Möglichkeiten für die Bedürfnisse des Staates nutzen. Schon Ende des 17. Jahrhunderts hatte der Monarch verfügt, daß die Klöster über ihre Einnahmen, Ausgaben und die Getreidevorräte an den Staat zu berichten hätten. Neue Gebäude und Reparaturen durften sie nur noch mit Genehmigung des Zaren errichten und durchführen. Über das 1701 eingerichtete Klosteramt wurden alle klösterlichen und bischöflichen Besitztümer erfaßt und kontrolliert. 1703 verbot der Zar, neue Klöster zu gründen, einige vorhandene wurden geschlossen. Alle Mönche und Nonnen mußten genau gezählt und registriert werden.

Für die Ideale der Mönche − in Askese zu leben und zu beten − hatte Zar Peter der Große kein Verständnis. Für ihn waren Mönche und Nonnen arbeitsscheue Drückeberger, die auf Kosten anderer lebten und sich im Kloster vergnügten: »Nicht das Heil der Seele wird in den Klöstern gesucht, sondern der Müßiggang, die Vergnügungen und niedrigste Wollust. Die Archimandriten empfangen und bewirten Gäste in ihren Zellen. Die Mönche halten sich Diener und sind so schamlos, daß sie Frauenzimmer in das Kloster bringen, um in Saus und Braus die Güter des Klosters zu verprassen und der gemeinsten Unzucht frönen. Es soll daher von nun an in jedem Kloster nur noch einen Tisch geben. Die Mönche sollen keinen Umgang mit Weibern pflegen, sie sollen auch keinen Wein und Met haben und nicht mehr als Müßiggänger in Städten und Dörfern herumlaufen. Männer und Weiber gehen miteinander ins Bad, und sogar Mönche erröten nicht, mit Nonnen dahin zu gehen. Endlich − und dies ist das Bejammernswerteste, das, was über ein Volk den göttlichen Zorn, Krieg, Hunger und die Pest bringt −, man ergibt sich der Sodomie«, heißt es im Stoglaw, einer aus hundert Kapiteln bestehenden Kirchensatzung von 1552.

In einem Ukas von 1724 schimpfte Peter der Große auf Nonnen und Mönche: »Das heutige Leben der Mönche ist nur ein Schein und bewirkt Böses, weil der größte Teil von ihnen nur Faulenzerei treibt. Jedermann aber weiß, welcher Aberglaube und welche Empörungen aus Müßiggang entstanden sind. Da die Mönche fast alle aus einfachem Stande kommen, ist es klar, daß sie nichts aufzugeben haben, daß sie keinem Luxus entsagen, sich vielmehr durch das Mönchtum ein gutes und bequemes Leben suchen. Denn zu Hause sind sie auf dreifache Weise vepflichtet: sie müssen ihre Familie ernähren, der Krone Steuern und ihren Erbherren Abgaben entrichten. Gehen sie aber ins Kloster, dann entfallen diese drei Sorgen: Die Mönche finden alles vor, was sie brauchen. Geben sie sich Mühe, die heilige Schrift zu verstehen oder andere zu unterrichten? Keineswegs. Wem nützen sie? In Wahrheit weder Gott noch den Menschen.«

Peter der Große verpflichtete die Klöster, sich ›nutzbringend‹ zu betätigen. Mönche mußten Kranke und verwundete Soldaten, arme und hilfsbedürftige Bürger aufnehmen und sie auf ihre Kosten betreuen und verpflegen. Für Waisen hatten die Klöster Schulen einzurichten, »wo sie im Lesen, im Rechnen und der Geometrie unterrichtet werden«. Nonnen mußten sich um Arme ihres Geschlechts kümmern. Mönche, die gegen die Klosterregeln verstoßen und ›gesündigt‹ hatten, wurden später in das Solowezkij-Kloster bei Archangelsk im Norden Rußlands verbannt. Im frühen 19. Jahrhundert sollen dort mehrere tausend Mönche gelebt haben.

Besonders schwerwiegend war der Eingriff des Zaren in das Beichtgeheimnis. Priester wurden verpflichtet, der Obrigkeit zu melden, was ihnen Beichtende an staatsfeindlichen Gedanken und Tätigkeiten anvertraut hatten; viele Priester widersetzten sich allerdings dem Befehl aus St. Petersburg. Peter der Große verbot zudem, Einsiedeleien zu gründen.

Die Aufnahme ins Kloster wurde erschwert. Männer durften nicht unter dem dreißigsten Lebenjahr ins Kloster eintreten; Soldaten, Leibeigene, Analphabeten, Ehemänner, deren Frauen noch lebten, Beamte, Männer, die Schulden hatten, durften vom Kloster nicht aufgenommen werden. Diejenigen Männer, die in ein Kloster eintreten wollten, mußten vom Zaren oder vom Synod ein Erlaubnisschreiben vorzeigen. Bevor sie Mönch werden konnten, mußten sie drei Jahre lang als Novize im Kloster leben. Frauen wurden erst ab dem vierzigsten Lebenjahr in ein Kloster aufgenommen, die schon im Kloster lebenden jüngeren Nonnen sollten verheiratet werden. Die Zahl der Mönche und Nonnen sollte in den Klöstern nicht erhöht werden; sie sollten sich durch handwerkliche Arbeit und Handarbeit selbst ernähren.

Während der Zar bestrebt war, junge Frauen von einem Leben im Kloster abzuhalten, verbannte er seine eigene Frau Jewdokia zu lebenslänglichem Gefängnis in ein Kloster, um seine Geliebte heiraten zu können.

Mönche und Nonnen protestierten gegen die zaristischen Maßnahmen und schrieben Briefe nach St. Petersburg. Sie beschuldigten den Monarchen, ein Feind Gottes zu sein. Daraufhin ließ der Zar den Klöstern Tinte und Papier wegnehmen, damit die Mönche und Nonnen nicht mehr schreiben konnten.

Russische Nonnen waschen im Kloster ihre Wäsche wie zu Großmutters Zeiten auf einem Waschbrett.

Von diesen Einschränkungen und Bestimmungen ausgenommen war das Alexander Newskij-Kloster in St. Petersburg, das Peter der Große 1713 hatte bauen lassen. Das Kloster soll an der Stelle in St. Petersburg erbaut worden sein, an der der Nationalheilige Alexander Newskij 1241 das schwedische Heer und die Ordensritter geschlagen hat. Für die neue russische Metropole an der Newa brauchte der Zar ein Kloster, das das Volk beeindruckte und zu dem es pilgern konnte; ensprechend monumental wurde es gebaut und mit einem Kathedralbau ausgestattet. Die Gebeine des heiligen Newskij wurden aus der alten russischen Stadt Wladimir, wo sie bislang verehrt worden waren, geholt und in das neue Kloster gebracht; in einem fünf Meter hohen Reliquienschrein aus Silber wurden die sterblichen Überreste des Heiligen begraben.

Auch St. Petersburg hatte nun sein berühmtes Kloster. Es wurde in den gleichen Rang wie das verehrte Dreifaltigkeits-Sergij-Kloster in Sagorsk bei Moskau und das erste russische Kloster (Höhlen-Kloster) in Kiew erhoben. Es durfte sich ehrenvoll Lawra nennen; nur diesem — und noch einem vierten — Kloster war dieser Ehrentitel vorbehalten. Von den drei Hauptklöstern Rußlands ist nur noch eines, das Kloster in Sagorsk, für die Mönche übriggeblieben; die beiden anderen wurden nach der sozialistischen Oktoberrevolution zu Museumsstätten umfunktioniert.

Mit dem Newskij-Kloster vor der Haustür betrieb der mißtrauische Zar Peter der Große seine eigene Kirchenpolitik. Die Mönche in seiner Nähe konnte er kontrollieren, beeinflussen und zu treuen Dienern des Zaren erziehen. Den Mönchen aus dem Newskij-Kloster, denen der Zar eine Sonderstellung einräumte, konnte er vertrauen. Den Widerstand, der sich in vielen Klöstern Rußlands gegen die petrinische Politik regte, wollte er mit ihm ergebenen Mönchen aus St. Petersburg brechen. Er verfügte, daß die großen russischen Klöster nur noch von Mönchen aus dem Newskij-Kloster zu leiten seien. Der Schritt wurde damit begründet, daß »seine Majestät der Zar keine genügende Kennnis über die Mönche in den Gouvernements besitzt«. Aus allen Teilen Rußlands wurden geeignete Mönche ins Newskij-Kloster geholt, um sie entsprechend auf die künftigen Führungsaufgaben im Kloster und Bischofspflichten vorzubereiten.

Peter der Große erwog auch, die Metropoliten und Bischofsämter nicht mehr mit Mönchen, sondern mit verheirateten weltlichen Priestern aus dem weißen Klerus zu besetzen, die mit den Problemen der Kirchengemeinden und Menschen besser vertraut seien als die weltfremden im Zölibat lebenden Mönche. Aufgrund heftiger Widerstände im schwarzen Klerus ließ der Zar diesen Gedanken wieder fallen.

Auch Peter der Große, der Rußland mit eiserner Hand regierte, wagte es nicht, die Klöster zu enteignen, obwohl ihm der Reichtum der Klöster immer ein Dorn im Auge gewesen war.

Schon Iwan der Schreckliche, der kaum Skrupel kannte und rigoros mit allen ihm zur Verfügung stehenden Mitteln seine politischen Vorstellungen durchsetzte, wollte den Klöstern die Ländereien wegnehmen. Nachdem ihn die Kirchenleitung eindringlich warnte, ließ er den Gedanken wieder fallen. Sie hatte ihm geschrieben: »Seit dem apostelgleichen Kaiser Konstantin und später haben die Bischöfe und Klöster überall Städte und Dörfer besessen. Nie haben die Kirchenversammlungen der heiligen Väter dies verboten. Sogar bei Deinen Vorfahren und bis zu unserer Zeit hatten Bischöfe und Klöster Städte und Landgüter, Flecken und Dörfer, Gerechtigkeitspflege, kirchliche Abgaben und Steuern. Haben nicht der heilige Wladimir und der große Jaroslawl gesagt: ›Wer von meinen Kindern oder Nachkommen etwas ändert, wer sich anmaßt, das Eigentum der Kirche und die Zehnten der Bischöfe anzutasten, der sei verflucht im Diesseits und in der Ewigkeit.‹ Sogar die gottlosen Zaren der Horde (tataro-mongolischer Besatzer) schonten aus Furcht vor dem Herrn das Eigentum der Klöster und Bischöfe. Also wollen wir es nicht wagen und finden es nicht gut, das kirchliche Eigentum zurückzugeben, denn es gehört Gott und ist unantastbar.«

Erst die deutschstämmige Zarin Katharina die Große, die Ende des 18. Jahrhunderts aufgeklärt und absolutistisch in Rußland herrschte, nahm den Plan von Iwan dem Schrecklichen wieder auf und ließ das »unantastbare und Gott gehörende Eigentum« nicht gelten. Die Zarin konfiszierte 1764 die Ländereien, Dörfer und leibeigenen Bauern der Klöster und der Kirche; aus den späteren Einnahmen des enteigneten Landbesitzes bekam die Kirche einen Teil zugesprochen.

Unter Katharina der Großen hatte Rußland knapp 30 Millionen Einwohner; etwa eine Million leibeigene Bauern gehörten Bischöfen und Klöstern; das Dreifaltigkeits-Sergij-Kloster in Sagorsk besaß allein schon über hunderttausend Landarbeiter. Die russischen Städte waren mit Kirchen, Klöstern, Mönchen, Nonnen und Priestern überhäuft. In einer russischen Stadt, die etwa zehntausend Einwohner hatte, gab es vierunddreißig Kirchen und zwei Bethäuser, die von siebenhundert Geistlichen betreut wurden; in zwei Männerklöstern lebten über hundert Mönche, in zwei Frauenklöstern über sechshundert Nonnen; auf rund zweihundertfünfzig Einwohner kam eine Kirche, jeder sechste Einwohner war ein Mönch, eine Nonne oder ein Weltgeistlicher.

Obwohl die Autorität der Kirche unter dem einfachen Volk kaum gelitten hatte, verlor sie in der gebildeten Gesellschaft und in der Aristokratie an Bedeutung. Peter der Große hatte sein Land für europäische Einflüsse geöffnet, Katharina die Große führte seine Politik fort.

Bis zu Peter dem Großen war zum Beispiel die russische Kultur nur religiös geprägt, die nationale Kunst war mit der religiösen identisch; die einzigen Bilder, die gemalt wurden, waren Ikonen mit religiösen Inhalten. Durch die säkularisierte Politik Peter des Großen und die Öffnung des Landes nach Westen entstand eine weltliche Kultur, die die intelligenten Schichten der Gesellschaft beeinflußte. Sie kamen mehr und mehr in das Fahrwasser von liberalen und revolutionären Denkern. In der Kirche sahen sie oft einen Hemmschuh und Bremser für fortschrittliche Ideen. Sie war für sie die Kirche der Zarenmacht, der Reichen, der Finsternis und somit ihr ideologischer Gegner. Die liberalen gesellschaftlichen Entwicklungen, die schwächere Stellung der Kirche im 19. Jahrhundert, begünstigten die Bildung von Sekten, die überall wie

Pilze aus dem Boden schossen. Die Zaren reagierten — wie immer — mit Gewalt und verboten sie. Erst während der Revolution von 1905 wurde die Zarenmacht gezwungen, die Freiheit der Religionen staatlich zu garantieren; offizieller Staatsglaube blieb allerdings der russisch-orthodoxe. Dieser wurde erst durch die Oktoberrevolution von 1917 abgeschafft. Für die russisch-orthodoxe Kirche begann eine neue schwierige Epoche. Aber auch diese hat sie überstanden.

STALINS KOCH IM KLOSTER

HÖHLEN — KLOSTER PSKOW-PJETSCHORY

Wenn der 46jährige Wladimir Fjodorowitsch Nasarow aus der Stadt Ussurijsk, im Fernen Osten der Sowjetunion gelegen, Urlaub hat, dann fährt er nicht ans Schwarze Meer, an die Ostsee oder in die Berge, wohin er wie seine Arbeitskollegen über die Gewerkschaft für wenig Geld reisen könnte. Nasarow macht zwei Monate Ferien — einen Monat hat er Urlaub und einen Monat bekommt er für vorher erbrachte Überstunden — auf seine eigene nicht alltägliche Art.

Der Mechaniker aus der Gegend von Wladiwostok fährt mit dem Zug in ein russisch-orthodoxes Kloster, um zu beten und den Mönchen bei der täglichen Arbeit zu helfen.

Um allerdings ein Kloster besuchen zu können, muß der gottergebene Russe weit und lange reisen, denn im Fernen Osten — noch weit hinter Sibirien — sind nach der Revolution von 1917 alle Klöster in den dreißiger Jahren geschlossen worden. Der geborene Sibiriak fährt also 10 500 (zehntausendfünfhundert) Kilometer sieben Tage und sieben Nächte lang mit dem Zug. Nach hundertachtundsechzig Stunden beschwerlicher Bahnfahrt — mit vier Personen im Coupé — erreicht der Zug den europäischen Teil der UdSSR, in dem nicht alle Klöster geschlossen worden sind; dort leben wie eh und je Mönche und Nonnen nur mit dem einen Ziel: Gott zu dienen. Diesmal besucht der Facharbeiter das Höhlenkloster Pskow-Pjetschory, dem ›Entschlafen der Gottesmutter‹ geweiht, knapp siebenhundert Kilometer nordwestlich von Moskau.

Dort habe ich den Palomnik (Pilger) getroffen. Der hochgewach-

sene, kräftige Mechaniker, der bei der russischen Eisenbahn beschäftigt ist und Kühlcontainer wartet, hat außer seiner Arbeit nur ein Interesse: die Herrlichkeit Gottes zu preisen. Ich möchte von dem gottesfürchtigen Sibiriaken viel erfahren, aber anfangs hält er sich zurück. Er hat noch nie mit einem Ausländer aus dem Westen gesprochen, Mißtrauen spielt wohl eine Rolle. Zudem ist er nicht ins Kloster gekommen – mag er sich sagen –, um zu reden und große Geschichten zu erzählen, sondern um demütig zu beten und den Brüdern im Kloster bei der Arbeit zu helfen.

Nachdem ich ihm vorsichtig meine Wünsche erklärt und den für die Pilger zuständigen Mönch gebeten habe, er möge doch auf ihn einreden, mit mir ein ausführliches und offenes Gespräch zu führen, taute der weitgereiste Pilger immer mehr auf. Ruhig, gelassen und glaubhaft erzählte er.

In seiner Heimatstadt Ussurijsk könne er zwar auch in die Kirche gehen und beten, aber das sei eben kein Vergleich mit einem Kloster und einem heiligen Ort. Dort könne er unmittelbar vor den Reliquien des Heiligen beten, den Sarkophag küssen und mit dem Vorbild Zwiesprache halten. »Diese Sehnsucht nach einem Wallfahrtsort kann ein Nichtgläubiger«, und er ging wohl davon aus, daß ich einer sei, »gar nicht verstehen.«

Die inbrünstige Hingabe gläubiger Russen ist für einen westlichen Menschen, ob gläubig oder nicht, schwierig nachzuvollziehen. Unsere Vorstellungsgabe reicht wohl nicht aus, den gläubigen Russen als nur gläubig einzustufen. Wir denken bei dieser tiefen Frömmigkeit schon an eine Art Glaubensextase. Für den Sibiriaken und die Millionen russisch-orthodoxer Christen ist die Religion Dienst an Gott und keine Nebenbeschäftigung.

Damit ich den Zustand seiner Seele im Kloster begreife, bringt er ein Beispiel: Zwischen den Sonn- und Feiertagen sowie den übri-

Wladimir Nasarow (links) aus der Stadt Ussurijsk im Fernen Osten ist sieben Tage und sieben Näche mit dem Zug gefahren, um im Kloster zu beten und den Mönchen bei der Arbeit zu helfen.

gen Wochentagen bestehe doch ein Unterschied. »Sonntags und an den Feiertagen geht der Christ unbedingt in die Kirche. Er zieht sich festlich an, und entsprechend festlich wird auch gespeist. Ähnlich ist es mit einer Pilgerfahrt.

Zu Hause in Ussurijsk ist, verglichen mit dem Aufenthalt in einem Kloster, selbst der Sonntag ein Wochentag. Im Kloster ist jeder Tag für mich noch mehr als ein Sonntag.«

Mit dem religiösen Leben im heutigen Ussurijsk, einer Stadt mit hundertachtzigtausend Einwohnern, ist der fromme Arbeiter nicht zufrieden. Früher — also vor der Revolution — hatte die Stadt mit weniger Einwohnern fünf Kirchen. In den dreißiger Jahren sind sie — bis auf eine — geschlossen worden; nicht die kleinste und nicht die größte haben die Parteifunktionäre den Gläubigen gelassen, sondern die mittelgroße, die Mariä-Schutz-Kirche. An hohen Feiertagen wie Weihnachten oder Ostern ist diese Kirche, in der knapp zweihundert Gläubige Platz finden, allerdings viel zu klein. »An diesen Tagen kommen Tausende«, freut sich Nasarow. Sie stehen dann dichtgedrängt auf dem Platz vor der Kirche und verfolgen den stundenlangen Gottesdienst von draußen. Massen an Gläubigen und einige Schaulustige kommen indes nur an hohen kirchlichen Feiertagen, aber hohe Feiertage hat die russische Kirche viele im Jahr.

Mitten in der Woche und an üblichen Sonntagen werden die Gottesdienste regelmäßig von etwa fünfzig Christen besucht. Auch Jugendliche seien darunter, beeilt sich Nasarow zu erzählen. Daß in russischen Kirchen nur alte Frauen beteten, sei ein westliches Vorurteil.

Wladimir Nasarow besucht nicht nur wie die anderen fünfzig Christen in der Stadt regelmäßig einen Gottesdienst, er ist zudem auch anderweitig aktiv. Als Mitglied im Kirchenrat, etwa vergleichbar mit Kirchenvorständen in deutschen Gemeinden, sorgt er dafür, daß z. B. die Kirche sauber und frisch gestrichen ist; die entsprechenden Farben zu besorgen, sei nicht immer einfach. Im Kirchenchor, aus fünfzehn Frauen und Männern bestehend, singt er den Baß.

Damit die beiden Priester der Kirchengemeinde, sie leben finanziell von den Spenden der Gläubigen, auch reichlich und rechtzeitig entlohnt werden – jeder bekommt etwa dreihundert Rubel im Monat (hundertneunzig Rubel ist der sowjetische Durchschnittslohn) –, hat Nasarow mit dazu beigetragen, die Herzen der Spender weit zu öffnen. Deshalb auch kann er heute zufrieden feststellen: »Unsere Kirche ist reich. Alle spenden mit Freude.«
In die Mariä-Schutz-Kirche in Ussurijsk kommen auch Gläubige aus den umliegenden Dörfern, in denen heute – im Gegensatz zu früher – keine Gottesdienste mehr abgehalten werden, obwohl selbst das kleinste Dorf vor der Revolution eine Kirche hatte. Manche Dorfbewohner fahren über zweihundert Kilometer bis Ussurijsk, um in einem Gotteshaus mit anderen Gläubigen gemeinsam beten zu können. Gerade im Fernen Osten und in Sibirien gäbe es viel zu wenig Kirchen, in denen Gottesdienste abgehalten werden, kritisiert Nasarow. Kirchen seien ja noch von früher vorhanden, man brauchte sie nur zu öffnen und zu renovieren. Der gottesfürchtige Sibiriak hat Hoffnung, ohne die er gar nicht leben könnte. Er hofft auch in einer ganz bestimmten Richtung, daß Rußland, für ihn das heilige, im Gebet versunkene Rußland, wieder stärker zum Glauben finden möge. Dafür betet er. Und sein Gebet und das Gebet der anderen Gläubigen würde erhört. Es sei schon besser geworden in der Sowjetunion, seit drei Jahren seien schon (zwar kleine) Resultate zu sehen. Selbst im Fernen Osten der UdSSR, einer Diaspora, würden Kirchen gebaut. In der Hafenstadt Nachodka, in Petropawlowsk auf der Insel Komschatka, in Dalnyj Reschynsk haben sich die Christen durchgesetzt und neue Gotteshäuser erhalten.
In der Millionenstadt Wladiwostok hatten die Gläubigen bis vor kurzem nur ein kleines Kirchlein. Jetzt hat die Stadt den Gläubigen eine große Kirche übergeben, die von fünf Priestern betreut wird. Daß auch im Fernen Osten und Sibirien, wo es früher viele Klöster gab und heute kein einziges mehr existiert, wieder in ein paar Klöster Mönche und Nonnen einziehen, davon ist Nasarow überzeugt.

Seinen Optimismus begründet er damit, daß sich das Klima zwischen Staat und Kirche erheblich verbessert habe; er setzt wie selbstverständlich auch auf den reformfreudigen Michail Gorbatschow. Den Prozeß der lockeren Leine des Staates gegenüber den Christen hat Nasarow am eigenen Leib erfahren. Früher sei er auf Schritt und Tritt auf der Arbeit, vor der Kirche, ja überall, gehänselt und schikaniert worden. Als er eine ihm zustehende Wohnung haben wollte, sagten ihm die Wohnungsbeamten zynisch ins Gesicht, daß sie für ihn als Christ wohl nicht zuständig seien. Er sollte doch zu Gott beten, vielleicht könnte der ihm helfen und eine Wohnung beschaffen.

Auf die staatliche Wohnung hat Nasarow dann verzichtet und sich ein kleines Holzhaus am Rand der Stadt gekauft. Dort lebt er mit vielen Büchern — vor allem religiösen — und ohne Fernsehen. Statt der Fernsehecke hat sich der Facharbeiter eine ›schöne Ecke‹ eingerichtet, so wie es sich seit Jahrhunderten für einen orthodoxen Christen gehört. Vor der ›schönen Ecke‹, in der Ikonen, die heiligen Bilder der Russen, Kreuze und eine Lampada (Lämpchen) hängen, verbringt er Stunden im Gebet.

Wenn der einfache Mann aus Ussurijsk nicht arbeitet oder betet, liest er anspruchsvolle Literatur. Mit den russischen Religionsphilosophen wie Florenskij oder Kusanskij hat er sich auseinandergesetzt, deren Bücher in Buchhandlungen nicht verkauft werden und auf dem schwarzen Markt nur selten oder über Beziehungen für viel Geld zu haben sind.

Indes, am liebsten liest er in der Bibel. Nasarow: »Das ist Quellwasser, alles andere ist nur Leitungswasser oder Limonade.« Auch das Standardwerk der Christen ist bislang schwer und oft nur gegen einen erheblichen Aufpreis zu haben. Der Monopol-Verleger und -Verleiher der Bibel, das Moskauer Patriarchat, muß aufgrund der vom Staat verordneten geringen Auflage den Bibelverkauf kontingentieren.

Die Kirchengemeinde in Ussurijsk bekommt alle zwei bis drei Jahre nur zehn bis zwanzig Stück zugeteilt und darf sie dann für 90 Mark in der Kirche verkaufen. Nasarow: »Das ist ein Tropfen

auf den heißen Stein.« Wer kein Glück hatte, die begehrte Bibel zu
ergattern, muß sich auf dem schwarzen Markt umsehen und dann
das Dreifache, etwa dreihundert Mark, dafür bezahlen. »Das ist
schlimm«, ärgert sich Nasarow, »daß so wenig Bibeln verlegt
werden, obwohl die Nachfrage so groß ist.«
Auf den langen Fahrten im Zug ist die Bibel sein ständiger
Begleiter und oft ein Buch, das von den Mitreisenden wie das erste
Auto bestaunt wird, weil die meisten von ihr gehört, aber viele sie
noch nie gesehen haben. Mit dem exklusiven Buch in der Hand ist
der Pilger für viele Russen, die auf jedes unbekannte Buch neugie-
rig sind, viel und gerne lesen, ein begehrter Gesprächspartner.
Wenn die Reisenden dann noch erführen, erzählt er mit Freude,
daß er ein überzeugter Christ sei und in ein Kloster wallfahre,
würden sie nicht mehr aufhören, ihm Löcher in den Kopf zu
fragen. Wie ein Lauffeuer ginge es durch den ganzen Zug, daß ein
Pilger mitfahre, er säße in Waggon zehn, Coupé dreiundzwanzig,
wird getuschelt. Alte und junge Menschen stehen dann oft
Schlange vor seinem Abteil, um ein paar Fragen an ihn zu stellen.
Nasarow: »Das Interesse ist sehr, sehr groß.«
Von morgens bis abends, oft bis tief in die Nacht hinein, muß er
seine Erlebnisse als Gläubiger und von den Erfahrungen mit Gott
erzählen. Vielen müßte er einfach auch aus der Bibel vorlesen, die
Anschriften von Klöstern geben, da sie von deren Existenz oft gar
nichts wußten, weil sie bis zur Gorbatschow-Ära von der sowjetischen Presse konsequent verschwiegen wurden. »Der Russe, auch
der derzeit nicht gläubige«, meint Nasarow, »hat in seiner tiefsten
Seele religiöse Wünsche und Sehnsüchte. Man braucht nur ein
bißchen an der Seelenhülle zu kratzen, und schon liegt der verbor-
gene oder unterdrückte Glaube wieder an der Oberfläche.«
Nur selten würde es ihm passieren, daß Mitreisende ihn wegen
seines Glaubens anpöbelten oder aufforderten, nicht mehr zu
beten oder über die Religion zu sprechen. Auf einen Erfolg in der
Bahn ist der so zum Missionar gewordene besonders stolz. Lange
Zeit habe er mit einem Offizier der Roten Armee über Glaubensfragen, die Existenz Gottes, den desolaten und bedrohlich-militä-

rischen Zustand der heutigen Welt diskutiert. Als der Offizier in Moskau dann den Zug verließ, habe er sich bei ihm bedankt und versichert, daß er seine beiden Kinder taufen lassen wolle.

Die unendlichen Gespräche auf der langen Zugfahrt machten dem fernöstlichen Pilger zwar Spaß und seien sehr nützlich, aber am liebsten würde er die 10 500 Kilometer zu Fuß gehen. Gäbe es auf dem Weg von Wladiwostok nach Europa Klöster, in denen er kleine Verschnaufpausen einlegen könnte, würde er ernsthaft überlegen, die lange Wegstrecke zu pilgern. Nasarow: »Das wäre dann ein echter Bußgang.«

Vielleicht auch folgt Nasarow dem Beispiel seines Freundes aus Ussurijsk, der unbedingt in einem ›heiligen Ort‹ wohnen wollte, und nach Pjetschory umgezogen ist; neben dem Kloster hat er sich eine Wohnung gemietet. Manchmal sei er auf seinen Freund schon neidisch, der das ganze Jahr über die ›Nähe Gottes‹ erleben kann, die ihm nur in den paar Wochen vergönnt sei. Diese Wochen allerdings nutzt er von früh morgens bis spät abends.

Mit fünfzehn anderen Pilgern, die aus allen Himmelsrichtungen der UdSSR mit demselben Ziel wie Nasarow ins Kloster gekommen sind, teilt er sich ein großes Zimmer, praktisch nur zum Schlafen. Die übrige Zeit verbringen sie in den Klosterkirchen, in denen abwechselnd Gottesdienste abgehalten werden, und bei körperlicher Arbeit. Dafür dürfen die Pilger kostenlos wohnen und kostenlos mit den Mönchen gemeinsam im Refektorium essen. Die meisten Wallfahrer, und ins Kloster kommen jährlich Tausende, müssen wegen Platzmangel im Ort oder in den umliegenden Dörfern in Privatquartieren wohnen. Einige von ihnen bringen die letzten Ersparnisse mit, die sie dann dem Kloster spenden.

Das selbstauferlegte Regime im Kloster ist streng. Nasarow und die anderen Pilger stehen um 5 Uhr morgens auf, um 6 Uhr sind sie schon im ersten Gottesdienst, der bis 10 Uhr dauert. Dann wird kurz gefrühstückt, danach gearbeitet. Und Arbeit im Kloster gibt es immer. Die Klostergemeinde versorgt sich mehr oder weniger selbst.

Gemeinsam mit den Mönchen hacken die Pilger Holz, schippen Kohle in den Keller oder misten den Kuhstall aus. Um 14 Uhr wird Mittag gegessen, nur eine halbe Stunde lang; anschließend wird wieder gearbeitet bis 17 Uhr. Von 18 bis 23 Uhr steht Nasarow wieder in der Kirche und nimmt inbrünstig an dem fünfstündigen Gottesdienst teil, erst um 24 Uhr geht er zu Bett. »Zehn Stunden Gottesdienst, und immer stehen, sechs Stunden harte, physische Arbeit und nur fünf Stunden Schlaf, das ist doch eine harte Belastung?«, meine ich. Nasarow: »Keinesfalls. Für einen Außenstehenden mag das vielleicht schwierig sein, zehn Stunden in der Kirche zu stehen. Für einen Gläubigen ist das keine Belastung, sondern eine Entlastung. Er merkt nicht, daß er steht. Es ist ein Zustand, als würde man schweben, als würden sich die Seele und der Körper von der Erde lösen.«

Der Pilger aus dem Fernen Osten hat wohl recht; ein Außenstehender – ich zähle mich dazu – wird, ohne das Gotteserlebnis selbst zu haben, die Hingabe und mühelose Ausdauer der russischen Gläubigen nicht verstehen können. Dem strengen und asketischen Lebensrhythmus, dem sich die Pilger ein paar Tage oder ein paar Wochen lang unterziehen, verpflichten sich die Mönche im Höhlenkloster von Pskow tagein, tagaus.
Ich habe das Glück, über zwei Wochen lang im Kloster von morgens bis abends zu sein; eine Woche wohne ich im Hotel in der zweiundfünfzig Kilometer entfernten Stadt Pskow und fahre jeden Tag ins Kloster, eine Woche lebe ich im Gästehaus des Klosters: Das sei, wie ich heraushören kann, bislang noch keinem westlichen Ausländer gestattet worden.
Ich fühle mich wohl in den Klostermauern; im Nebenzimmer, wohl korrekter in der Mönchszelle, lebt der Pater, der unter anderem für die Pilger und theoretisch für das leibliche Wohl der Gäste zuständig ist. Die praktische Arbeit verrichtet allerdings eine fast siebzigjährige Haushälterin, genannt die Matuschka (das liebe Mütterchen) Anastasja, deren Mann, ein sowjetischer Pilot, vor kurzem gestorben ist.

Die Matuschka ist tatsächlich lieb zu den Gästen, fast zu lieb. Nach alter russischer Sitte, gekoppelt mit der Gastfreundschaft im Kloster und der christlichen Nächstenliebe, liest sie dem Gast selbst nicht vorhandene Wünsche förmlich vom Mund ab. Ständig ist sie besorgt, der Gast könnte Hunger haben, etwas trinken wollen.

Die selbstgemachte Marmelade aus Pflaumen, Erdbeeren oder Kirschen, den Tee, der mit Brunnenwasser — geweihtem, wie sie sagt — gekocht wird, das Brot von den Mönchen selbst gebacken, die frische Butter von Klosterkühen, stehen zu jeder Zeit auf dem Tisch. Nach dem Frühstück, das die unverbrauchte und saubere Natur im Kloster und in der Umgebung auszuatmen scheint, möchte der Gast, der leider raucht, für das gewohnte Gleichgewicht im Körper sorgen und eine Zigarette rauchen. Das geht leider nicht. Im Kloster ist das Rauchen (und das Essen von Fleisch) strengstens verboten.

Selbst Zar Peter der Große, der selbstherrlich regierte, die Kirche gewaltsam reformierte und kaum Tabus kannte, hielt sich als starker Raucher (fast) an die Klosterregeln. Für ihn, den allmächtigen Zaren, wurde ein Kompromiß gefunden. Noch innerhalb der dicken Klostermauern, auf dem höchsten Punkt, mit Blick auf die gesamte Klosteranlage, zimmerten die Mönche ihrem Gebieter eine sogenannte Kurylnyja, ein offenes Holzhäuschen zum Rauchen. Ich habe die Kurylnyja gemeinsam mit Mönchen besichtigt, aber gar nicht erst gefragt, ob ich denn, wie früher der Zar, auch mal hier rauchen dürfe. Zwischen dem einfachen Gast und dem Zaren, dachte ich mir, sei wohl in den Augen der Mönche ein Unterschied. Ich bin dann regelmäßig, wenn die Sucht mich wieder überkam, außerhalb der Klostermauern gegangen und habe — wie es die Mönche sehen — ›gesündigt‹. Ich habe dann die Patres scherzhaft gefragt, ob ich mit dieser einzigen Sünde leben könnte? Sie haben mich beruhigt, demütig und christlich erklärt, vor Gott seien wir alle Sünder und kein Mensch — auch kein Mönch — sei sündenfrei.

Ein Schnäpschen, ein Schoppen Wein oder ein Glas Bier gehören zu den göttlichen Gaben und dürfen im Kloster getrunken werden. Tabak, der Qualm hingegen sind teuflisches Zeug, für den orthodoxen Mönch ein Feind, der den Menschen zum Sklaven des Bösen macht. Weil Weihrauch zu Ehren Gottes ein Bestandteil der Liturgie ist, kann der Rauch aus der Pfeife oder Zigarette im logischen Gegensatz nur des Teufels Gabe sein. So haben es mir die Batjuschki (alte noch gebräuchliche liebevolle Bezeichnung für Priester und Mönch – auch Vater) und die Matuschka erklärt.

Von den Batjuschki spricht die Matuschka voller Ehrfurcht und Bewunderung. In ihren Augen sind die Mönche fast Heilige, mit einer direkten Verbindung zum lieben Gott. Das von ihnen geweihte Wasser heile Krankheiten, das von ihnen gebackene Brot und die von ihnen gemolkene Milch gebe den Menschen zusätzliche Lebenskraft. Sie hingegen sei eine große Sünderin. »Herr, vergib der Sünderin Anastasja«, sagt sie immer wieder. Auch alle anderen Gläubigen und Pilger sind davon überzeugt, daß der Segensgruß eines Mönchs, die Hand des Mönchs, die sie in tiefer Verbeugung küssen, Sünden vergeben und die Seele erleuchten.

Vor dem Gast haben die Batjuschki, meine ich, kaum Geheimnisse. Der Statthalter, Prior des Klosters, Vater Gawriil, hat meinen Besuch akzeptiert und ›gottgesegnet‹, das bedeutet für die untergebenen Mönche und für mich grünes Licht; dennoch muß jedes Gespräch, das ich mit einem Mönch führen will, vom Prior genehmigt werden. Dies geschieht in der Regel per Telefon; der Abt des Klosters ist der Metropolit von Pskow, der wegen anderer Verpflichtungen selten im Kloster lebt.

Der Prior, schwergewichtig, hochgewachsen, breitschultrig, mit einem kräftigen (fast schon schraubstockartigen) Händedruck, führt das Kloster bereits seit zwölf Jahren mit eiserner Hand. Mit einem roten Telefon erreicht er alle Ecken und Enden des Klosters, von den Mönchen scherzhaft die Kremlleitung genannt. Dem 47jährigen Prior, Absolvent der theologischen Akademie in Leningrad, unterstehen fünfundsiebzig Mönche und Novizen. »Es wären erheblich mehr«, sagt der Prior, »aber wir haben zu wenig Platz. Es bewerben sich viel mehr, als wir aufnehmen können.«

Deshalb auch möchte der Prior Gebäude aufstocken, damit eines Tages etwa 150 Mönche im Kloster leben können, so viel, wie früher schon mal (vor der Revolution) in den Klosterzellen gelebt haben.

In russisch-orthodoxen Klöstern ist der Grundgedanke des alten Mönchtums – Askese und Mystik, Meditation, Liturgie und Gebet – bis heute erhalten geblieben. Die russischen Klöster kennen im Gegensatz zu katholischen (Benediktiner, Franziskaner, Jesuiten) nur einen Orden. In den orthodoxen Klöstern leben überwiegend Laienmönche, also Männer, die keine akademische Ausbildung haben und im katholischen Sinne keine geweihten Priester sind.

Von den fünfundsiebzig Mönchen im Höhlenkloster von Pskow haben nur drei das Diplom einer theologischen Hochschule, viele haben eine Seminarschule beendet, andere wiederum sind im Kloster theologisch ausgebildet worden. »Das wichtigste für einen Mönch ist, Gott zu dienen und die Gebote nach dem Evangelium zu erfüllen. Christentum ist keine Theorie, Christentum ist das Leben«, sagt Mönch Filagri und zitiert Matthäus: »Darum sollt ihr vollkommen sein gleich wie euer Vater im Himmel vollkommen ist.« Man könne sich immer nur bemühen, das gesteckte Ziel zu erreichen, jeder Tag sei ein Kampf mit dem Bösen, meint der 27jährige Mönch, der seit über drei Jahren im Kloster lebt.

Ich betrete die etwa sechs Quadratmeter große Zelle, in die mich der Mönch Tawrion, mein ständiger Begleiter während des gesamten Aufenthalts im Kloster, geführt hat. Er klopft bei seinem Klosterbruder an die Tür, geht aber nicht gleich hinein, sondern spricht halbsingend ein Gebet: »Herr Jesus Christus, Sohn Gottes, erbarme dich deines Sünder.« Erst wenn hinter der Tür das Amen zu hören ist, betreten wir die Zelle. Ich werde gebeten, mich auf den einzigen Stuhl in der Zelle zu setzen, Filagri nimmt auf seinem Bett Platz. In dem Zimmer steht noch ein Schrank, und daneben ist die ›schöne Ecke‹ mit Ikonen, Kreuzen und einem Lämpchen, vor der er jeden Tag stundenlang betet, eingerichtet.

Filagri, geboren in einem kleinen Ort in der Gegend südlich von Moskau, hat sich schon mit dreizehn oder vierzehn Jahren entschieden, Mönch zu werden. Seine gläubige Mutter – auch die Babuschka (Großmutter) und der Deduschka (Opa) waren fromme Menschen – hat den Jungen schon sehr früh in die Glaubenswelt zu Hause und in der Kirche eingeführt. Wenn die Mutter jeden Sonntag aus dem Dorf Nowo-Trojtzkoje in die nächste sechzig Kilometer entfernte Stadt gefahren ist, um einen Gottesdienst zu besuchen, hat sie den Jungen mitgenommen; in ihrem Heimatdorf gibt es seit 1939 keine Kirche mehr.

Die Volksschule hat der fromme Junge im Dorf beendet, das Abitur, in der Sowjetunion erlangen die Schüler schon nach zehn Jahren die Hochschulreife, hat er im größeren Nachbarort in einer Internatsschule gemacht. »Dann lief alles programmiert in Richtung Kloster«, sagt Filagri. Er erlernte noch den Beruf des Lastwagenfahrers, um die Zeit bis zum Militärdienst zu überbrücken. Nach der Armee, in der UdSSR wird jeder gesunde junge Mann eingezogen – Wehrdienstverweigerer sind nicht anerkannt –, besuchte er vier Jahre lang das Priesterseminar in Odessa.

Danach trat er ins Höhlenkloster ein. An der theologischen Akademie in Leningrad oder Moskau will er nicht mehr studieren, denn die beste Akademie ist für ihn das Kloster: Das Gebet, die Liturgie, die körperliche Arbeit, die Gemeinschaft mit den anderen Mönchen. Daß das Leben in einem russisch-orthodoxen Kloster hart ist, wußte er vorher.

Neunzehn Stunden am Tag wird gebetet und gearbeitet. »Für einen Fremden mag das vielleicht ein harter Tag sein, für mich und die anderen Mönche ist das keine Arbeit, sondern Freude. Wir dienen Gott und was Schöneres kann es gar nicht geben«, sagt Filagri überzeugend. Für ihn und die anderen Mönche beginnt der Tag um fünf Uhr morgens mit einem individuellen Gebet, etwa dreißig Minuten lang. Um sechs Uhr gehen die Mönche zum Gottesdienst in die Kirche, der etwa bis halbzehn dauert. Um zehn Uhr können die Mönche frühstücken, die Zeit ist allerdings knapp. Deshalb kochen sich viele nur einen Tee in der Zelle und essen dazu einen Keks oder ein Stück Brot, um die Arbeit im Kloster zu schaffen, die ihnen am Vortag aufgetragen worden ist. Denn die Mönche im Höhlenkloster von Pskow versorgen sich mehr oder weniger selbst. Sie leben wirtschaftlich in einer privaten Oase, mitten in der verstaatlichten Sowjetunion. Das Kloster ist auch ein Betrieb, der nur soviel ausgeben kann wie er einnimmt. Und das Kloster, läßt der Prior Gawriil durchblicken, nimmt mehr Rubel ein als es verbrauchen kann.

Der größte Posten in der Bilanz sind Spenden. Die Pilger, die vielen Gläubigen, die das Kloster jährlich besuchen, haben alle ein spendenfreudiges Herz. An hohen Feiertagen kommen oft über fünfzigtausend Gläubige in das abgelegene Kloster, die nicht nach Hause fahren, ohne ein finanzielles Opfer gebracht zu haben. Bittgebete für Verstorbene, Kranke oder Verwandte, die Gläubige bei den Mönchen schriftlich bestellen und die im Gottesdienst dann verlesen werden, bringen dem Kloster hohe Rubelbeträge ein, viele Gläubige vererben zudem ihr gesamtes Rubelvermögen dem Kloster.

In der Fastenzeit, und die Mönche fasten zusammengerechnet ein halbes Jahr, dürfen die Batjuschki auch keine Milchprodukte wie Butter oder Käse essen. Fleisch zu essen ist sowieso das ganze Jahr über verboten. Die Milch von den Klosterkühen wird in dieser Zeit an den Staat verkauft. Der Prior denkt schon über neue Einnahmequellen nach: »Wir könnten auch Kwas, ein erfrischendes Getränk aus Brot, oder selbstgebackenes Brot an die Gläubigen verkaufen.« Bislang bessern die Mönche mit dem Verkauf von Kerzen aus Bienenwachs, Preis pro Kerze fünfzehn Mark (100 Prozent Gewinn), Büchern, Kreuzen, kleinen Ikonen, die in den Werkstätten der Kirche hergestellt werden, ihre Klosterkasse auf. Die Gebäude, in denen die Mönche wohnen, die zehn Kirchen, in denen Gottesdienste abgehalten werden, gehören rechtlich nicht dem Kloster, sondern dem Staat. Das Kloster zahlt Miete, und die ist nach Meinung des Priors gering. Der Staat orientiert sich bei der Berechnung des Mietpreises an staatlichen Einrichtungen. Eine Kirche wird mietpreismäßig mit einem Theater verglichen und kostet im Monat fünfundvierzig Mark, das Refektorium, der Speisesaal der Mönche, ist für die Behörden ein Restaurant; etwa zweihundert Quadratmeter kosten neunzig Mark. Für die fünf Hektar große Gesamtfläche des Klosters sind nur Kopeken zu zahlen. Der Prior: »Die Summe ist so klein, daß ich sie nicht einmal weiß.«

Das Wasser holen sich die Mönche aus dem Boden unter dem Kloster, elektrischen Strom produzieren sie mit eigenen Dieselmotoren, der große Küchenofen wird mit Holz geheizt, das die Mönche im Wald selbst gefällt, zersägt und zerhackt haben. Stolz erzählt der Prior, daß das Kloster immer einen Holzvorrat für drei Jahre habe. Alle Arbeiten im Kloster — ab und an helfen Pilger — werden von den Mönchen selbst erledigt.

Deshalb ist auch die Arbeit im Kloster bis ins Detail durchorganisiert. Disziplin und Gehorsam sind oberstes Gebot. Die Anweisungen und Befehle des Priors werden unwidersprochen hingenommen, nie werden sie diskutiert oder in Frage gestellt. Kein Mönch, ob mit Volksschulabschluß oder einem Universitätsexamen, darf sich für irgendeine Arbeit zu schade sein.

Er kann heute den Kuhstall misten, Kohle in den Keller schippen oder in der Küche Kartoffeln schälen, morgen aber in der Bibliothek aushelfen oder Pilgern fromme Ratschläge geben — er muß für jede Arbeit zur Verfügung stehen. Spezialisten im Kloster, wie Ingenieure, Ärzte, Veterinäre, Übersetzer oder Philologen, haben tagtäglich ihren festen Aufgabenbereich und können trotzdem noch für andere Aufgaben herangeholt werden. Der Prior: »Jeder Mönch soll innerlich bereit sein, jede Arbeit zu verrichten.«

Mönche, die Kohle geschippt, einen Lastwagen repariert oder in der Schmiede gearbeitet haben, kommen pünktlich um 14 Uhr zum Mittagessen ins Refektorium und sitzen dann — in Arbeitskleidung, verschwitzt und abgearbeitet — neben Klosterbrüdern mit intellektuellen Gesichtern, feingliedrigen Händen, in gepflegten Mönchskutten; aber auch sie können schon morgen für physische Arbeiten eingesetzt werden.

Das Mittagessen dauert nur etwa eine halbe Stunde. Vor dem

Essen wird gebetet und gesungen, nach dem Essen ebenfalls. Während die Mönche essen, liest einer von ihnen Geschichten aus dem Leben von Heiligen vor; die anderen speisen ohne dabei miteinander zu reden. In der halben Stunde werden drei Gänge serviert: eine Suppe, ein Hauptgericht und eine kleine Nachspeise mit Tee. Das Hauptgericht ist immer Fisch in den verschiedensten Variationen, mal gebacken, mal gekocht, mal gebraten; in der kommenden Woche wird einfach die Reihenfolge geändert.

Nach dem Essen geht es wieder an die Arbeit oder ins Gebet. Die Klosterordnung schreibt vor, daß jeder Mönch täglich drei Stunden lang in der Zelle nach der ›Zellenregel‹ zu beten hat. Die Zeit allerdings teilt er sich selber ein, bestimmt aber nicht, welche Gebete er verrichtet. Das Pensum und die Gebete sind vorgeschrieben und einzuhalten. Der Rosenkranz, mit hundert Knoten, ist fünfmal durchzubeten und immer wieder das Gebet zu wiederholen: Herr Jesus Christus, Gottes Sohn, erbarme dich des armen

Die Mönche aus dem Höhlenkloster in Pjetschory heizen den großen Küchenofen mit Holz, das sie selbst fällen, sägen und hacken. Ein ehemaliger Militärarzt, jetzt Mönch, salutiert scherzhaft.

Sünders. Für einmal Rosenkranz sind durchschnittlich fünfzehn Minuten veranschlagt und das mal fünf macht insgesamt fünfundsiebzig Minuten.

Als ich mit Batjuschka Filagri die genaue Minuten- und Stundenzahl der Zellenregel ausrechnen will, schaut er mich verwirrt an und innerlich sagt er sich wohl: wir stellen hier doch keinen Plan für einen Akkordlohn in der Fabrik auf. Ich dürfe das nicht so statisch und programmiert sehen, sagt Filagri in aller Ruhe. »Ein Mönch, der nur betet, wenn er sich das vornimmt oder die Zellenregel erledigt haben möchte, der betet – im Sinne des Gebetes – gar nicht. Ein Mönch muß immer beten, für sich, für andere, vierundzwanzig Stunden lang.«

Während des Gebetes sind dann noch dutzende Verbeugungen – bis auf die Erde, bis zum Gürtel – zu machen. Drei Stunden Gebet in der Zelle ist das vorgeschriebene Minimum.

Drei Mönche im Kloster, die sich Schimniki nennen und nach strenger Regel und Askese leben, beten am Tag und in der Nacht sogar 18 Stunden lang in ihrer Zelle und in einer abgeschiedenen Kapelle. Sie gehen selten ins Refektorium zu gemeinsamen Mahlzeiten und ernähren sich fast nur von Brot und Wasser.

Um 18 Uhr rufen die Klosterglocken zum Abendgottesdienst, der drei bis vier Stunden dauert. Ab 22 Uhr gibt es Abendbrot, an dem nur wenige Mönche teilnehmen. Ihren Hunger und Durst stillen sie vor dem Gottesdienst mit Wasser oder Tee, einem Stück Schokolade oder einem Kanten Brot. Filagri läuft auch schnell mal in den Kuhstall, wenn er Appetit auf ein Glas frische Kuhmilch hat.

Auch mir wurde Milch, die eben gemolken worden war, angeboten. Da ich frische Kuhmilch nur als Junge mal getrunken und nicht in allzu guter Erinnerung habe, erfand ich eine Ausrede, um die Mönche nicht zu beleidigen. Ich schob den empfindlichen Magen vor, das wurde nicht akzeptiert. Dann fielen mir die radioaktiven Strahlen ein, die in Milch nach Tschernobyl festgestellt worden wären, auch dieser Einwand wurde abgelehnt. Der Melker-Mönch ernsthaft: »An unser Kloster läßt der liebe Gott

kein Gift und keinen Dreck heran.« Daraufhin habe ich selbstverständlich die frische Milch getrunken. Gegen 23 Uhr sind dann alle
Mönche in ihrer Zelle, einige legen sich gleich schlafen, die
anderen, die am Tag das dreistündige Pensum nicht geschafft
haben, erfüllen noch ihre Gebetspflichten. Die Nacht ist schnell
vorbei. Um 5 Uhr morgens holen die Klosterglocken die Mönche
wieder aus dem Bett.

Morgens und abends je drei bis vier Stunden Gottesdienst gibt es
nur an Wochentagen, an Sonntagen sind es schon je fünf bis
fünfeinhalb Stunden. An großen Feiertagen wie Weihnachten,
Ostern oder Christi Himmelfahrt dauert ein Gottesdient im Höhlenkloster sieben bis acht Stunden; die Mönche und die Gläubigen
stehen acht Stunden, denn in orthodoxen Kirchen gibt es keine
Sitzbänke. Sie würden nur vom Gottesdienst ablenken und die
Konzentration stören, meinten die orthodoxen Kirchenväter.

In dem nordrussischen Höhlenkloster wird eine alte russische
Klostertradition, die Ikonenmalerei, fortgeführt. Mönch Sinon,
der Ikonen malt, sei derzeit der beste Ikonenmaler in ganz Rußland, verbreiten seine Konfratres im Kloster. Auf ihn sind sie
regelrecht stolz. Denn Mönch Sinon umwerben auch die Äbte
anderer Klöster in Rußland. Selbst das renommierte und über die
Grenzen der Sowjetunion hinaus bekannte Dreifaltigkeits-Sergij-
Kloster in Sagorsk, 80 Kilometer von Moskau entfernt, mit theo-
logischer Akademie, gelehrten Professoren und dem Patriarchen
als Abt, wollte nicht auf die Malkünste des Paters verzichten.
Der Wunsch des Patriarchen ist für den Mönch ein Befehl. Er hat
gehorsam und demütig zu sein; also mußte Batjuschka Sinon sich
fügen, sein geliebtes Höhlenkloster in der nordrussischen Provinz
verlassen und ins Sagorsker Kloster umziehen, um zum Ruhme
Gottes und seines neuen Klosters Ikonen zu malen. Doch dem
bescheidenen, ruhigen und in seine Malerei vertieften Mönch
behagte die Hektik, die Betriebsamkeit in dem Kloster vor den
Toren Moskaus nicht.
Er kam sich im Rummel und Rampenlicht einsam vor, seine

malerischen Visionen, seine von ›Gott geschenkten Gaben‹, wie er sie nennt, verkümmerten. Das merkten schließlich auch die vorgesetzten Sagorsker Mönche und ließen den heimwehkranken Maler wieder ins abgeschiedene Höhlenkloster gehen.

Dort wurde er mit offenen Armen aufgenommen. Bescheiden vorgetragene Wünsche erfüllte der Prior sogleich. Der Maler-Mönch brauchte ein lichtes Atelier, der Prior ließ ihm gleich ein Haus auf dem Klostergelände bauen. Auf dem Berg, mit Blick über die vergoldeten und farbigen Kuppeln der Kirchen, wurde ein datschenähnliches Holzhaus für den Ikonenmaler errichtet. Ein geräumiges Atelier, etwa fünfzig Quadratmeter groß, mit einer reichhaltigen Bibiliothek steht ihm jetzt zur Verfügung; in den Regalen stehen vor allem Bücher über Ikonen, Religion und Religionsphilosophie, die er sich überwiegend privat besorgt hat. Das Atelier ist karg eingerichtet. Eine Staffelei, ein Marmortisch, eine Holzbank stehen darin. Auch der Maler-Mönch hat eine ›schöne Ecke‹, vor der er seine täglichen Gebete verrichtet. Nur die Ikonen, die er dort hängen hat, sind nicht einfach nur Ikonen, also Kultbilder wie bei den anderen Mönchen in der Zelle, sondern zum Teil künstlerisch wertvolle Werke aus dem 16. und 17. Jahrhundert. Zwischen Atelier und zwei Mönchszellen, in der einen schläft Pater Sinon, steht ein wuchtiger Kachelofen, der mit Holz und Kohle gefeuert wird und das Holzhaus, auch bei über 40 Grad minus, wärmt.

Gegen Mitternacht, die anderen Mönche schliefen schon, sind wir, ein russischer Freund und ich, zu Sinon gegangen und haben bei ihm bis spät in die Nacht hinein gesessen und seinen Erzählungen — wie Kinder einer Märchenstunde lauschen — zugehört. Auch er steht wie alle anderen Mönche um fünf Uhr morgens auf; ihm aber reichten zwei bis drei Stunden Schlaf.

Bei diesen Gesprächen über Ikonenmalerei, das Mönchtum und das Gotterlebnis (Sinon: »Die Welt wird nur so lange existieren, wie Menschen für sie beten«) beeindruckte mich nicht nur der Batjuschka selbst, sondern auch die natürliche Atmosphäre in dem schlichten Holzhaus. Auf dem Tisch standen brennende Kerzen aus Bienenwachs, aus dem Samowar, geheizt mit Kohle aus Birkenholz, wurde Tee eingeschenkt, und dazu gab es selbstgebackene Plätzchen. Durch das Fenster, in dem sich das Kerzenlicht spiegelte, waren die dunklen Umrisse der Klosterkuppeln zu sehen.

Ringsum Stille. Eine friedvolle Nacht, die auch ins Haus ihre Schatten wirft. Pater Sinon liebt diese Stimmung. Selbst wenn er keine Gäste hat, sitzt er allein bei Kerzenlicht, schaut aus dem Fenster und in sich hinein. Wenn er müde wird, legt er sich einfach auf die Holzbank im Atelier und schläft. Die Kerzen brennen weiter.

Was der 33jährige Pater tut, ist überzeugend. Was er sagt, ist glaubwürdig. Sein Hang zur seelischen Stimulation durch äußere Attribute ist nicht sentimental, und die Gabe der seelischen Verkleidung besitzt er schon gar nicht. Pater Sinon ist Mönch, Ikonenmaler und Künstler, in dieser Reihenfolge.

Seit über zehn Jahren ist Pater Sinon im Kloster. Nachdem er eine spezialisierte staatliche Malschule und den Armeedienst absolviert hatte, ist er mit 23 Jahren ins Kloster eingetreten, auch mit der Vorstellung, dort Ikonen zu malen.

Schulen für Ikonenmaler indes gibt es in der Sowjetunion nicht mehr. Religiöse Propaganda ist verboten, und Ikonen fallen unter diese Klassifizierung. Also mußte der junge Novize sich selbst die Technik der Ikonenmalerei beibringen. Angefangen hat er damit, daß er alte Ikonen kopierte und beschädigte restaurierte. Über diese Arbeit bekam er eine Beziehung zum Material, den Farben und dem Holz.

Die religiöse Bedeutung der Ikonen, Bestandteil des russischen Glaubens und der feierlichen Liturgie in der Kirche, hat er als Mönch und Priester zu verstehen gelernt. Sinon: »Die Ikone ist ein vergegenständlichtes, gemaltes Gebet.« Beim Malen von Ikonen hält sich der Mönch aus dem Höhlenkloster an den Auftrag, die Lehre und Definition der russischen Kirche: »In der Ikonenverehrung kommt das tiefe geistliche Band zwischen der irdischen und himmlischen Kirche, zwischen den Menschen, Gott und seinen

Heiligen zum Ausdruck. Über die Ikone wird nicht nur das Vorbild verehrt, sondern es wird auch ein privates oder gemeinschaftliches Gebet verrichtet. Durch die Ikone bekommt der Betende Gnade, geistliche Hilfe und Heilung.«

Die ersten Ikonenmaler waren Mönche, die in Askese lebten und die Ikonenmalerei als Gottesdienst und Gebet empfanden. Pater Sinon setzt diese Tradition fort und akzeptiert auch dem Inhalt nach die Ansprüche, die vor Jahrhunderten an einen Ikonenmaler gestellt worden sind: »Der Maler soll friedliebend, demütig und fromm sein. Nicht streitsüchtig oder gehässig sein. Zu seinem eigenen Heil soll er die Reinheit der Seele und des Leibes bewahren . . . und mit großem Eifer und Hingebung die Bilder unseres Herrn Jesus Christus und seiner reinsten Mutter, der heiligen Propheten . . . malen.«

Als Vorlage für die Ikonenmalerei benutzt Sinon alte Malbücher, Texte über Heilige oder Festtage der Kirche. Die Ikone − aus dem Griechischen abgeleitet: Eikon heißt Bild − malt er dann frei nach seiner künstlerischen Empfindung und Phantasie. Im Aufbau des Bildes hält er sich allerdings an die alten Regeln, die einen theologischen Sinn beinhalten.

Zuerst trägt er auf das präparierte Brett die dunklen Farben auf, dann die hellen. Das Helle, gleich das Göttliche; das Dunkle, gleich das Finstere. Auch das benutzte Holz, die Farben oder das Gold werden religiös gedeutet. Das Holz ist Symbol des Lebensbaumes und Paradieses, die Farben aus Steinen und Lehm, gebunden mit Eigelb, symbolisieren das Osterfest und die Auferstehung, das Gold ist Symbol für das Ewige.

So wie früher arbeitet der moderne Ikonenmaler auch mit natürlichen Farben, die allerdings nur unter größten Schwierigkeiten zu besorgen sind. Er beschafft sie sich persönlich über befreundete Archäologen, die für ihn in Flüssen, Teichen und Gebirgen nach wertvollen Farben suchen. Mit zwei jungen Helfern, Novizen im Kloster und ehemaligen Kunstschülern, zerreibt er dann auf einem Marmortisch die Farbklumpen sorgfältig.

Während der Arbeit an einer Ikone versucht der Mönch und

Maler, so wie es seine Vorfahren getan haben, zu fasten und zu beten und die Riten einzuhalten. Bereits die Pinsel, die Farben und die Ikonenbretter werden geweiht. Die fertige Ikone wird dann noch einmal in einer feierlichen Zeremonie von einem Priester gesegnet.

In nur knapp einem Jahr hat Sinon eine Ikonostase für sein Kloster gemalt. Tag und Nacht hat er daran gearbeitet und keine Müdigkeit und Überarbeitung verspürt. Die Ikonostase, in der Kirche Trennwand zwischen Gläubigen und Priestern, auch als Einheit der göttlichen und menschlichen Welt zu verstehen, besteht aus mehreren Ikonenreihen, unterbrochen durch vergoldete Säulen. Sie ist, profan ausgedrückt, ein Wandgemälde von riesigen Ausmaßen, das den Gläubigen Ehrfurcht und Bewunderung einflößt. Selbst im neueröffneten Danilow-Kloster in Moskau hängen Sinons Ikonen. Seine Malkunst ist mittlerweile so gefragt, daß er sich der Bitten und Aufträge kaum noch erwehren kann.

Ein Mönch, der seit Jahrzehnten im Kloster stumm wie ein Fisch im Wasser lebt, nur zum gemeinsamen Mittagessen ins Refektorium kommt, ab und an am Gottesdienst teilnimmt, wird in Pjetschory die betende und schweigsame Eminenz genannt. Ich werde auf ihn durch andere Mönche aufmerksam. Ich sei doch aus Deutschland, ihr Mitbruder sei deutscher Herkunft, vielleicht spreche er mit mir ausführlicher, hofften die Batjuschki. Ich habe den Eindruck, als wollten sie über mich mehr über ihn erfahren. Ihn selbst zu fragen, ist ihnen peinlich, und außerdem haben einige schon erfahren müssen, daß er nichts erzählt.

Archimandrit Serafim, in der Klosterhierarchie oben angesiedelt, ist achtundsiebzig Jahre alt und von allen am längsten im Kloster: bereits seit sechsundfünfzig Jahren. Über ihn wird im Kloster und außerhalb davon wohl viel Wahres und auch Erfundenes, aber nichts Gehässiges erzählt. Gerüchte ranken sich um seine im Alter klein und krumm gewordene Gestalt. Er sei deutscher Herkunft, und sein weltlicher Name sei Rosenberg, ein echter Baron aus einer vornehmen und reichen Familie, die in dem nahe des Klosters gelegenen Ort Isborsk gewohnt habe. Als er sich mit zwei-undzwanzig Jahren in ein armes Mädchen aus dem Volk verliebt habe und es heiraten wollte, hätten die vermögenden Eltern die Heirat verboten und ihm eine standesgemäße junge Dame ausge-sucht, die er wiederum nicht zur Frau haben wollte. Das eine Mädchen durfte er nicht heiraten, das andere wollte er nicht — daraufhin sei er als Novize ins Kloster eingetreten.

Im Ort Pjetschory wohne noch der 84jährige Wassilij Wassilje-witsch, ein gelernter Mandolinenbauer, der ewig lange die Turm-uhren im Kloster repariere und seit Kindesjahren den schweigen-den Mönch kenne, den sollte ich auch einmal fragen, empfahl mir ein Mönch. Selbst der Prior des Klosters hat mir dabei geholfen und Wassilij Wassiljewitsch angerufen und ihn gebeten, sich mit mir über den Mönch Serafim zu unterhalten.

Fünfzehn Minuten später stand der rüstige Herr im Gästehaus des Klosters. Er kennt das Kloster in- und auswendig. Den Mönch Serafim kenne er schon aus der Kindheit, aber seit er im Kloster sei, habe er auch nur selten mit ihm gesprochen, bedauert der alte Mann, der das Verhalten seines Freundes respektiert. Er ziehe es als Mönch eben vor zu schweigen.

Im großen und ganzen konnte Wassilij Wassiljewitsch bestätigen, was die Mönche im Kloster über ihren älteren Mitbruder Serafim schon zu wissen glaubten. Am besten sei es wohl, riet er mir, Pater Serafim persönlich anzusprechen. Das hatte ich zwar schon über Vermittlung von Dritten versucht, aber weder ein Ja noch ein Nein zur Antwort bekommen.

Nach einem Mittagessen im Refektorium versuchte ich es selbst. Ich spreche ihn gleich auf deutsch an; dann wird er überrascht sein und mich nicht einfach stehen lassen, dachte ich. Das klappte auch. Er verstand mich, antwortete aber auf russisch. Wir setzten uns auf die Bank im Refektorium, und er zeigte sich durchaus bereit, knapp auf meine einfachen Fragen zu antworten.

In St. Petersburg sei er als Sohn eines Deutschen und einer Russin geboren. Die Familie stamme aus dem nahe dem Kloster gelegenen Ort Isborsk, dort habe sie einen Alabaster-Betrieb besessen und in

St. Petersburg eine Filiale unterhalten. Er habe ein russisches Gymnasium besucht und sei nach dem Abitur ins Kloster gegangen. Den letzten Satz hatte er noch nicht zu Ende gesprochen, da stand er auf und verschwand.

Dann bin ich Pater Serafim noch einmal im Klosterhof begegnet. Ich habe ihn wieder auf deutsch angesprochen. Diesmal antwortete er deutsch, etwas langsam, ein bißchen mit baltischem Akzent, aber einwandfrei die Sätze formulierend. Er entschuldigte sich für sein Deutsch, er hätte diese Sprache lange nicht mehr gesprochen. Ich merkte, daß er sich auch diesmal nicht lange unterhalten wollte. Deshalb wünschte ich ihm zum Abschied Gesundheit und ein langes Mönchsleben. Serafim auf deutsch: »Das lange Leben ist nicht so wichtig. Viel wichtiger ist, weniger Sünden zu haben.« Wo und wie soll dieser Mönch schon sündigen?

Auf einen nicht mehr ganz jungen Novizen haben mich ebenfalls Mönche, zu denen ich im Laufe der vierzehn Tage ein vertrauensvolles Verhältnis bekommen hatte, aufmerksam gemacht. »Unter uns lebt«, sagten sie etwas geheimnisvoll, »der ehemalige Koch von Stalin.« Ich wollte es erst nicht so recht glauben, es war für mich unvorstellbar, daß der ehemalige Koch des Diktators in ein Kloster eingetreten sein sollte. Sofort hatte ich ganz bestimmte intuitive Vorstellungen von so einem Menschen. Ein überzeugter Stalinist also. Ein in der Wolle gefärbter Kommunist und Atheist. Ein vom Staatssicherheitsdienst als unbedingt zuverlässig eingestufter Diener des damaligen Machthabers, der Millionen von Menschen auf dem Gewissen hat.

Als ich die Nachricht etwas verdaut hatte und darüber nachdachte, daß Mönche solche Späße nicht machten und ich ihnen glauben müßte, wollte ich den ehemaligen Koch von Stalin unbedingt sehen – und am besten gleich.

Auf dem Klosterhof sei er am ehesten anzutreffen, am großen Tor zu den Wirtschaftsgebäuden habe er Dienst, beeilten sich die Mönche mir zu sagen. Dort arbeitet er als Pförtner, öffnet und schließt das Tor, wenn das Pferdefuhrwerk, ein Laster oder ein Personenwagen das Tor passieren muß. Im Winter, ich war dort, als viel Schnee gefallen war, muß er noch auf den Fußwegen vor dem Refektorium und den Wirtschaftsgebäuden den Schnee mit einer Schaufel wegschippen. Ansonsten aber hat er auf seinem Posten wenig zu tun. Er spaziert in seiner Mönchskutte, darüber trägt er eine dicke Wattejacke, im Klosterhof auf und ab und füttert Vögel, die aus seiner Hand Sonnenblumenkerne picken. Die vertrauten Beziehungen zwischen dem Menschen und den Vögeln, die den guten Charakter des Klosterbruders mit dem Futter in der Hand wohl instinktiv spüren, habe ich eine Weile beobachtet.

Dann habe ich ihn angesprochen. Der Mönch mit dem dichten silbergrauen Bart und den unendlich gütigen Augen war auch gleich bereit, mit mir zu plaudern. Harmlos begann ich mit ihm über die Vögel, den Winter, den Schnee und das schöne Kloster zu reden. Er erzählte, daß die Vögel nicht gleich gekommen seien und aus seiner Hand das Futter gepickt hätten. Zuerst seien sie mißtrauisch um die Leckerbissen geflogen, um die guten oder schlechten Absichten des Menschen zu testen. Als sie dann gemerkt hätten, daß er ein Freund der Vögel sei, wären sie bedenkenlos in seine Hand geflogen.

Dieser gütige Mann soll bei Stalin gearbeitet haben? Vielleicht auch will er im Alter für irgendwelche Taten Buße tun? − so ging es mir durch den Kopf. Aber erst einmal wollte ich von ihm bestätigt haben, ob er denn der ehemalige Koch von Stalin sei. »Ja, das stimmt«, war seine knappe Antwort. »Und woher weißt du das«, wollte er wissen. Diese Geschichte pfiffen doch schon seine geliebten Vögel von den Dächern, sagte ich scherzhaft. Die Antwort reichte ihm wohl. »Aber über Stalin erzähle ich nichts, das sollst du gleich wissen, ehe du anfängst zu fragen«, wehrte er ab. Als er den Fotografen in meiner Nähe sah, der uns im Gespräch ablichten wollte, wehrte er sich mit Händen und Füßen. »Das kommt überhaupt nicht in Frage, mich zu fotografieren, im Kloster darf gar nicht fotografiert werden.« Das stimmt zwar und es steht auch oben an der Eingangstür zum Kloster dick geschrieben, daß das Fotografieren im Kloster verboten ist. Aber wir hätten eine Sondergenehmigung des Abtes, sagte ich ihm. Und außerdem hätte er bestimmt auch die Bitte des Priors vernommen, als er uns allen Brüdern im Refektorium vorstellte, den Gästen aus der FRG (Federatiwnaja Respublika Germanii) bei ihrer vom »Patriarchen, Metropoliten gesegneten Arbeit« zu helfen.

An die Worte des Priors erninnerte er sich wohl und lenkte schnell ein. »Na gut, dann fotografiert mich halt.« Nur eins wollte er nach wie vor nicht, mit den Vögeln in der Hand geknipst werden. »Dann meinen die Leute, ich sei ein Heiliger, der moderne heilige Franz von Assisi mit den Vögeln. Ich aber bin der größte Sünder vor Gott.«

Vielleicht aber hatte der gelernte Koch an einen möglichen Vergleich von früher und heute gedacht. Daß die Leute dann sagen, aha, damals hat er Stalin gespeist und jetzt füttert er Vögel.

Der einfache Mönch Georgij Petrowitsch Golzow, im Kloster nach seinem Vornamen Georgij und Inok (Mönch) genannt, bekommt erst dann einen anderen Namen, wenn er die ewigen Gelübde abgelegt hat. Dafür aber sei er innerlich noch nicht reif genug, sagt er demütig. Mönch Georgij lebt seit drei Jahren im Höhlenkloster und ist 74 Jahre alt.

Nachdem wir uns immer wieder auf dem Klosterhof begegnet waren und freundlich begrüßt und ein bißchen geplaudert hatten: »Bruder Georgij, wie geht es Ihnen, wie ist die Gesundheit?« hatte ich mich erkundigt, machte er mir den Vorschlag, ihn in seiner Zelle zu besuchen, er könnte mir einiges erzählen. Wie er mir später gestand, hatte er sich bei ›seinem geistlichen Vater‹ im Kloster dafür die Genehmigung und den Segen eingeholt.

Die Zelle von Mönch Georgij ist dunkel und klein, etwa sechs Quadratmeter groß. Darin steht ein Bett, ein Tisch und ein Schrank. In der ›schönen Ecke‹, auch stille Ecke genannt, hat er sich noch ein kleines Altärchen aufgebaut, auf dem buntgemischt allerlei Heiligenbildchen aus Papier und Pappe stehen.

Er fängt an, nachdem ich ihn darum gebeten hatte, über sein

Der ehemalige Koch von Jossif Stalin, Georgij Golzow, unterhält sich mit Norbert Kuchinke im Höhlenkloster von Pjetschory.

Leben zu erzählen: »Dich interessiert wahrscheinlich, wie ich ins Kloster gekommen bin. Ich war mein ganzes Leben lang gläubig und bin immer in die Kirche gegangen. Meine Mutter, mein Vater, die im Kirchenchor gesungen haben, waren schon gläubig, meine Großeltern selbstverständlich auch. Im alten zaristischen Rußland gab's ja fast nur Gläubige. Mein Vater war ein armer Bauer, mit einem bißchen Acker und wenig Vieh. Nach der Revolution war er dann Kolchosbauer. Ich hatte noch sieben Geschwister, die mittlerweile alle tot sind. Damals schon, ich war noch jung, hatte meine Tante es prophezeit und zu uns Kindern gesagt: ›Einer von euch wird übrig bleiben und für uns alle beten.‹ Das bin also ich – im Kloster«, sagt er zufrieden.

Mit dem Kloster wäre es für Georgij fast schiefgegangen. Er war in mehreren Klöstern — unter anderem auch im Kloster von Sagorsk —, und keins wollte den Pensionär nehmen. Im Höhlenkloster Pjetschory wurde er bis zum Prior vorgelassen, und dieser hat ihn sogleich aufgenommen — als Koch und Konditor. »Das war für mich der glücklichste Augenblick in meinem Leben«, freut sich Georgij noch heute. Die Ersparnisse von eintausendvierhundert Rubeln (viertausendfünfhundert Mark) hat er dem Kloster gespendet, auch die Rente von monatlich achtundsechzig Rubeln (zweihundertzehn Mark) überläßt er dem Kloster. Seine beiden Kinder, eine Tochter und ein Sohn, auch gläubig, waren mit der Entscheidung des Vaters einverstanden; seine Frau ist schon vor Jahren gestorben und »kirchlich beerdigt« worden, vergißt er nicht zu erwähnen.

Georgij, Sohn armer Bauern, hat schon mit zwölf Jahren in

Stalins ehemaliger Koch lebt seit vier Jahren als Mönch im Höhlenkloster von Pjetschory.

Küchen gearbeitet, während des Krieges war er Koch an der Front und ist für gute Leistungen mit einigen ›vaterländischen Orden‹ ausgezeichnet worden. Nach dem Krieg machte der gläubige Koch, der nie in der Partei war und nie vorhatte einzutreten, »weil das mit meinem christlichen Glauben nicht zu vereinbaren gewesen wäre«, Karriere in der Küche des mächtigsten Mannes der Sowjetunion. Georgij Golzow wurde Chefkoch; unter seiner Leitung arbeiteten noch fünfzehn andere Köche, auf Stalins Feriendatscha in Sotschi am Schwarzen Meer.

Daß Stalin einen Gläubigen in seiner direkten Nähe akzeptierte, kann ich mir schwerlich vorstellen. »Wußte Stalin, daß Sie an Gott glauben?« Mönch Georgij: »Stalin war bekannt, daß ich gläubig bin und meinen Glauben sehr ernst nehme, das habe ich ihm ja ganz persönlich gesagt.« Und was habe Stalin geantwortet? »Ist schon gut, mein Junge, glaub' nur weiter.« Auch die anderen hohen Funktionäre, Referenten und Sicherheitsbeamten um Stalin hätten gewußt, daß er gläubig sei. Auch äußerlich sei das zu sehen gewesen. Oft genug hätten sie gemeinsam im Schwimmbad von Stalins Datscha gebadet und die Kette mit dem Kreuz an seinem Hals gesehen. »Als Stalin eines Sommers hohe Gäste aus den USA auf seiner Datscha hatte«, erinnert sich Mönch Georgij, »kriegte ich den Befehl, die Amerikaner in die russisch-orthodoxe Kirche zu begleiten. Ich glaube, Stalin hat das selbst befohlen.« Vielleicht habe der mißtrauische Stalin, der selbst eine Seminarschule besucht hat und Priester werden wollte, einem Gläubigen mehr vertraut als einem Parteigenossen?, bohre ich weiter. Georgij: »Das weiß ich nicht, darüber habe ich mir auch keine Gedanken gemacht. Und im übrigen haben wir darüber schon genug gesprochen. Über Stalin kein Wort mehr«, suchte er schnell das Thema zu beenden.

Ich will aber mehr wissen: »Stalin war doch ein grausamer Mensch, der Freund und Feind umbringen ließ. Wie sehen Sie Stalin heute?« Georgij: »Als Christ sehe ich ihn wie meinen Vater, meinen eigenen Bruder, wie meine Brüder im Kloster, nur Gott kann und darf richten.« Das sei doch ein bißchen zu urchristlich gedacht, wir seien alle nur Menschen mit unseren Fehlern und Sünden, er hätte sich ja selber schon als den »großen Sünder vor Gott« bezeichnet, entgegnete ich ihm. Nein und nein, mehr zu Stalin wollte er auch in seiner Zelle nicht sagen.

Zum Abschied umarmte mich Bruder Georgij, küßte mich nach alter russischer Sitte dreimal auf die Wangen und schenkte mir ein kleines Kreuz: »Damit wir uns als Christen — du in Deutschland und ich in Rußland — aneinander erinnern und für uns und andere beten«, war sein Wunsch. Als ich ihm ein paar Tage danach wieder im Klosterhof begegnete, winkte er mich schmunzelnd zu sich: »Das ist der letzte Satz über Stalin. Wenn die Menschen schlafen, sind sie alle gut.« Das russische Sprichwort kennt noch den Zusatz: ». . . mit den Zähnen zur Wand . . .«, den hat er sich verkniffen.

Ich habe Bruder Georgij dann noch oft gesehen, er hat mit mir freundschaftlich und scherzhaft gesprochen, aber der letzte Satz über Stalin war tatsächlich sein letzter. Ob er nun nicht erzählen wollte oder nicht durfte, konnte ich nicht erfahren.

In den zehn Kirchen im Kloster werden abwechselnd — zum Teil auch gleichzeitig mit unterschiedlicher Dauer — Gottesdienste abgehalten. In allen, ob um 6 Uhr morgens oder um 20 Uhr abends, sind Menschen zu sehen, die auffallend laut beten, sich förmlich auf den Boden werfen, hin und wieder laute Schreie von sich geben oder ganz apathisch herumstehen. Vierzehn Tage lang fiel mir ein Mann, um die fünfzig, mit kurzgeschnittenem Haar, schmalem, durchsichtig-blassem Gesicht, besonders auf. Er betete und bekreuzigte sich ununterbrochen mit weitausholenden Armbewegungen, dabei berührte er immer wieder den Fußboden mit den Händen. Und das machte er, erfuhr ich später, zehn Stunden am Tag.

Nachdem ich diese Menschen tagelang in verschiedenen Kirchen gesehen hatte, wurde mir klar, daß sie psychisch krank waren und von ihren Verwandten oder Bekannten ins Kloster gebracht werden: Von den Mönchen erhoffen sie Hilfe in ihrem schweren Leid,

Linderung oder gar Heilung der Krankheit. Für besonders schwere Fälle psychisch Kranker, die an den regulären Gottesdiensten nicht teilnehmen können, werden wöchentlich (mittwochs und freitags von 15 bis 18 Uhr) spezielle Gottesdienste für Kranke abgehalten, von denen ich rein zufällig erfahren habe. Denn keiner im Kloster spricht darüber.

Ich gehe in die Mariä-Schutz-Kirche, kurz nach 15 Uhr. Erschütternd, traurig und niederdrückend sind die Szenen, die sich dort abspielen.

Knapp hundert Menschen, alte und junge, stöhnen oder stehen leblos in Ecken herum. Ein Häuflein von Mensch kniet in sich zusammengeduckt auf dem Boden und brüllt wie ein Löwe, ein anderer kichert laut vor sich hin, jemand jammert oder weint herzzerreißend. Der Priester vor dem Altar spricht laut und eindringlich ein Gebet, so als wollte er Gottes Worte in die Herzen der Kranken stoßen. Andere Mönche wiederum gehen mit schwenkenden Weihrauchfässern durch die Kirche, danach besprengen sie die Kranken kräftig mit Weihwasser und reden auf die Leidenden ein. Mit schweren silbernen oder goldenen Kreuzen und Ikonen werden die Kranken gesegnet. Die Kreuze, wie ich später erfahre, sind mit Reliquien von Ortsheiligen gefüllt, und die Ikonen sind wundertätige, die nach der Glaubensvorstellung russischer Christen eine besondere Heilwirkung haben.

Nach einer gewissen Zeit werden viele Kranke ruhiger, verfolgen den Gottesdienst und singen sogar mit. Ich hatte den Eindruck, daß vielen hier geholfen wird.

Diese Gabe, psychisch Kranke mit Gebeten und religiösen Riten zu heilen oder ihnen wenigstens Linderung zu verschaffen, hätten nur ganz wenige Mönche, erklärt mir ein Pater. Im Höhlenkloster habe ein Mönch diese außergewöhnliche Fähigkeit. Er und andere im Kloster wollten nicht, daß sein Name genannt werde. Unter anderem wohl auch deshalb, weil der kommunistische Staat, in seiner Weltanschauung ganz der materialistischen Wissenschaft ergeben, dieser religiösen Methode der Krankenbetreuung mißtrauisch und ablehnend gegenübersteht. Für die staatlichen Mediziner ist Heilung durch das Gebet schlichter Aberglaube. Im Höhlenkloster hingegen drücken die medizinischen Aufpasser beide Augen zu und lassen den Batjuschka und seine Kranken in Ruhe. Ein Mönch: »Unser Pater hilft nachweislich diesen armen Kranken, wer kann da schon dagegen sein.«

Ich besuche den Batjuschka in seiner Zelle, weil ich in der Kirche vieles nicht verstanden habe und wohl auch nie verstehen werde. In seiner Zelle fällt mir sofort der Schreibtisch auf: Hunderte von Briefen sind auf ihm gestapelt. Die Heilskraft des Mönchs hat sich mittlerweile bis in die letzten Ecken und Winkel der Sowjetunion herumgesprochen. Die Kranken selbst oder ihre Angehörigen schreiben dem Mönch und bitten ihn, sie im Kloster zu empfangen oder wenigstens per Brief mit einem Rat zu helfen, was sie in ihrer Not tun könnten. Außerhalb der Gottesdienste empfängt der Mönch auch individuell die Kranken im Kloster. »Manche könnten ohne seine Hilfe gar nicht mehr leben«, erläutert ein Pater.

Der Pater mit der Heilskraft, der zudem seinen täglichen Pflichten als Mönch nachkommt, erklärt mir: »In jedem Menschen gibt es einen bösen Anfang, das Böse pflanzt sich in die Seele eines jeden ein oder versucht einzudringen. Wenn der Mensch nicht dagegen angeht, dann ergreift das Böse ihn. Er wird zum Sklaven des Bösen, des Teufels, der ihn dann beherrscht. Die Psyche ist die Seele, und wenn die vom Bösen befallen ist, wird der Mensch psychisch krank. Diese vom Bösen befallenen Menschen wollen sich vom Teufel befreien – durch den Gottesdienst –, deshalb kommen sie ins Kloster. Starke Gebete sollen ihnen dabei helfen. Anfangs ist ihnen aber nicht klar, welche Kraft im Gebet steckt. Das lernen sie dann bei uns.

Wenn sie durch das Gebet, den Gottesdienst und meine Hilfe Stück für Stück den Teufel aus ihrer Seele vertreiben und dadurch von den Sünden befreit werden, bessert sich ihr kranker Zustand. Mit Worten allerdings läßt sich dieses göttliche Geheimnis nicht erklären. Die Kranken müssen an die unendliche Güte und Allmacht Gottes tief glauben, dann wird ihnen auch geholfen werden.« Und der Pater, so sagen die Mönche und die Kranken, hat Erfolg.

In der Sowjetunion, dem größten Land der Erde, kommen alle immer von weit her. Die Kranken, die Pilger, die Mönche, müssen Tausende von Kilometern zurücklegen, tagelang unterwegs sein, um ein Ziel zu erreichen.

Der Mönch Filaret, aus der autonomen Tatarischen Republik, mit der Hauptstadt Kasan, mußte über zweitausend Kilometer reisen, um ins Höhlenkloster zu kommen. Der Mönch mit dem russischen Namen Iwan Kolzow ist ein Tschuwasche. Die Tschuwaschen sind ein tatarisch-finnisch-türkischer Volksstamm, der sich an der mittleren Wolga angesiedelt hat. Sie haben eine selbständige — aus dem Türkischen abgeleitete — Sprache.

Der tschuwaschisch und russisch sprechende Mönch wurde 1958 in dem kleinen tatarischen Dorf Malyje Ubej geboren, in dem es keine Kirche und nur eine Fünf-Klassen-Schule gab. Bis zur fünften Klasse, also bis zum zehnten Lebensjahr, hatte der begabte Schüler noch keine Kirche von innen gesehen. Als er dann in Lenins Geburtsstadt Uljanowsk, nach dem bürgerlichen Namen des Gründers der Sowjetunion benannt, in eine Internatsschule gekommen war, besuchte er auch eine russisch-orthodoxe Kirche. Das Kirchenslawisch hat der Tschuwasche nur schwer verstanden und ist deshalb oft hundert Kilometer mit dem Zug in eine Stadt gefahren, in der ein orthodoxer Gottesdienst gleichzeitig in Russisch und Tschuwaschisch abgehalten wird. Filaret: »Da das Evangelium zum Beispiel in zwei Sprachen vorgelesen wurde, konnte ich auch alles verstehen, und darauf kommt es schließlich an.«

Den Glauben allerdings hatte er schon im heimatlichen Dorf von der Mutter übernommen. Als es dort — bis in die dreißiger Jahre — noch eine Kirche gab, ist seine Mutter regelmäßig in die Gottesdienste gegangen. Dann hat sie die Andachten — ohne Priester — mehr oder weniger zu Hause in dem kleinen eigenen Holzhaus abgehalten, erinnert sich Filaret. Seine Mutter, die ihren Sohn ohne Mann, der die Familie gleich nach der Geburt des

Kindes verlassen hatte, durchbringen mußte, hat ihr Leben lang in einer Kolchose als Melkerin schwer gearbeitet.

Schon früh, mit acht oder neun Jahren, hat der Junge seiner Mutter geholfen. Filaret: »Um vier Uhr morgens bin ich aufgestanden und habe jeden Tag vor und nach der Schule zehn Kühe gemolken und dann noch zu Hause mit der Mutter den Garten, in dem wir Gemüse und Kartoffeln angebaut haben, bearbeitet.« Später dann ist seine Mutter auch in die Stadt Uljanowsk umgezogen, hat in einem Treibhaus Gurken gezüchtet und regelmäßig mit dem Sohn Gottesdienste besucht. Seine Schulkameraden wußten allerdings anfangs nicht, daß der aktive Pionier (Parteiorganisation für Kinder) auch gleichzeitig im Kirchenchor sang. Filaret: »Immer mehr wurde mir schon als Jugendlicher klar, daß ich Mönch werden würde. Man kann es nicht anders bezeichnen — Gott hat mich gerufen.« Nach diesem Ruf hat sich der 17jährige Abiturient dann nach einem Kloster umgesehen. Er habe schon früher gewußt, daß es im europäischen Teil der Sowjetunion Klöster gebe, sagt der Mönch.

In Kasan, seiner tatarischen Hauptstadt, das im geschichtlichen sowie religiösen Leben Rußlands eine große Rolle gespielt hat und noch heute durch die Ikone ›Gottesmutter von Kasan‹ bekannt ist, hat der Junge Eindrücke bekommen und sich informiert. Kasan ist eine historische Stadt mit einem Kreml, einer Kathedrale, mehreren Klöstern und über sechzig Kirchen. Doch die meisten Kirchen und alle Klöster wurden nach der Revolution geschlossen, die Gebäude aber stehen gelassen. Daß einst in die Klöster wieder Mönche einziehen können, hofft der junge Pater.

Die Gottesmutter-Ikone von Kasan, weiß der Mönch zu berichten, habe etliche Wunder vollbracht und gehört zu denen, die als Wundertätige in Rußland — auch im heutigen — besonders verehrt werden. Schon 1612 habe die mitgeführte Ikone dem russischen Heer geholfen, gegen die Polen zu siegen. Im Kampf gegen die Soldaten von Napoleon (1812) habe sie wieder zu Gunsten der gläubigen Russen mitentschieden. Sie oder eine

Kopie hänge seit Peter dem Großen in der Kasanschen-Gottes-mutter-Kathedrale in Petersburg/Leningrad.

Der Tschuwasche aus der tatarischen Republik reiste mit seiner Mutter zuerst in das berühmteste Kloster in Rußland, nach Sagorsk. Dieses Kloster schien dem Jungen aus der Provinz zu groß, zu betriebsam und zu nah an der Metropole Moskau gelegen. Er suchte einen stilleren Ort und fuhr nach Pjetschory. Dort ist er ein paar Wochen geblieben, hat den Mönchen bei der Arbeit geholfen und gebetet. Das Kloster gefiel ihm, und er beschloß zu bleiben. Auch die Brüder und der Prior waren von dem schmächtigen, fleißigen, aufgeweckten jungen Mann angetan und bereit, ihn als Novizen aufzunehmen.

Das Kloster mußte er dann für zwei Jahre verlassen und in der Roten Armee seinen Militärdienst ableisten. Er wurde Kompanieschreiber und inoffiziell so etwas wie ein privater Beichtvater für sensible Soldaten, denen der Dienst an der Waffe nicht behagte oder sie in Gewissenskonflikte trieb. Denn alle wußten, daß der Iwan Kolzow in der Kompanie aus dem Kloster kam. Niemand habe ihn gehänselt, sondern im Gegenteil bestaunt und respektiert, erinnert er sich. Nach der Armee kümmerte sich der Novize im Kloster um die Blumen und ministrierte dem Prior beim Gottesdienst.

Bald nach dem Militärdienst wurde Filaret, der seit seinem achtzehnten Lebensjahr im Kloster lebt, Mönch, Priester und Chef-Ökonom im Kloster. Er ist verantwortlich für die fünfzehn Kühe, die Kälber, einen Bullen, das Pferd, zwei Laster, vier Personenautos, die Bäckerei, die Schmiede, die Tischlerei, die Bienenhäuser. Jeden Tag muß er zudem die über hundert Menschen (Arme, Pilger) einplanen, die täglich im Kloster gespeist werden.

Wenn ein Melker krank oder verhindert ist, springt auch mal der Chef-Ökonom ein, der bereits mit neun Jahren melken konnte und im Kloster noch zum Melkfachmann (mit staatlichem Examen) ausgebildet wurde. Ein Mönch voller Bewunderung: »Keiner hier im Kloster kann so schnell melken wie Vater Filaret.«

Erst mit vierunddreißig Jahren hat der diplomierte Ingenieur Tawrion, jetzt Bibliothekar des Klosters, den Weg ins Kloster gefunden. Der aus der alten russischen Stadt Rostow Wjelikij stammende Mönch — mittelgroß und drahtig, der immer leise und bedächtig spricht — war im zivilen Beruf als Ingenieur und Pädagoge erfolgreich, bevor er den Glauben entdeckte. Mit über dreißig stellte er fest, daß sein Leben, so wie er es jetzt führe, wohl nicht dem eigentlichen Sinn des Lebens entspräche. Tawrion: »Ich habe gesucht. Nach Gott gefragt. Bin in die Kirche gegangen, immer wieder, drei Jahre lang und habe viel gebetet. Ich merkte, daß sich in mir etwas verwandelte. Ich rückte näher an Gott heran.«

Als der Ingenieur im Glauben seinen Weg gefunden hatte, wollte er kündigen und in der Kirche vielleicht als Diener, als Küster oder Hausmeister arbeiten. Doch bevor er diesen Schritt vollzog, ging er in ein Kloster, um sich mit einem Starzen zu beraten (Starzen sind Mönche, die im Kloster durch ihre Klugheit, Weisheit und Gläubigkeit eine besondere Autorität genießen und vor allem von jungen Mönchen um Rat gefragt werden). Tawrion bewegte vor allem die Frage, wie er Gott noch näher kommen könne. Vielleicht als weltlicher Priester? Vielleicht als Mönch? Ein Jahr lang ist der Ingenieur regelmäßig ins Kloster gefahren und hat mit dem Starzen meditiert und gebetet, damit Gott ihm den Weg zeigen möge. Tawrion: »Nach vielen Wegstrecken stand dann das Kloster vor mir. Der Starez ist zu demselben Ergebnis gekommen.« Gemeinsam haben die beiden den Prior von dem Entschluß unterrichtet. Er sagte nur: »Gut, dann komm zu uns.«

Das Höhlenkloster im Norden Rußlands wurde Anfang des 15. Jahrhunderts gegründet. Die Legende erzählt, daß ein Bewohner aus dem nahe des Klosters gelegenen historischen Ort Isborsk am Ufer des Flusses Kamenez gestanden und liturgische Gesänge gehört hat, die aus der Erde kamen. Nach einigen Jahren ist auf diesem Flecken ein großer Baum umgefallen, dessen gewaltige Wurzeln den Eingang zur Höhle freigelegt haben.

Der Priester Johann, der verheiratet war und zwei Kinder hatte,

Das Höhlenkloster in Pjetschory bei Pskow ist über 500 Jahre alt.

wählte jenen Platz aus, um in der Höhle zu beten und asketisch als Eremit zu leben. Seiner Frau und den Kindern suchte er in der Nähe eine Bleibe. Er baute die Berghöhle aus und zimmerte eine kleine Holzkirche hinein.

Mann und Frau wurden Mönch und Nonne und gaben sich die Klosternamen Iona und Wassa. Kurz danach starb die Nonne Wassa, Iona schaufelte ihr ein Grab in den Höhlengrund und beerdigte sie. Nach einer gewissen Zeit stieg der Sarg der Legende zufolge aus der Erde empor. Gott selbst habe damit den Höhlenmönch offenbart, daß Tote in der Höhle nicht unter der Erde begraben werden sollen. Das Mikroklima in den Bergstollen erlaube die Bestattung von Toten in der Höhle ohne jeglichen Leichengeruch.

An den Wunsch Gottes haben sich die Klosterbrüder dann auch gehalten. Bis heute werden die Mönche in den sieben Gängen (insgesamt knapp 300 Meter lang) bestattet. Auch nach dem Tod wird die Hierarchie im Kloster eingehalten. Für Äbte und Archimandriten sind besondere Plätze in den Höhlenfelsen reserviert; sie werden einzeln beerdigt und bekommen eine Marmortafel, auf die der Name und der Titel geschrieben wird. Die einfachen Mönche werden in einer großen Seitenhöhle im ›Brudergrab‹ gemeinsam bestattet. Dort liegen die Särge längs und quer übereinander; über fünfhundert Mönche haben bislang ihre letzte Ruhe gefunden. Gottesdienste für die Toten werden in der Höhle selbst, in der ein Altar steht, gefeiert. Nur mit brennenden Kerzen in der Hand gehen und stehen dann die Mönche und Gläubigen in dem Berglabyrinth.

Vor der Revolution wurden im Höhlenfriedhof des Klosters nicht nur Mönche begraben. Es war eine begehrte Ruhestätte für den hohen Klerus und die weltliche Prominenz. Über zehntausend adlige Russen, reiche Kaufleute, ranghohe Militärs und edle Stifter sind in den Höhlen bestattet worden; die Sippe des berühmten russischen Feldherrn Kutusow ist ebenso wie die des Poeten Puschkin in den Grabreihen vertreten. Kunstvolle Grabplatten aus Keramik, Bronze oder Marmor erinnern an die russische Vergangenheit, die älteste stammt aus dem Jahr 1530.

Der eifrige Beter und Arbeiter Iona baute 1473 anstelle der Holzkirche eine Kirche aus Stein zu Ehren der ›Entschlafenen Gottesmutter‹; dieses Datum gilt auch als das offizielle Gründungsjahr des Klosters.

Seine historische Blütezeit erlebte es unter Abt Kornili, der ihm Mitte des 16. Jahrhunderts vorstand. Er stammte aus einer Pskower Bojarenfamilie, die den begabten Jungen in Klöstern ausbilden ließ. Bald aber trat er selber ins Höhlenkloster ein und wurde Mönch. Schon mit achtundzwanzig Jahren war er der Abt des Klosters. Der vielseitige Pater, der Baupläne anfertigte, Ikonen malte und Chroniken schrieb, machte aus dem bescheidenen Kloster, in der Schlucht des Flusses Kamenez gelegen, eine ›Burg Gottes‹.

Energisch und zielstrebig baute er eine Kirche nach der anderen

und ließ um diese auf den Anhöhen und Steilhängen eine gewaltige Klostermauer mit sieben Verteidigungstürmen ziehen; sie ist etwa drei Meter hoch, zwei Meter dick und knapp achthundert Meter lang und steht bis zum heutigen Tag. Die Zahl der Mönche im Kloster erhöhte sich in seiner Zeit von fünfzehn auf zweihundert. Das Kloster, im nördlichen Grenzgebiet Rußlands, wurde mit den Mauern und Türmen zu einer uneinnehmbaren Festung gegen die Polen und livländischen Ritter, die sich immer wieder mit den Heeren der russischen Zaren erbitterte Schlachten lieferten. Die trutzige Klosterfestung wurde unter anderem auch zum persönlichen Schicksal des klugen und mutigen Abtes. In ihr sah Zar Iwan der Schreckliche, durch böse Zungen aufgehetzt, das Streben des Abtes, sich von Rußland unabhängig zu machen, und darin die Gefahr, einen wichtigen strategischen Punkt im Grenzgebiet womöglich zu verlieren. Sein Mißtrauen gegenüber dem Abt wurde durch ein weiteres Gerücht geschürt: Der Mönch stünde mit dem abtrünnigen Fürsten Krubski, der zu den Gegnern nach Litauen geflohen war, in Verbindung. Der Zar witterte Verrat.
Als Iwan der Schreckliche 1570 im Nowgoroder und Pskower Gebiet wütete und auf dem Weg das Kloster besuchte, wollte er dem Abt seinen (angeblichen) Treuebruch heimzahlen. Der ahnungslose Mönch empfing seinen Herrscher und hohen Gast aus Moskau nach alter russischer Sitte mit Kreuz, Brot und Salz vor den Toren des Klosters. Der zorngeladene Zar zog seinen Säbel, noch bevor der Abt ihn begrüßen konnte, und schlug dem unschuldigen Mönch den Kopf ab. Im selben Augenblick schon bereute der blutrünstige Herrscher seine Tat, nahm den enthaupteten Körper auf seine Arme und trug ihn den Berg hinunter in die Klosterhöhle, wo er ihn feierlich beerdigen ließ. Der blutverschmierte Weg durch das Kloster wird die blutige Straße (krowawaja Doroga) genannt.

Die gesamte Reise des Moskauer Zaren, Iwan des Schrecklichen, in den Norden Rußlands war im wahrsten Sinne des Wortes blutig. Zar Iwan hatte sich eine Verschwörung der nördlichen

Provinz eingebildet und diese dann mit seinen Soldaten unvorstellbar hart bestraft.

Iwans Truppen umzingeln im Januar 1570 die stolze Stadt Nowgorod, versiegeln die Kirchen und Klöster, fesseln die Geistlichen und Mönche, berichtet der Chronist. Jeder Pfarrer und Mönch, der nicht sofort zwanzig Rubel an den Zaren zahlen kann, wird von morgens bis abends ausgepeitscht. Kaufleuten und Richtern werden Ketten angelegt, die Frauen in den Häusern eingesperrt. Als der Zar selbst mit seinem Sohn vor den Toren Nowgorods eintrifft, werden die Mönche und Pfarrer auf den Marktplatz geschleppt. Die Soldaten feiern das Eintreffen des Zaren mit der Hinrichtung der Geistlichen. Der Erzbischof der Stadt geht dem Zaren mit wundertätigen Heiligenbildern entgegen und bittet für sich und seine Gläubigen um Gnade. Zar Iwan aber schiebt ihn beiseite und schreit ihn an: »Nicht das lebenschaffende Kreuz ist in deiner Hand, sondern die mörderische Waffe, die du uns ins Herz stoßen willst. Ich kenne deinen Anschlag.« Er befiehlt dem Bischof, in die Kirche zu gehen und einen Gottesdienst zu zelebrieren; dabei betet der Zar eifrig. Danach geht er ins erzbischöfliche Palais zum Mittagessen und setzt sich neben den Bischof. Während des Essens gibt der Zar seinen Soldaten das Zeichen, den Erzbischof festzunehmen und die Stadt zu plündern.

Zar Iwan und sein Sohn gehen zum Marktplatz, um dort über Nowgorod und seine Bewohner zu richten. Täglich werden etwa tausend Männer vom Zaren und seinem Sohn zum Tode verurteilt und auf grausame Art und Weise hingerichtet. Sie werden mit glühendem Eisen überschüttet, mit dem Kopf an Schlitten gebunden, in rasender Fahrt durch die Stadt gezogen und in den Fluß gekippt. Ganze Familien, Männer, Frauen, Kinder und Großeltern werden mit Stricken zusammengebunden und wie Ballen in den Fluß gerollt. Wochenlang wird geplündert und gemordet.

Erst als Iwan der Schreckliche persönlich den sechzigtausendsten Bürger der Stadt Nowgorod zum Tode verurteilt hatte, steckte er seinen Säbel weg und verkündete Frieden. Die wenigen Bürger, die sich hatten verstecken können, krochen aus ihren Kellern,

Winkeln und Ecken der Stadt. »Schattengleich, bleich und abgezehrt erschienen sie, aber der Zar sah sie an mit gnädigem und sanftem Auge, in dem aller Zorn erloschen schien«, schreibt der Chronist. »Betet zum Herrn für die wahre gottesfürchtige Zarenherrschaft. Gott richte den Verräter, euren Erzbischof Pimen. Von ihm werde das Blut gefordert, das hier geflossen ist. Nun mögen Weinen und Wehklagen verstummen, lebt und gedeiht in dieser Stadt.« Dem Erzbischof befahl er, sich »in schlechter Kleidung, mit einem Dudelsack und einer Schellentrommel in den Händen, einem Possenreiter gleich, auf eine weiße Stute« zu setzen und nach Moskau zu reiten.

Iwan der Schreckliche zog mit seinen Soldaten in die nächste Stadt nach Pskow, um auch sie wie Nowgorod zu bestrafen. Die Pskower Bürger, die von den Grausamkeiten in ihrer Nachbarstadt Kunde erhalten hatten, zogen dem unbarmherzigen Zaren mit Salz und Brot entgegen, um ihn mild zu stimmen. Sie flehten ihn an: »Nimm Brot und Salz von deinen liebenden treuen Untertanen; aber mit unserem Leben tue nach deinem Gefallen, denn alles, was wir haben, und wir selbst sind dein, großer Selbstherrscher.«

Doch nicht das Jammern und Flehen der Bürger zur Begrüßung des Zaren hat den Pskowern das Leben gerettet, sondern die Dreistigkeit eines (angeblich) Schwachsinnigen, der dem Zaren statt Brot und Salz ein Stück rohes Fleisch reichte. Der verdutzte Zar stammelte: »Ich bin ein Christ und esse während des großen Fastens kein Fleisch.« Der Mann schrie den Zaren an: »Du tust Schlimmeres, du nährst dich von Fleisch und Blut der Menschen.« Der ansonsten schrecklose Zar bekam Angst und ließ den Retter von Pskow unbestraft weggehen. Seinen Truppen befahl er sogleich: »Stumpft eure Schwerter an den Steinen ab.«

Sein Schwert zog er dann noch einmal im Kloster von Pskow-Pjetschory, als er dem Abt den Kopf abschlug, die Mönche aber sogleich um Vergebung seiner Sünden bat. Mit reichen Schenkungen an das Kloster wollte er seine grausame Tat sühnen. Das Höhlenkloster erhielt große Landflächen, kostbare Kreuze, Kelche und eine dreitausendundvierzig Kilogramm schwere Glocke vom Zaren geschenkt.

Auch die Zaren Peter der Große und Boris Godunow, die das Kloster und die Festung öfters besucht haben, stifteten den Mönchen Glocken. Die drei etwa gleichschweren Glocken, die heute noch die Zarennamen tragen, werden wie eh und je von den Mönchen mit dicken, langen Seilen unter anderem auch dann geläutet, wenn im Kloster mit Gottesdiensten an den Todestag des Abtes Kornili erinnert wird.

Nach hundertzwanzig Jahren wurde der Abt Kornili — mittlerweile heilig gesprochen — aus der Höhle in die älteste Kirche im Kloster (Entschlafen der Gottesmutter) umgebettet. Dort liegt der heilige Kornili in einem Sarkophag und ist für Millionen Gläubige ein Grund, das Kloster zu besuchen.

Dabei versäumt kein Pilger, auch vor den anderen Heiligtümern des Klosters zu beten: vor der Umilenie-Gottesmutter-Ikone aus dem frühen 16. Jahrhundert, die durch wunderbare Heilungen, deren Zeugen — so die Chronik — »die ganze Stadt Pskow und Nowgorod-Wjeliki« wurden, über die Grenzen des Pskower Gebietes hinaus bekannt geworden ist. Außerdem habe sie die anstürmenden Heere des polnischen Königs Stephan Bathory im Jahre 1581 in die Flucht geschlagen. Dabei geholfen habe noch eine andere Ikone, die Pskowsko-Pjetschjerskaja-Gottesmutter, die zudem noch beim Sieg über die Armee von Napoleon in Pskow wundertätig beteiligt war.

WODKA AUFS GRAB
TRADITION – SITTEN – GEBRÄUCHE

Viele Wochen vor Ostern, dem größten Fest der russisch-orthodoxen Kirche, werden in russischen Städten auf den freien Kolchosmärkten bunte Ostereier angeboten. Neben einfach bemalten,
mit bäuerlich-naiven Motiven aus dem Landleben, sind auch
Ostereier zu haben, die in der alten russischen Ikonentradition
hergestellt worden sind. Bekannte Kirchen und Klöster, die Gottesmutter mit dem Jesuskind, der heilige Georg hoch zu Roß, der
mit einer Lanze einen Drachen tötet, der gekreuzigte und aufer-
standene Christus werden auf großen und kleinen Holzeiern mit
Ölfarben abgebildet; entsprechend unterschiedlich sind die Preise:
Ein einfaches Osterei kostet etwa 15 Mark, ein kunstvoll bemaltes
schon 40 bis 60 Mark.
Den Verkauf auf den Märkten besorgen meistens die Großmütter,
die Babuschki. Da es im Februar, März in Rußland noch kalt ist
und die großen Markthallen nicht beheizt sind, haben sich die
Babuschki entsprechend eingemummt. Dicke Wattejacken, selbst-
gefertigte Filzstiefel, Wolltücher um Kopf und Hals und eine
Tasse Tee aus der Thermosflasche wärmen die alten Frauen.
Auf den Kolchosmärkten verkaufen Sowjetbürger private Waren
wie Gemüse, Obst, Fleisch, Käse, Eier, Honig, Blumen oder auch
– wie vor Ostern – bemalte Ostereier. In dieser privaten Oase, in
der ansonsten verstaatlichten Sowjetunion, werden die Preise
– wie im Westen – von Angebot und Nachfrage bestimmt. Die
Anbieter gehen auch davon aus, daß der Käufer handelt, den Preis
drückt oder eine Apfelsine, ein paar Gramm Honig, ein etwas
zerkratztes Osterei zusätzlich bekommen möchte.

In staatlichen Läden mit niedrigeren Preisen sind die Waren von schlechterer Qualität und oft gar nicht zu haben – wie die Ostereier. Der Staat aber distanziert sich von der alten christlichen Ostertradition und will damit auch nicht in Verbindung gebracht werden. Die Ostereier, bemalt mit christlichen Motiven, könnten als Religionspropaganda ausgelegt werden, und die ist in der Sowjetunion untersagt – theoretisch. An dem Verkauf der Ostereier auf den freien Kolchosmärkten hat – soweit mir bekannt ist – noch niemand lautstarken Anstoß genommen. Der alte Brauch wird also auch in der sozialistischen Sowjetunion fortgesetzt; letztendlich nicht gegen, sondern mit verschwiegener Hilfe des Staates.

So wie in alten Zeiten werden die Ostereier in russischen Dörfern bemalt und vor allem in Städten verkauft. Ganze Familien, die das Kunsthandwerk von ihren Vätern und Großvätern geerbt haben und weitervererben, sind das ganze Jahr über nach Feierabend mit der Herstellung von bunten Eiern beschäftigt und bessern sich damit die Haushaltskasse auf. Die Männer sammeln Holz im Wald, trocknen, schneiden und drechseln es auf die gewünschte Form und Größe. Die begabten Maler in der Familie, ob Mutter, Vater, Sohn oder Tochter, übertragen mit bunter Farbe die Ostermotive auf die Eier, die dann den Ostertisch der Städter schmücken.

Vor der Revolution wurden in Rußland Ostereier nicht nur in Dörfern, sondern auch in Städten bemalt. Bekannte Künstler jener Zeit stellten vor Ostern die Staffelei für Bilder in die Ecke und bemalten gänseeigroße Holzeier, die dann an betuchte Russen veräußert wurden; so entwickelte sich eine regelrechte Ostereier-Kunst – die Volkskunst vom Lande und die professionelle Malerei aus der Stadt. Neben dem billigen Holz wurden später auch Porzellan, Silber und Gold für die Herstellung von Ostereiern verwendet.

Der russische Meister der Silberkunst Carl Fabergé fertigte für den Zarenhof, für Aristokraten und reiche Kaufleute silber- und goldverzierte Ostereier mit Brillanten an, die heute in russischen

Zu Ostern, dem höchsten Feiertag der russischen Kirche, geht jeder Christ in die Kirche und läßt seine Osterspeisen wie Kulitsch und Pascha von einem Priester segnen.

Museen zu bewundern sind. Einige Stücke sind vor, während und nach der Revolution in den Westen gelangt und kosten auf Auktionen ein Vermögen.

Der Brauch, gekochte Eier zu bemalen und dann von einem Priester in der Kirche segnen zu lassen, hat sich in vielen russischen Familien auf dem Land und in der Stadt erhalten. Eier, Symbol des Lebens und der Auferstehung, die Osterspeise Kulitsch und die Pascha werden liebevoll in Körbe gelegt und am Karsamstag, also vor der Auferstehung Christi, ins Gotteshaus gebracht. Tausende lassen ihre Osterspeisen von einem Priester, der lange Gebete spricht und die Gläubigen auf die Auferstehung vorbereitet, mit Weihwasser segnen. Die Pascha ist eine pyramidenartig geformte Quarkspeise mit Zucker, Rosinen, Vanille und Zitronat. Besonders fromme Hausfrauen bilden aus Rosinen russische Kreuze rundum auf die Pascha. Der Kulitsch ist ein Gebäck aus Weizenmehl und Safran.

Die Eier, die Pascha und der Kulitsch werden zu Ostern auch von jenen Russen zu Hause bemalt, gebacken und gegessen, die offiziell mit dem Glauben und der Kirche gebrochen haben. Jeder Russe erinnert sich selbst oder wird durch die vielen Kirchgänger an das Osterfest erinnert, obwohl Ostern − wie auch alle anderen kirchlichen Festtage − vom Staat als Feiertag abgeschafft worden ist. Viele Nichtgläubige verzehren die Osterspeisen, ohne sie von einem Priester gesegnet und ohne den vorgeschriebenen Zeitplan eingehalten zu haben. Für Christen ist es eine Selbstverständlichkeit, daß die Pascha und der Kulitsch erst nach dem Mitternachtsgottesdienst von Ostersamstag auf -sonntag gegessen werden.

Für Geistliche und Gläubige ist Christus um Mitternacht auferstanden. Der Priester verkündet mit lauter Baßstimme: Christus ist auferstanden! Die Gläubigen antworten inbrünstig: Christus ist wahrhaftig auferstanden! Nach der Auferstehung Christi küssen die Gläubigen ein Kreuz, das ihnen der Priester entgegenhält, dann beglückwünschen sie sich gegenseitig. Sie küssen sich links, rechts, links oder rechts, links, rechts auf die Wangen oder nach links, rechts . . . auf den Mund. Nach dem Gottesdienst, der oft bis früh in die Morgenstunden dauert, setzen sich die Familien zu Hause an den Tisch und essen von den gesegneten Osterspeisen.

Ostersonntag ist für die Russen ein großer Festtag. Freunde, Verwandte und Bekannte telefonieren miteinander, wenn sie weit weg wohnen, die anderen besuchen sich gegenseitig und wünschen sich kein ›frohes Osterfest‹, sondern begrüßen sich mit ›Christus ist auferstanden‹, küssen einander wiederum dreimal und beschenken sich mit bemalten Ostereiern. Dann wird mit Freunden nach der langen Fastenzeit vor Ostern ausgiebig und lange gespeist und getrunken. Der Tisch droht unter der Last der Speisen und Getränke zu brechen. Neben Salaten, Pasteten oder Gemüse gibt es vor allem Fleischgerichte, die von Russen gerne und oft gegessen werden. Sie kaufen und besorgen Ferkel, Gänse, Enten oder Hammel, die in stundenlanger Zeremonie verspeist werden. Zwischendurch wird immer wieder das Glas mit Wodka erhoben, um Christi Auferstehung zu gedenken und den Anwesenden, den Eltern, den Kindern Gesundheit und Glück mit poetischen Worten zu wünschen.

Die siebenwöchige Fastenzeit, von vielen streng eingehalten, gibt den Russen erst das richtige Gefühl für das Osterfest, den Sieg des ewigen Lebens über den Tod, mit ausgiebigem Essen und Trinken. Wer nicht richtig fasten kann, kann auch nicht richtig feiern, sagen sie sich.

Das Extrem des Fastens und Feierns kommt auch in der Woche vor der langen Fastenzeit zum Ausdruck, in der Maslenitza, der Butterwoche. In der Butterwoche haben sich heidnische Bräuche mit christlichen vermengt. In dieser Woche feiern die Heiden das Ende des Winters und den Anfang des Frühlings. Die Christen aber sollen sich in dieser Zeit auf das Fasten vorbereiten und entsprechend enthaltsam leben.

Im alten Rußland hingegen wurde in dieser Woche ausgelassen gefeiert. Die strengen Fröste hörten auf, die Sonne erwärmte die Luft. Die Entbehrungen der bevorstehenden Fastenzeit — ohne Fleisch, Käse, Butter und Alkohol zu leben — und die zu Ende gehende Last und Qual des langen und frostigen Winters gaben der Butterwoche die Freuden der heidnischen Überlieferung und den Ernst des christlichen Glaubens.

Bis zur Revolution war die Maslenitza in der Stadt und auf dem Land ein regelrechtes Volksfest. Die Menschen besuchten sich gegenseitig, eine Einladung nach der anderen folgte, wobei immer wieder ausschweifend gegessen und getrunken wurde. Auf den Straßen fanden maskierte Umzüge statt. Am letzten Tag wurde die Maslenitza in feierlichem Zug aus der Stadt oder dem Dorf geführt, sie verabschiedete sich für ein Jahr von ihren Anhängern. Nur zu diesem Zweck wurde ein Gefährt gebaut, dem zehn Pferde hintereinander vorgespannt waren, auf denen jeweils ein Reiter in zerlumpter Kleidung mit einer langen Peitsche saß. Im offenen Wagen lag ein Betrunkener mit einem Weinpokal in der Hand, neben ihm stand ein großer Bierkrug, eine Flasche Wein und ein Tisch, gedeckt mit allerlei Speisen, denen er genauso wie den Getränken frönte. Die zahlreichen Zuschauer verabschiedeten den Betrunkenen, den Wein, das Bier und die Leckerbissen für die Zeit des strengen Fastens. Abends dann wurde die Maslenitza in den Dörfern noch verbrannt; ein großes Strohbündel oder mit Teer gestrichene Holzfässer wurden angezündet. Mit dem letzten Glockenschlag nachts um 24 Uhr vom Kirchturm begann dann die Fastenzeit, in der alle Speisen nach christlichem Brauch nur mit Öl statt mit Butter zubereitet werden dürfen; in der letzten Woche vor der Fastenzeit ist Butter noch erlaubt, daher der Name Maslenitza (Butterwoche).

In der Fastenzeit hielten sich die Gläubiger an die christlichen Gebote. Das ganze Land lebte in Erwartung der Auferstehung Christi; Theater oder Tanzsäle wurden geschlossen, keiner sollte sich vergnügen. Die Einhaltung der Fastengebote wurden streng kontrolliert und von den Zaren überwacht. Sie gaben persönliche Anweisungen, schickten Kuriere aus, die zu prüfen hatten, ob die Gaststätten in der Fastenzeit auch geschlossen blieben. Lebensmittelgeschäfte durften in der Fastenzeit nur Kalatsch (eine weißbrotartige Backware) und vegetarische Produkte anbieten; wer Wurst oder Fleisch verkaufte, hatte mit einer hohen Strafe zu rechnen. Betrunkene, die von der Polizei auf der Straße torkelnd oder lallend erwischt wurden, erhielten Geldbußen oder wurden eingesperrt.

Einige Zaren, erzählen sich die Russen, hätten das Fastengebot streng eingehalten. Zar Alexej zum Beispiel sei für seine Untertanen besonders vorbildhaft gewesen. Er habe nur dreimal in der Woche (am Donnerstag, Samstag und Sonntag) mittags gegessen, an den übrigen Tagen habe er von einer Gurke und einem Stück Brot gelebt; bis auf die Kinder hatten sich auch alle anderen Mitglieder der Zarenfamilie am Beispiel des Herrschers zu orientieren. Alle Moskowiter, ob Priester, Diener oder Kutscher, hatten sich an die Fastenregeln zu halten; diejenigen, die dagegen geringfügig verstießen – und kontrolliert wurde immer und überall – verloren ihre Arbeit oder wurden aus Amt und Würden gejagt.

Die alten Bräuche sind vielen Russen bekannt und werden durch Erzählungen auch unter der Jugend lebendig gehalten. In Dörfern vor allem werden die Bräuche oft auch noch praktiziert.

Umzüge in Dörfern oder Städten allerdings – erkennbar als religiöses oder heidnisches Brauchtum – dürfen in der Sowjetunion nicht mehr durchgeführt werden; sie wurden durch proletarische Festtage – wie dem ersten Mai oder dem Revolutionstag am siebten November – ersetzt. Die Maslenitza (Butterwoche) findet zu Hause in den Wohnungen statt und wird oft nicht minder ausgiebig begangen als früher – als heidnischer und christlicher Brauch.

Besonders ehrfurchtsvoll wird in Rußland der Toten gedacht. Glaube, Brauch, fast heilige Riten, begleiten den Verstorbenen ins Grab und halten ihn in ewiger Erinnerung. Die christlichen Sitten haben auch russische Atheisten übernommen, ohne die Herkunft oder den Grund immer zu kennen. Wenn ein gläubiger Russe stirbt, wird er in der Kirche offen aufgebahrt. Nach der Totenmesse, die Angehörigen verabschieden sich mit einem Kuß auf die Stirn des Verstorbenen, wird er auf einem Friedhof beerdigt. Der Atheist wird in einem staatlichen Totenhaus aufgebahrt und dann begraben.

Am dritten, neunten und vierzigsten Tag nach dem Tod gedenken Gläubige und Nichtgläubige ihrer Toten. Nur die Gläubigen kennen den christlichen Sinn dieser Tage, viele Nichtgläubige erinnern sich einfach so, rein menschlich, nach alter Überlieferung an den Verstorbenen, obwohl mehr und mehr Russen, die im Sinne des Marxismus-Leninismus erzogen worden sind und danach gelebt haben, sich selbst oder ihre Nächsten christlich beerdigen lassen.

Diese Menschen mit dem atheistischen Äußeren und dem vielleicht christlichen Inneren kennen auch die Bedeutung der Totengedenktage. Am dritten Tag ist nach christlichem Glauben der gekreuzigte, gestorbene Christus auferstanden. Er hat den Tod besiegt und das ewige Leben gebracht, all den Menschen, die an ihn glauben. Zwischen dem dritten und neunten Tag nach dem Tod weilt die Seele des Verstorbenen nach russischer Glaubenslehre an den Orten, an denen er während des Lebens gewesen ist. Am neunten Tag erhebt sich die Seele in die himmlische Welt, sieht die Engel, die paradiesischen Plätze, die der Herr denen bereitstellt, die an ihn glauben und seine Gebote befolgen. »Die Glaubensbrücken und Vorstellungen helfen den Lebenden«, sagt ein Moskauer Priester, »gedanklich mit der Seele des Toten dort zu sein, wo auch wir eines Tages – so Gott will – sein werden. In der Orthodoxie ist die Erinnerung an die Toten auch die Erinnerung an den eigenen Tod.« Am vierzigsten Tag nach dem Tod bringen die Engel die Seele des Toten zu Gott, dem höchsten Richter:

Aber auch an anderen Tagen im Jahr wird in der Kirche und zu Hause an die Toten erinnert.

Keine Gedenkmessen an die Toten finden in Kirchen an Sonn- und Feiertagen, an Tagen besonderer Freude, statt. In der Fastenzeit vor Ostern und nach dem Auferstehungsfest wird nur an bestimmten Samstagen, abends und morgens, in Gottesdiensten an die Toten erinnert; diese Tage heißen in Rußland Eltern-Sonnabende, an denen sich jeder seiner verstorbenen Vorfahren erinnert, für sie betet und die Namen vom Priester – gegen eine Rubel-Spende – während des Gottesdienstes verlesen läßt. An solchen Eltern-Sonnabenden bringen die Gläubigen Lebensmittel wie Brot, Marmelade, Honig oder Kuchen zu Ehren der Lebenden und Toten in die Kirche, die, auf großen Tischen ausgebreitet, vom Priester gesegnet und zu Hause dann verspeist werden, als ob der Verstorbene anwesend wäre. An speziellen ›russischen Tagen‹ (patriotischen) wird noch an Tote erinnert, die zu Ehren des russischen Vaterlandes ihr Leben hingegeben haben. Einer von diesen Tagen ist der Eltern-Sonnabend zu Ehren des heiligen Dimitrij, der an die Schlacht auf dem Kulikowo Polje (Schnepfenfeld) von 1380, gelegen am oberen Don, erinnert. Der Großfürst von Moskau und Wladimir, Dimitrij Iwanowitsch, besiegte die mongolischen Besatzer in einer historischen Schlacht und erhielt den Beinamen Donskoj.

Schon zu Ostern, weil am Ostersonntag nicht gearbeitet wird, gehen Gläubige und Atheisten auf die Friedhöfe zu ihren Verstorbenen, obwohl der eigentliche Totengedenktag (Radunitze) erst zehn Tage nach Ostern begangen wird, an dem allerdings allgemein gearbeitet wird. Also gehen mittlerweile fast alle Russen zu Ostern auf die Friedhöfe zu ihren Verwandten und Bekannten. An diesem Tag – so entsteht der Eindruck – ist ganz Rußland auf den Beinen; niemand scheint zu Hause zu bleiben. Auf dem Dorf und in der Stadt das gleiche Bild; alle kennen an diesem Tag nur eine Richtung: die zum Friedhof.

Schon Tage vorher wird das Friedhofsfest, das eine heidnisch-christliche Tradition hat, in den Familien vorbereitet. Männer und

Zu Ostern gehen die Russen auf Friedhöfe. Mit Essen und Trinken verbringen sie dort den ganzen Tag.

Kinder kaufen ein und müssen oft in der Schlange stehen, um das richtige Stück Fleisch, den Käse, die Wurst oder das Fläschchen Wodka zu ergattern. Zu Hause braten, kochen und backen die Mütter und Babuschki die Speisen für den Festtag auf dem Friedhof. Sorgfältig werden in großen Körben und Taschen der duftende Braten, der geräucherte Schinken, die eingelegten Gurken, Tomaten oder der Knoblauch verpackt. Wodka und Wein werden in dickes Papier gewickelt, damit das teure und wertvolle Tröpfchen auch unbeschadet den Friedhof erreicht.

Mit privaten Autos, Metro, Straßenbahn oder Autobus fahren die schwer bepackten Besucher bis zur letzten Station vor dem Friedhof. Trauben von Menschen, eine regelrechte Prozession, schleppen sich mühsam, langsam durch das Eingangstor des Friedhofes. Dann verteilt sich der Pilgerstrom in einzelnen Gassen und Pfaden vor den eingezäunten Grabstätten. Die sprichwörtliche Friedhofsruhe ist dahin. Denn mit Kind und Kegel (Hunde dürfen nicht mitgeführt werden) reisen die Familien an. Sie sind nicht gekommen, um nur einen Blumenstrauß aufs Grab zu stellen, ein bißchen Unkraut zu jäten oder ein Vaterunser zu beten. Nein, sie lassen sich häuslich für einen ganzen Tag nieder.

An allen Gräbern bietet sich mehr oder weniger das gleiche Bild: Neben dem Grab steht eine Bank, auf der vor allem ältere Menschen Platz nehmen. Die Speisen werden auf ein weißes Tuch gelegt und auf dem Grab ausgebreitet. Es wird ununterbrochen geredet, gegessen und ab und zu getrunken, auf das Wohl und Seelenheil des Verstorbenen natürlich. Für den Toten wird ein Gläschen mit Wodka gefüllt und auf sein Grab geschüttet. Sie unterhalten sich mit dem Toten, lassen ihn am Essen und Trinken teilhaben und verhalten sich so, als säße er in ihrer Runde. Den Kindern, die die imaginären Gespräche und Mahlzeiten mit den verstorbenen Verwandten noch nicht so recht begreifen können, werden die Riten und Gebräuche geduldig erklärt; es werden Fotos gezeigt und Geschichten aus dem Leben des Toten der Reihe nach in epischer Breite erzählt. Bevor der Heimweg angetreten wird – viele gehen erst, wenn es schon dunkel ist –, werden die Gräber geschmückt, Kerzen aufgestellt und angezündet. Nach diesem Tag auf dem Friedhof war für viele Russen erst Ostern.

Wiederum Tausende, in ganz Rußland Millionen, machen sich in Städten und Dörfern auf den Weg, um am 19. Januar Wasser weihen zu lassen. An diesem Festtag wird in Rußland an die Taufe Christi im Jordan erinnert, über die der Evangelist Markus schreibt: »Und es begab sich in jenen Tagen, daß Jesus von Nazareth nach Galiläa kam und sich im Jordan von Johannes taufen ließ. Als er gerade aus dem Wasser heraufstieg, sah er den Himmel sich öffnen und den Geist wie eine Taube auf sich herabkommen. Und eine Stimme kam vom Himmel: ›Du bist mein geliebter Sohn, an dir fand ich Wohlgefallen‹.« Das Fest der Wasserweihe nennen die Russen auch Jordan-Fest; der Bottich, in dem das Wasser geweiht wird, heißt kurz Jordan.

Zwölf Tage nach dem russischen Weihnachtsfest, das am 7. Januar beginnt und 13 Tage nach dem westlichen begangen wird, weil die russisch-orthodoxe Kirche im Gegensatz zum Westen und dem sowjetischen Staat noch den alten Julianischen Kalenderrhythmus beibehalten hat, strömen gläubige Russen mit Eimern, Kannen, Gläsern und Flaschen in die Kirchen. In einem mehrstündigen Gottesdienst, der zu Ehren Christi Taufe im Jordan abgehalten wird, weiht der Priester in großen Bottichen, die immer wieder aufgefüllt werden müssen, Wasser; der Geistliche taucht ein schweres Silberkreuz mit den Worten »ich weihe Wasser«, und einer Kreuzbewegung, in die Bottiche.

Danach füllen die Kirchendiener den Gläubigen ihre mitgebrachten Gefäße. Auf dem Heimweg friert das Weihwasser häufig in den Metalleimern zu Eis. Denn zu Christi Taufe, am 19. Januar, sind in Rußland die stärksten Fröste, im Volksmund auch »Tauf-Fröste« genannt.

Das Thermometer fällt dann im Norden und Osten Rußlands oft auf über 50 Grad unter Null, in den anderen Gegenden werden immerhin noch 30 Grad und weniger gemessen. Die klirrende Kälte schreckt kaum einen Russen; kaum jemanden hält sie davon ab, in der Kirche geweihtes Wasser zu holen.

Viele Gläubige, die in Dörfern ohne Gotteshaus und Priester wohnen, fahren mit Eimern und Kannen Stunden im Zug oder Bus in die nächste Kirche, um sich geweihtes Wasser zu holen. In den Großstädten wie Moskau oder Leningrad wird an diesem Tag tonnenweise Wasser geweiht. Allein aus der Nikolskij-Kathedrale in Leningrad zum Beispiel schleppen die Gläubigen an einem Tag achtzigtausend Liter (achtzig Tonnen!) Weihwasser nach Hause.

Unter denen, die sich geweihtes Wasser aus der Kirche holen, sind nicht nur Gläubige, wurde mir gesagt. Auch Menschen, die zur Religion ein gespaltenes Verhältnis oder keine Beziehung mehr hätten, glaubten wohl an die Heilskraft des geweihten Wassers: sogar überzeugte Atheisten seien schon mit Kannen gesehen worden.

Für den gläubigen Russen hat das geweihte Wasser das ganze Jahr über eine große Bedeutung; für den Atheisten oder Glaubenszweifler ist es vielleicht eine »für-alle-Fälle-Absicherung«.

Mit dem Weihwasser wird sparsam umgegangen. Denn es wird oft und in vielen Fällen des häuslichen Lebens gebraucht. Die an die Heilskraft des geweihten Wassers glaubenden Russen trinken davon ein Gläschen, wenn der Magen verstimmt ist, die Nieren schmerzen oder die Seele leidet. Ein Knoten am Hals, am Bein oder ein Geschwür wird erst mit Weihwasser behandelt, bevor ein Arzt aufgesucht wird. Das Auto, die Wohnung, die Garage, der Schuppen, alles also, was im Haushalt zu sehen und zu gebrauchen ist, wird jedes Jahr wieder mit Weihwasser besprengt.

Mit geweihtem Wasser sollte bis zur Oktoberrevolution auch die Natur von Katastrophen und Mißernten verschont bleiben. Priester und Gläubige aus Dörfern und Städten gingen am Tag der Wasserweihe an den nächstgelegenen Fluß und schlugen ein Loch, in Form eines Kreuzes, in das dicke Eis. Mit einem heilsbringenden Kreuz, meistens aus vergoldetem Silber, wurde das Flußwasser im Laufe des Gottesdienstes im Freien gesegnet; der Platz auf dem Fluß wurde ebenfalls Jordan genannt. Diesen Brauch haben die Staatsfunktionäre der Kirche untersagt und gestatten ihr nur noch ›Kulthandlungen‹. Als diese ist auch die Wasserweihe definiert, in der Kirche selbst.

Dennoch werden vor allem in Dörfern, in denen das Brauchtum seit eh und je stärker gepflegt wurde als in der Stadt, die staatlichen Vorschriften und Regelungen einfach ignoriert. Still und heimlich versammeln sich die Priester und Gläubigen zum Beispiel an einem Fluß und weihen das Wasser. Selbst wenn diese ›Kulthandlung‹ ein Dorfpolizist gesehen hätte, wird er beide Augen zudrücken und keine Anzeige erstatten; der Dorffrieden scheint ihm wichtiger als eine Meldung an die Staatsgewalt.

An der Wasserweihe in der Natur nahmen früher fast alle Bewohner einer Stadt oder eines Dorfes teil. Es war ein großes kirchliches Ereignis. In der Metropole Moskau zum Beispiel gingen alle Priester der Stadt, angeführt vom Patriarchen der russisch-orthodoxen Kirche, vom Kreml aus an die Moskwa, Tausende Gläubige und Soldaten der Zarenarmee folgten ihnen bei klirrender Kälte. Der Patriarch selbst steckte ein schweres mit Brillanten geschmücktes Kreuz ins Wasser, während der Chor der Kathedrale mehrstimmig Gott lobte und dankte. Für die Zeremonie trug der Oberhirte der russischen Kirche eigens dafür gefertigte Handschuhe aus Goldbrokat mit Fell gefüttert; diese Handschuhe für die Wasserweihe sind heute im Kreml-Museum ausgestellt.

Nach der Weihe des Flusses schlugen und bohrten die Gläubigen große Löcher in das dicke Eis und badeten im eiskalten Wasser. Tausende — Männer, Frauen und Kinder — stiegen durch die Löcher in den Fluß, weil keiner auf die Heilskraft des Wassers — noch vom Patriarchen mit dem wunderwirkenden Kreuz geweiht — verzichten wollte; während des Jordan-Festes badete buchstäblich ganz Rußland im kalten Wasser.

Viele Menschen stürzten sich nicht nur ins Wasser des jeweiligen ›Jordan‹, weil sie dann das ganze Jahr über an Leib und Seele gesund blieben, sie nahmen auch noch kübelweise das Wasser für diejenigen mit nach Hause, die wegen Krankheit oder hohen Alters im Fluß nicht baden konnten. Dem geweihten Wasser wurden die wundersamsten Dinge zugetraut. Wenn Wasser aus einem Melkeimer, auf dessen Boden ein Ei liegt, durch einen Trauring gegossen wird, hat es gleich mehrfache Wirkung. Derjenige, der sich mit dem Wasser wäscht, bleibt gesund, die Kühe geben mehr Milch, und die Hühner legen fleißiger Eier, glaubten die Bauern; einige glauben es noch heute.

Der christliche Brauch, während der größten Kälte in einem Fluß zu baden, wird von vielen Russen, den Morschy (Walrösser genannt) nach wie vor praktiziert. Fast den ganzen Winter über sind in Rußland auf Flüssen und Seen Menschen zu sehen, die große Löcher ins Eis bohren und dann ins eiskalte Wasser steigen. Das Wasser wurde vorher nicht von einem Priester geweiht, auch an die Taufe Christi im Jordan denken wohl die wenigsten.

Für die heutigen Morschy ist das Eisbaden eine alte russische Tradition, in erster Linie aber Sport, Mutprobe und Abhärtung zugleich. Auch sie verfolgen mit dem Baden im kalten Wasser ein Ziel: den Körper abzuhärten. An die Reinigung der Seele, an ein sündenfreies Leben durch das Baden im Fluß glauben die heutigen Eisbader, im Gegensatz zu ihren Vorfahren, wohl kaum.

Wasser und besonders die Erde spielten und spielen im russischen Leben, überliefert aus dem Heidentum, eine große Rolle. Die Erde, der Boden, wird wie eine wahre Mutter des Menschen gesehen, die ihn zur Welt bringt, sich im Leben um ihn kümmert, für ihn sorgt und ihn nach dem Tod wieder in ihren Schoß aufnimmt. »Erde, Erde, feuchte! Allen Menschen bist du Vater und Mutter«, heißt es in einem geistlichen Gedicht; die Erde nennen die Russen ›Heilige Mutter‹ oder einfach ›die Heilige‹. Zwischen der Erde und dem Menschen besteht eine unzertrennliche Bindung wie bei der Mutter und ihrem Kind. Und wenn die Erde eine göttliche Herkunft hat, dann hat auch der Mensch eine göttliche Natur, nur ist er nicht der Herr der Erde, sondern ihr Kind. Über seine Mutter, die Erde, trägt er das göttliche Zeichen in sich, deuteten die Russen die Beziehung von Erde und Mensch. Die Erde ist wie eine besorgte Mutter. Sie liebt ihre Kinder, beweint ihre Nöte und betet für sie. Die Erde habe, wird in der russischen Chronik berichtet, während der tatarischen Besetzung Rußlands vor der Gottesmutter und Gott selbst geweint. In der Schlacht zwischen Russen und Tataren auf dem Schnepfenfeld

1380 habe sie wieder ihre ›russischen und tatarischen Kinder‹ beweint, die in diesem Kampf gestorben sind.

Die Erde ist für den Menschen die Quelle des Lebens, sie gibt Kraft, Gesundheit und heilt Krankheiten. Bei Fieber verbeugten sich die Menschen vor der Erde und baten sie für angetanes Leid um Verzeihung. Bei Krankheiten, deren Ursprung nicht festzustellen war, hatten sie neun Tage lang im Morgengrauen und in der Dämmerung die Erde anzuflehen: »Entschuldige, feuchte Mutter Erde, ich habe dir gegenüber gesündigt.«

In der Erde findet der Mensch seine ewige Ruhe. Ihn »ruft die Erde«, oder »er riecht nach Erde«, sagen die Russen, bevor jemand stirbt. Nicht alle aber, die Ungläubigen oder Sünder zum Beispiel, gelangen in den Schoß der Erde. Dem Feind und Gegner wünschten die Russen, daß sie die Erde nicht aufnehmen möge; sie beherberge nur äußerlich und innerlich saubere Menschen. Daher auch der Brauch, die Leiche vor der Übergabe an die Erde zu waschen und ihr saubere Kleidung anzuziehen. Soldaten zogen sich vor dem Kampf saubere Unterwäsche an, damit sie im Fall einer tödlichen Verletzung sauber begraben werden konnten. Die Erde ist die ›Wohnung der Toten‹, die ›Heimat‹, in denen die Vorfahren begraben sind.

Wenn die Erde ›heilig‹ ist, dann kann der Mensch sie auch beleidigen, ihr Schmerzen wie einem lebendigen Wesen zufügen, meinten russische Bauern, die das Christentum angenommen hatten, aber tatsächlich noch Heiden waren. Als die Bauern die Erde pflügten, wird in Rußland erzählt, habe sie vor Schmerzen geschrien und geblutet. Da habe Gott sie und die Erde beruhigt: Weine und blute nicht, du wirst die Menschen ernähren. Bis heute hat der Kult der Erde, der heimatlichen Erde, nirgendwo eine solche Bedeutung wie in Rußland.

Besonders tief und nachhaltig hat das Heiligenbild der Russen, die Ikone, das Brauchtum geprägt. Seit Jahrhunderten begleitet die Ikone den gläubigen Russen durchs Leben. Auch im ersten Arbeiter- und Bauernstaat hat die Ikone für den russischen Christen wenig an Heilskraft eingebüßt. Sie beten vor ihr, zu ihr, knien

Der heilige Georg, Ikone aus dem 16. Jahrhundert, ist einer der populärsten Heiligen in Rußland.

vor ihr nieder, bekreuzigen sich, wenn sie nur in die Nähe einer Ikone kommen, stellen Kerzen vor ihr auf und küssen sie. Gottesdienst ist für die russisch-orthodoxen Christen ohne Ikonen nicht denkbar. Über und durch die Ikone kommen sie Gott, dem himmlischen Vater, näher. Über die Ikone halten sie mit dem Erlöser Zwiesprache.

Iwan Kirejewskij, ein slawophiler Philosoph aus dem 19. Jahrhundert, beschreibt die Begegnung mit der wundertätigen Iwerskaja-Muttergottes-Ikone ». . . ich betrachte das wundersame Bild unserer lieben Frau . . . mehrere Frauen verneigen sich, kniend und sich bekreuzigend, bis auf die Erde. Mit glühendem Vertrauen betrachtete ich die heiligen Züge der Ikone und begann das Geheimnis dieser wundersamen Kraft zu begreifen. Ja, es ist nicht einfach ein Brett mit einem Bild darauf . . . es ist ein Berührungspunkt zwischen dem Schöpfer und dem Menschen. Und wie ich an all das dachte, habe ich noch einmal auf die Alten und die Frauen mit ihren Kindern geblickt, die sich demütig vor der heiligen Ikone auf die Erde niedergeworfen hatten. Und da habe ich gesehen, wie die Züge der Muttergottes sich belebten . . . Da habe ich mich niedergekniet und demütig vor ihr gebetet.«

Der Erzpriester Ioann Sergijew von Kronstadt, ein sozial engagierter und prominenter Geistlicher im auslaufenden 19. Jahrhundert, gab seinen Gläubigen Formulierungshilfe für den Fall, wenn sie von Fremden nach dem religiösen Sinn von Ikonen gefragt würden: ». . . von ihnen haben wir einen viel größeren Gewinn als von allem, was wir auch von der besten und wohltätigsten Person erhalten könnten . . . von ihnen kommt allzeit eine segnende Kraft und Hilfe für unsere Seelen, welche uns von der Sünde, vom Schmerz und der Krankheit rettet . . .«

Der orthodoxe Glaube ist ein praktischer Glaube. Der russische Christ soll zuerst erleben, um sich dadurch mehr in das abstrakt-theologische Mysterium der Glaubenswelt hineinfühlen zu können. Die Ikone, sichtbar, fühlbar, somit erfahrbar für Kopf und Seele, ist eine Brücke, auf der sich die Christen von einem Ufer, dem der Gläubigen, zum anderen, dem Gottes, bewegen können. Selbst kritische Geister, aufgeklärte Intellektuelle in Rußland, die mehr mit dem Kopf begreifen wollen als ›nur‹ mit dem Herzen zu empfinden, erlagen und erliegen noch der mystischen Wirkung von Ikonen.

Der Schriftsteller Gleb Uspenskij legte seine Ikonenbewunderung einem Bauern in den Mund und ließ ihn über die Gottesmutter von Tichwin, die in einer Prozession durch die Gegend getragen wurde, staunend sprechen: »Man hat unsere Allerheiligste Mutter aus der Kirche genommen, die Archimandriten grüßten sie tief und nahmen am Tor des Klosters voneinander Abschied, und das Volk übernahm es, die Ikone zu tragen ... Man trug sie sehr hoch, unsere Allerheiligste, über die Menge, und sie flammte in der Sonne wie ein Feuer ... Eine riesige Menge geht und singt ... Wer hat all diesen Leuten zu essen und trinken gegeben? Sie, die Königin der Barmherzigkeit.«

Ausländer, die Rußland besuchten, waren von der tiefen Frömmigkeit, der Heiligenverehrung und dem Ikonenkult überrascht und hatten Vergleichbares nirgendwo gesehen und erlebt. Der Erzdiakon Paul von Aleppa aus Kleinasien, der im 17. Jahrhundert in Rußland weilte, notierte erstaunt: ». . . die Russen stehen von Anfang an und bis zum Ende des Gottesdienstes unbeweglich wie Steine, verbeugen sich unaufhörlich bis zur Erde und singen alle zusammen wie aus einem Munde Gebete; und was einen am meisten stutzig macht, daß auch Kleinkinder daran teilnehmen ... Ein jeder hat zu Hause eine unzählige Menge Ikonen, mit Gold, Silber und Edelsteinen verziert, und das nicht nur im Inneren der Häuser, sondern auch bis unter allen Türen, selbst hinter den Haustoren; das kommt nicht nur bei Bojaren allein, sondern auch bei den Bauern in Dörfern vor, denn ihre Liebe zu Heiligenbildern und ihr Glaube sind sehr groß. Sie lassen vor jedem Heiligenbild eine Kerze morgens und abends brennen; vornehme Leute lassen nicht nur Kerzen, sondern auch spezielle Lämpchen brennen. Sie alle haben an den Türen der Häuser und Läden sowie auf den Straßen Heiligenbilder, und jeder, der ein- und austritt, wendet sich an sie und bekreuzigt sich ... genauso über den Toren der Städte, Festungen und Burgen gibt es unbedingt eine Ikone der Gottesmutter drinnen und eine Ikone des Herrn draußen, in einem zugemauerten Fenster, und davor brennt ein Lämpchen Tag und Nacht.«

Obwohl die Revolution und die daraus entstandene Arbeiter- und Bauernmacht im Leben des russischen Menschen, vor allem des russischen Christen, vieles verändert hat, ist dennoch viel — mehr als im Westen vermutet — von den alten Traditionen erhalten geblieben. An kirchlichen Feiertagen finden nach wie vor an allen Ecken und Enden der Sowjetunion Prozessionen statt. Meterhohe Ikonen, goldene, silberne mit Edelsteinen besetzte Kreuze, auch einfache aus Holz, werden um die Kirchen getragen; Kirch- und Klosterplätze schmücken tonnenweise Blumen, mit denen kunstvoll Bilder von Heiligen geformt werden. Während der Prozession wird gesungen und inbrünstig gebetet. Der Ikone danken die Russen, daß sie gesund sind, zu essen haben oder die Söhne wohlauf aus der Armee zurückgekehrt sind. Durch die Ikone erflehen sie für Bekannte und Verwandte göttliche Güte, aber auch eine gute Ernte oder Wohlergehen für die Kinder.

Die gläubigen Russen sehen in der Ikone wie eh und je das Heiligenbild, mit dem ihr Leben unzertrennlich von der Geburt bis zum Tod verbunden ist. Gewisse Riten mit Ikonen können heute allerdings nicht mehr vollzogen werden, weil neue Ikonen nicht mehr in Mengen gemalt und verkauft werden. Die Gläubigen kennen die Bräuche, aber praktizieren einige nur noch selten. Zum Beispiel: die Ikonen zur Geburt, zur Hochzeit und zum Tod. Am achten Tage nach der Geburt wurde der Säugling getauft und bekam einen christlichen Namen, den die Eltern gemeinsam mit dem Priester aussuchten. An diesem Tag wurde bei einem Ikonenmaler ein heiliges Bild in Auftrag gegeben, das genau nach den Maßen des kleinen Kindes (Länge und Breite) angefertigt wurde. Das geschnittene Brett wurde von einem Priester geweiht und dann darauf der Heilige oder die Heilige gemalt, der oder die am Tag der Taufe im Kalender verzeichnet war. Diese Ikonen nennen die Russen (von messen) ›Maßbilder‹, die den Gläubigen ein Leben lang begleiteten. Nach dem Tod wurden einige dieser Ikonen, wenn sie besondere Wunder an ihren Schützlingen bewirkt hatten, in die örtliche Kirche gebracht, damit auch andere Gläubige zu ihnen beten und Barmherzigkeit erwarten konnten.

Mit der ›Maß-Ikone‹ und der ›stillen‹ oder ›schönen‹ Gebetsecke, in der meistens auch eine Christus- und Gottesmutter-Ikone, unbedingt aber eine Familien-Ikone, auf der alle Namensheiligen

Mandylion, Rubljow-Schule, Anf. 15. Jhdt., Privatbesitz.

abgebildet waren, wuchs das Kind auf. Die Hochzeit der Kinder wurde wiederum mit einer Ikone gesegnet. Das Brautpaar kniete vor den Eltern nieder, die ihnen das Heiligenbild zum Zeichen der Treue, eines gemeinsamen gesunden und sündenfreien Lebens an den Mund zum Küssen führten; die jungen Ehepartner bekamen die Ikone geschenkt und ehrten sie ihr Leben lang unter anderem auch damit, daß sie an jedem kirchlichen Festtag vor ihr Trauungskerzen anzündeten. Auf Reisen gingen Russen ebenfalls mit einer Ikone, einer Reise-Ikone.

Auf dem Totenbett wurde dem Sterbenden eine brennende Kerze und eine Ikone in die Hände gegeben, das Kreuz auf der Brust trug er immer. Während des Totenamtes in der Kirche sollten ihm Gebete, der Segen des Priesters und eine Gedächtnis-Ikone helfen, seine Seele in den Himmel auffahren zu lassen. Dem Sarg, auf dem Weg von der Kirche zum Friedhof, wurde eine Ikone vorangetragen.

Die Ikonen, die mit der Geburt, der Trauung oder dem Tod in Familien verbunden waren, deren Holz von Würmern zerfressen, verfault oder deren Malschicht abgeblättert war und die nicht mehr repariert werden konnten – also für ›tot‹ erklärt werden mußten –, wurden auf dem Dachboden über der ›stillen Ecke‹ mit Gebeten ›beerdigt‹. Auch die Ikonen gingen symbolisch den Weg der menschlichen Seele – von der Erde zu Gott.

Das russische Familienhaus selbst war eng in diesen religiösen Ritus von der Geburt des Menschen bis zu seinem Tod einbezogen; jede Etage, jedes Zimmer, jeder Winkel hatte einen vorgezeichneten Sinn. Im Erdgeschoß wurde gebetet, gelebt und gegessen. Im ersten Stock wurden Kinder gezeugt und geboren, die älteren Menschen starben dort; der Anfang des irdischen Lebens und der Beginn des ewigen Lebens waren symbolisch in einem Zimmer vereint.

Die Zeugung von Kindern, als Fleischwerdung der göttlichen Seele verstanden, durfte nur mit dem Segen des Priesters, nach dem Fasten und der heiligen Kommunion, vollzogen werden. Ältere Männer vor allem, die den Tod nahen sahen, stellten in das obere Geschoß einen Sarg, in dem sie in den letzten Wochen oder Tagen schliefen und dann auch starben – mit der Ikone in der Hand.

In strenggläubigen Familien, in Rußland keine Seltenheit, ist es heute noch üblich, daß beim Betreten oder Verlassen der Wohnung, zuerst und zuletzt, die Ikonen begrüßt und verabschiedet werden. Auch Gäste gehen oft, wenn sie die Wohnung frommer Freunde betreten, zur Begrüßung nicht gleich auf die Gastgeber zu, sondern begeben sich erst in die Ikonenecke. Dort bekreuzigen sie sich dreimal und beten »Herr, erbarme dich meiner«. Dann wird der Hausherr mit den Worten »Gott gebe dir Gesundheit«, einer Umarmung und Küssen auf die Wangen begrüßt.

Damit die Gebetsecke mit den heiligen Bildern nicht ›geschändet‹ werden kann, haben manche Familien sogar Vorhänge angebracht, die bei Streit, unflätigen Reden, groben Wortwechseln, sündhaften Äußerungen zugezogen werden können. Ikonen im Schlafzimmer wurden und werden zum Teil auch heute noch verdeckt, wenn die Ehepartner Geschlechtsverkehr haben. Die Ikone, und damit der abgebildete Heilige, solle die unkeusche Tat nicht sehen, ist der naive Vorwand.

Auf die Frage eines Gläubigen an den Erzbischof von Nowgorod, ob man in einem Raum mit seiner Frau schlafen dürfe, in dem Heiligenbilder hingen, habe er geantwortet: »Nimmst du nicht das Kreuz von deinem Halse, wenn du zu deiner Frau gehst? Ebenso darfst du in deiner Wohnung nur bei deiner Frau schlafen, wenn die Ikonen verschlossen oder verhängt sind.«

Mit dem tiefen Glauben an die Ikone ist auch der Aberglaube entstanden, der allerdings im Lauf der Zeit und durch die politischen Veränderungen in Rußland wieder zurückgedrängt worden, aber immer noch vorhanden ist. Durch Bräuche und Sitten in einzelnen Familien, Dörfern oder Städten wurden aus einfachen Ikonen oft wundersame Heiligenbilder. Manche orthodoxe Christen hatten Bedenken, fürchteten womöglich die Strafe Gottes, eine kaputte oder vom Holzwurm zerfressene Ikone, die nicht mehr restauriert werden konnte, einfach auf einen ›unwürdigen Ort‹ zu werfen.

Für manche war nur ein sauberer Fluß mit klarem Wasser ein Ausweg, ihm das heilige Bild anzuvertrauen. Sie warfen die Ikone mit beschwörenden Worten des Bedauerns, ein Abschiedsgebet sprechend, in die Fluten. Gläubige, die dann irgendwo die Ikone schwimmend entdeckten, aus dem Wasser fischten, glaubten an ein Zeichen Gottes, an eine Offenbarung. Das ›Wunder‹ von der schwimmenden und plötzlich aufgetauchten Ikone wurde überall erzählt. Sogleich pilgerten Gläubige zu dem Platz am Ufer, an dem die Ikone gefunden worden war. Oft sammelten sie gemeinsam mit ihrem Geistlichen Geld für den Bau einer Kirche oder Kapelle, die zu Ehren der wundersamen Ikone den Namen des abgebildeten Heiligen erhielt — ein neuer Wallfahrtsort war geboren.

Andere Gläubige wiederum wollten die alt und gebrechlich gewordenen Ikonen in ihrer Nähe bestatten, um sie wie ihre Angehörigen immer wieder besuchen zu können. Häufig fand die Ikone in der Tschasownaja, einer kleinen Kapelle, am Feldweg unweit einer Ortschaft gelegen, die letzte Ruhe.

Während die Ikone in der Familie lebte, wurde sie oft wie ein Mensch behandelt. Sie wurde gewaschen, wenn sie schmutzig schien; sie wurde beschimpft und auch geschlagen, wenn der von der Ikone erflehte Wunsch nicht in Erfüllung ging. Und Wünsche an das Heiligenbild hatten die Russen immer. Nichts ging ohne die Ikone. Wenn ein Haus brannte, wurde nicht gleich mit Wasser gelöscht, sondern erst die Ikone ums Haus getragen. Gesät wurde mit der Ikone auf dem Rücken, damit das Getreide besser wuchs. Derjenige Bauer, der trotz Ikone eine schlechte Ernte hatte, lieh sich für die nächste Saat die Ikone von seinem erfolgreichen Nachbarn aus. Bäcker hatten Ikonen in der Backstube, damit das Brot und die Brötchen nicht verbrannten.

Der unerschütterliche Glaube — vor allem russischer Dorfbewohner — an die Hilfe, Fürsprache und Heilskraft der Ikone brachte geschäftstüchtige Priester auf den Gedanken, aus Ikonen Wundertätige zu machen und damit Geld zu kassieren. Am besten eignete sich dafür die in ganz Rußland hochverehrte Ikone der Gottesmutter. Sie weinte, alle waren gerührt.

Die Tränen aus dem Auge der Gottesmutter liefen, weil Betrüger in die obere Augenecke ein Loch gebohrt hatten, das auf der Rückseite trichterförmig verbreitet worden war. In den Trichter klemmten sie einen mit Salzwasser getränkten Schwamm. Beim Berühren oder Küssen der Gottesmutter-Ikone kamen durch den Druck Tränen aus dem Auge. Sie waren etwas salzig und vermittelten somit den Eindruck von echten Tränen.

Wenn die Gottesmutter in der Kirche schon weinte, erklärten die Priester den Gläubigen, dann müßte wohl auf dem Dorf, der Stadt, den Gläubigen ein Fluch lasten, der nur durch ein sündhaftes Leben zu erklären sei. Davon befreien könnten sie sich nur, wenn sie zur Gottesmutter beteten, sie küssend um Gnade bäten, vor allem aber Opferbereitschaft zeigten und spendeten. Das trickreiche und geldträchtige ›Wunder‹ verbreitete sich schnell im alten Rußland.

Ikonen unter Gläubigen gegen Geld zu kaufen, wurde als teuflisches Geschäft von der Kirche angeprangert. Mit einem Trick meinten viele, die Klippen der Sünde umschiffen zu können. Die Lüge in die eigene Tasche hieß dann Tausch, nicht Verkauf, und die Seele blieb sauber. Auf die eine Seite des Tisches wurde die Ikone, auf die gegenüberliegende das Geld gelegt. Dann wechselten Käufer und Verkäufer die Plätze und steckten Geld und Ikone ein.

Mittlerweile ist für aufgeklärte Russen, etwa so wie für Menschen im Westen, die Ikonen sammeln, das Kultbild zum Kunstobjekt geworden: Je älter, desto begehrter und wertvoller. Als Bilder, in denen mehr oder ausschließlich die Kunst und nicht die Verbindung zu Gott gesehen wird, hängen sie an den Wänden von kunstsinnigen Atheisten, von leidenschaftlichen Sammlern, die zum Glauben eine geringe oder gar keine Beziehung haben.

In staatlichen Museen von Moskau, Kiew, Leningrad, Nowgorod oder Pskow sind die Ikonen auf bevorzugte Plätze gerückt, die von Millionen Russen, Ukrainern, Letten, Kasachen oder Usbeken jährlich bewundert werden. Sie werden dort ebenfalls als Bild (nicht als heiliges Bild), als Kunstwerk, als Zeugnis einer vergangenen nationalen Kultur ausgestellt.

Die ersten russischen Maler waren Ikonenmaler; die nationale Kunst war bis zu Peter dem Großen zu Anfang des 18. Jahrhun-

Ikone »Apostelkommunion«, 16. Jahrhundert. Christus reicht seinen Jüngern Wein und Brot.

derts gleichzeitig eine religiöse Kunst. Obwohl gläubige und nichtgläubige Russen die Ikone aus verschiedenen Gründen lieben und verehren, gibt es doch für sie eine Gemeinsamkeit: sie sind stolz auf ihre Ikonen.

Während der Revolution, danach, in den zwanziger, dreißiger Jahren, bis etwa Ende der fünfziger, haben sich nur ausgesprochene Kenner, Liebhaber und Kunstfanatiker für die vergangene nationale Kunst eingesetzt und interessiert. Viele hatten einfach Angst, weil es politisch gefährlich war, sich offen und sichtbar zu der Ikonenmalerei, der ›reaktionären Vergangenheit‹ — dazu noch religiös —, zu bekennen. Die Karrieristen und Opportunisten redeten dem vom Staat propagierten, ideologisch verankerten ›sozialistischen Realismus‹ das Wort. Ikonen sammelten aus politischen Gründen nur wenige.

Mit dem Wandel der Sowjetunion hat sich auach die Einstellung zu der alten Ikonenkunst geändert. Mittlerweile sind gute Ikonen selten zu haben und teuer. Denn immer mehr Sowjetbürger, die hohe Rubeleinkommen haben, das Auto, die Extras im Haushalt und auch die Datscha (Wochenendhaus) schon besitzen, sammeln und werden zu Kollektionären.

Nur wenige Russen hatten die ästhetische Liebe zur Ikone und den Mut, wie der Maler Ilja Sergejewitsch Glasunow aus Moskau, schon früh Ikonen zu sammeln. Ilja Glasunow, streitbarer und umstrittener Künstler, besitzt privat eine der besten und umfangreichsten Ikonen-Sammlungen in Rußland. Für die (heute) wertvollen Stücke hat er oft nicht einmal einen Rubel bezahlt. Als Kunststudent am berühmten Repin-Institut in Leningrad reiste er Mitte der fünfziger Jahre in die Heimat des russischen Malers Surikow nach Sibirien, um russische Charakterköpfe für seine Zeichnungen und Bilder zu finden. In Krasnojarsk, am Fluß Jenissej gelegen, aber auch in anderen kleinen sibirischen Städten und Dörfern, fertigte er zahlreiche Skizzen und Notizen an: über russische Menschen, russische Landschaft und russische Kunst.

Bei diesen Exkursionen entdeckte er eine andere Leidenschaft: Glasunow und seine damalige Freundin Nina, seine später verstorbene Ehefrau, begannen, altes russisches Kulturgut zu sammeln. Und die älteste Kunst in der russischen Malerei ist die Ikone.

In dem sibirischen Dorf Minuschinsk, am Jenissej, gingen Ilja und Nina in eine ›arbeitende‹ Kirche, in ein Gotteshaus also, in dem noch Gottesdienste abgehalten wurden und kamen mit dem Priester ins Gespräch. Der Dorfpfarrer war von den beiden jungen

Leuten aus der Großstadt angetan. Zu seiner Überraschung stellte er fest, daß sich Kinder der Revolution, die im Geiste des wissenschaftlichen Materialismus und sozialistischen Realismus erzogen worden waren, für das alte Rußland und vor allem für Ikonen interessierten. Mit Geduld und Liebe erklärte er den beiden Kunststudenten die Holzkirche, die Motive auf den Ikonen, die Maltechniken und das Alter der Werke.

Ilja, der schon am Leningrader Institut alte Ikonen kopiert hatte, malte dem Dorfgeistlichen für seine Kirche eine neue Ikone, den wundertätigen Nikolaj. Dafür schenkte ihm der Pfarrer drei alte Ikonen, die nicht als Kirchenschmuck dienten und auch nicht mehr für den Gottesdienst gebraucht wurden. Über die Jahrhunderte waren sie vom Staub und Kerzengrus schwarz geworden, so daß die Malerei darunter kaum noch zu erkennen war.

Ilja und Nina reisten freudestrahlend mit den Ikonen nach Hause. Dort gingen sie zu einem Restaurator, einem alten Herrn, der in der Zeit vor der Revolution für den reichen Kaufmann und Kunstsammler Tretjakow, den Begründer und Namensgeber der berühmten Tretjakow-Galerie in Moskau, gearbeitet hatte. Er war immer noch — jetzt für staatliche Auftraggeber — als Restaurator in der Leningrader Eremitage tätig. Der Ikonenexperte stellte fest, daß der Dorfpfarrer aus Sibirien nicht irgendwelche Ikonen verschenkt hatte, sondern wertvolle, darunter sogar eine sehr alte. Die Ikone »Johannes der Täufer« stammte aus dem 16. Jahrhundert und wurde in Moskau gemalt. Bei Ilja und Nina war der Grundstock für eine Ikonenkollektion gelegt: die Sammelleidenschaft hatte sie gepackt. Von nun an suchten die jungen Studenten gezielt nach Ikonen. Da sie noch in Leningrad wohnten, kein Auto und nur wenig Geld hatten, bereisten sie den nahen Norden Rußlands mit dem Zug; sie fuhren auch per Anhalter oder gingen zu Fuß. Auf der Insel Kischi, im Onegasee, lagen in ehemals schönen Holzkirchen Ikonen im wahrsten Sinne des Wortes einfach herum. Um die meisten Kirchen kümmerte sich Mitte der fünfziger Jahre niemand. Sie waren herrenlos, wurden nicht bewacht und dienten nicht mehr als Gotteshäuser. Meistens waren die Fenster kaputt, die Türen eingeschlagen, und durch die Dächer regnete es hinein. An den Wänden hingen beschädigte Ikonen. Niemand interessierte sich für sie. »Wir haben Ikonen gesammelt und viele vor dem Verfall gerettet«, sagt Glasunow.

Ilja und Nina zogen von Dorf zu Dorf, von Kleinstadt zu Kleinstadt. Viele Kirchen, das wußten sie mittlerweile, waren von Kolchosen zu Lagerhallen für Gemüse, Kartoffeln oder Getreide umfunktioniert worden. Die Ikonen, auf Holz gemalt, dienten dabei als billige Lagerbretter. Die größte, älteste, schönste und damit auch wertvollste Ikone, die die Glasunows besitzen, wurde als Trennwand zwischen Kartoffeln und Getreide benutzt. Die Ikone »Nikolaj, der Wundertäter« (1,20 x 1,50 Meter groß), zu Anfang des 16. Jahrhunderts gemalt, sollte ursprünglich weggeworfen werden, weil das Lager der Kolchose aufgelöst werden sollte. Die beiden Leningrader kamen zufällig vorbei und konnten das ›wertlose Brett‹ kostenlos mitnehmen.

Eine andere Ikone, ein heiliger Georg, ebenfalls aus dem 16. Jahrhundert, diente als Deckel auf einem Gurkenfaß. Dieses Brett bekamen sie unter der Bedingung, daß sie einen Ersatzdeckel für das Gurkenfaß besorgten. In anderen Kirchen hatten Arbeiter kaputte Fenster mit Ikonen aus dem 16. oder 17. Jahrhundert zugenagelt. Eine Ikone, die als Fensterverschlag diente und an der noch heute die Löcher von den Nägeln zu sehen sind, hängt bei Glasunow in Moskau im Atelier.

Später, als die Kulturfunktionäre anfingen, Kirchen zu restaurieren und sie unter Denkmalschutz zu stellen, suchten Ilja und Nina auch Bauern im Norden Rußlands auf, um bei ihnen nach Ikonen zu fragen. Für diese Jahrhunderte alten Ikonen aus Privatbesitz haben sie, wenn überhaupt, fünf oder höchstens zehn Rubel (30 Mark) bezahlt.

Ihre Ikonensammlung haben die Glasunows im Laufe der Zeit mit Samowaren, Metallkreuzen, Stickereien und bemalten Küchenbrettern ergänzt. Für die teuerste Ikone, die sie später erworben haben, weil kaum jemand heute noch eine wertvolle Ikone verschenkt oder zu einem Spottpreis hergibt, haben die Glasunows lediglich 1 000 Rubel (3 000 DM) vor etwa zwanzig Jahren bezahlt. Die gesamte Kollektion der Glasunows ist heute – nach westlichen Maßstäben – mehrere Millionen Mark wert, nach russischen einige hunderttausend Rubel.

Für buchstäblich ein paar Rubelchen hat ein anderer russischer Kollektionär eine wertvolle Ikonen-Kollektion zusammengetragen. Ich besuche ihn zu Hause. Ein kleiner, untersetzter Mann öffnet mir die Tür und bittet mich freundlich in die Wohnung. Er hat schon russischen Tee gekocht und Gebäck auf den Tisch gestellt. Ich solle nicht zuviel davon essen, denn gleich gäbe es noch etwas typisch Russisches: Schtschi, eine Kohlsuppe. Während ich meine Suppe esse, schaue ich mich in dem kleinen Zimmer um, in dem wir sitzen. Überall hängen große Ikonen, eine schöner und älter als die andere.

Nikolaj Worobjow, Mitte sechzig und von Beruf wie Glasunow Maler, sammelt seit drei Jahrzehnten Ikonen. Er will allerdings nicht einfach nur Sammler sein. Für ihn ist die Ikone nicht nur ein Kunstwerk, das ihm gefällt, und eine günstige Kapitalanlage, sondern er sieht in ihr, wie eben alle russisch-orthodoxen Christen, auch einen Kultgegenstand. Worobjow: »Für gläubige Russen ist die Ikone das Fenster zur Ewigkeit, die Mittlerin zwischen dem Irdischen und dem Himmlischen.«

Deshalb spricht der Sammler und gläubige Maler auch nur ungern über Geld, wenn die Rede auf seine Kollektion kommt. »Ganz ohne Geld geht es freilich nicht«, erzählt er fast beschämt. Die Tatsache, daß an seinen Wänden Dutzende von teuren Ikonen hängen, spielt er herunter und übergeht auch die Frage nach den Preisen. Das sei ganz unwichtig, meint er. »Für mich ist die Ikonenmalerei die höchste Kunst überhaupt.«

Wie und woher er die Ikonen bekommen hat, davon erzählt der Sammler Worobjow leidenschaftlich gern. An jedes Detail erinnert er sich. Mit seinem damals noch kleinen Sohn ist er oft tagelang unterwegs gewesen. Mit dem Zug sind sie gefahren, schwere Rucksäcke haben sie kilometerweit geschleppt.

Die Dörfer, die sie besuchten, liegen Hunderte von Kilometern von Moskau entfernt. Einige von ihnen sind nur mit dem Schiff zu erreichen; sie sind so klein und so weit von jeglicher Zivilisation entfernt, daß selbst die Eisenbahn einen großen Bogen um sie macht. Dort haben Vater und Sohn Ikonen gesucht, russische Landschaften und Dorfbewohner gemalt. »In diesen russischen Dörfern ist der liebe Gott nach wie vor zu Hause und die Ikone kein Kunstwerk, sondern ein heiliges Bild. Dort hatte ich Erlebnisse, die ich nie vergessen werde«, erinnert sich Worobjow.

In Nischnje Tojma, einem kleinen Ort am Fluß Dwina im Bezirk Archangelsk, wollte er malen und nach Ikonen Ausschau halten. Für jede Ikone, die er bei Dörflern fand, war er selbstverständlich auch bereit zu zahlen. Schon nach kurzer Zeit bot sich Nikolaj Worobjow — wie aus dem Bilderbuch — das gesuchte Sujet. Gleichzeitig hegte er die stille Hoffnung, auch eine Ikone zu bekommen.

Vor einem Holzhaus saß ein alter, rothaariger Mann, der sein zerfurchtes Gesicht und seine schwieligen abgearbeiteten Hände in die Sonne hielt. Vor seinen nackten Füßen spazierte ein rotgefiederter Hahn stolz auf und ab. Worobjow malte den Mann und den Hahn. Als er fertig war, rief ihn der alte Bauer zu sich. »Komm her und zeig mir deine Zeichnung«, sagte er lässig. Besonders der Hahn gefiel ihm. Dann erhob er sich von der Bank und bat Worobjow in sein Holzhaus. Der Hahn ging wie ein Hund hinter dem Hausherrn her. »Du sammelst alte Sachen?« fragte er seinen Gast ganz unverblümt. Worobjow nickte zustimmend und erklärte dem Bauern, daß er Maler sei und alte russische Sachen liebe, sie sammle und in Ordnung bringe. »Und du kaufst Ikonen?« war seine zweite überraschende Frage. Bevor Worobjow antworten konnte, setzte der Alte nach: »Das ist nicht gut. Ikonen darfst du nicht kaufen. Das ist Sünde.« Sprach's und verschwand hinter der Tür.

Nach einer Weile kam er wieder zurück und hatte eine angedunkelte große Ikone aus dem 17. Jahrhundert in der Hand. »Hier nimm. Wer weiß, was mit ihr passiert, wenn ich sterbe. Du bringst sie in Ordnung. Werde glücklich mit ihr.« Er machte eine Pause, als wollte er für einen entscheidenden Satz Luft holen. »Gib mir bitte kein Geld dafür. Biete nur ja keins an«, beschwor er den Maler. Nur die Zeichnung wollte er haben.

Viele Ikonen, die genaue Zahl weiß er nicht mehr, hat Worobjow in den Dörfern geschenkt bekommen oder für ein paar Rubel erstanden – darunter welche aus dem 15. Jahrhundert. Diese Ikonen haben mittlerweile auch in der Sowjetunion einen hohen (inoffiziellen) Marktwert. Sie kosten 40 000 Mark und mehr; im Westen sind solche Ikonen nicht unter 70 000 Mark zu haben. Ikonen können in der UdSSR nur von Privat gekauft oder getauscht werden.

Verkaufsgalerien und Antiquitätengeschäfte für Ikonen gibt es in der Sowjetunion nicht mehr. Die Ikone, die bis zu Peter dem Großen die einzige Bildkunst in Rußland war, ist in der Zwischenzeit von Funktionären des Arbeiter- und Bauernstaates zum nationalen Kulturgut erklärt worden. Alte und wertvolle Ikonen werden bei Sammlern von Beamten registriert. Ein Verkauf oder Tausch muß dann wiederum gemeldet – ein Verkauf ins Ausland soll damit unterbunden werden.

Über Verkaufspreise spricht kaum jemand, weder der Käufer noch der Verkäufer. Denn niemand möchte von Finanzbeamten gefragt werden, woher er das ›viele‹ Geld habe, da Ikonen im Preis mittlerweile sehr gestiegen sind.

Auch offizielle Verkaufsausstellungen oder Kunstmessen mit Katalogen und Preisen gibt es in der Sowjetunion nicht. Nur ab und zu können private Sammler ihre Kollektionen in staatlichen Galerien interessierten Besuchern zeigen.

Wo es keinen offiziellen Markt gibt, werden auch keine Vermögenssteuern abgeführt oder Diebstahl-Versicherungen abgeschlossen. Der Sammler bewahrt seine Kollektion unversichert zu Hause auf. Wenn er in Urlaub fährt, bittet er vielleicht die Nachbarn, auf die wertvollen Stücke aufzupassen.

Nikolaj Worobjow zum Beispiel, dessen Sohn schon als Kind mit Ikonen vertraut gemacht worden ist und ebenfalls etwas billigere Ikonen ab dem 17. Jahrhundert sammelt, hat an seiner Wohnungstür in einem Moskauer Hochhauas nicht einmal ein zusätzliches Schloß angebracht. »Das ist Schicksal. Wenn sie geklaut werden, sind sie halt weg. Ikonen sind auch irdischer Natur, und daran sollte man sich nicht zu fest klammern.« Lächelnd fügt er hinzu: »Vermögenssteuer, Banksafes und Versicherungen sind Fremdwörter für uns.«

GOLDENE KREUZE + ROTE STERNE

RUSSISCHE KIRCHEN – ZEUGEN EINER BLUTIGEN GESCHICHTE

»Das Gotteshaus ist ein majestätisches und zutiefst ideenreiches Sinnbild der Kirche Jesu Christi, die sich über alle Länder der Welt verbreitet hat . . .«, sagt der russische Kirchengelehrte Troizkij. Der heilige Johannes von Chrysostomos lehrt, daß alle Völker vier Mauern seien, aus denen Christus einen Tempel geschaffen habe. Die Lage der Mauern in vier Himmelsrichtungen versinnbildlichen die Universalität.

Entlang der Ost-West-Achse ist die russische Kirche in drei Hauptteile gegliedert: Altar, Tempel und Vorhalle. Der Altar bilde den Himmel und das, was darüber sei, der Tempel und die Vorhalle bedeuteten die Erde, definiert die russische Kirche. Den Altar und den Altarraum dürfen nur Geistliche betreten. Der Tempel (das Kirchenschiff) ist für jene Christen gedacht, die kommunizieren, die anderen sollen in der Vorhalle den Gottesdienst verfolgen.

Die Pfeiler, auf denen die Kirche steht, sind Sinnbilder der Apostel, Märtyrer und Heiligen; Stützen der Wahrheit also, auf die das Christentum gebaut worden ist. Nicht selten wurden Reliquien von Heiligen in die Fundamente der Pfeiler gelegt. Priester, Erzpriester oder Fürsten, die sich um die Kirche Verdienste erworben hatten, wurden häufig unter den Kirchenmauern bestattet.

Der obere Teil der Kirche ist symbolisch das Haupt des Herrn, das von Christus gehalten wird, den Hals tragen die Apostel, die Brust die Evangelisten. Das Gotteshaus selbst ist das Symbol der Erde. Der Weg des Priesters vom Altar durch die Zarentür der Ikonostase in die Mitte der Kirche, um das Evangelium zu verlesen, versinnbildlicht die Ankunft des Erlösers.

Die Vorhalle in der Kirche, durch die die Gläubigen gehen, ist der Weg zu Gott, auf dem seine Seele schon gereinigt werden soll. Daher wurden oft links und rechts vom Eingang die Erzengel Michael und Gabriel, als Verkünder von Gottes Willen und als Krieger, die die Kräfte der Finsternis abwehren, aufgestellt. Der Altar, der Opferaltar, an dem die Eucharistie vollzogen wird, das Diakonikon, in dem die sakralen Bücher und Meßgewänder aufbewahrt werden, sind vom Kirchenschiff durch die Ikonostase getrennt. Sie hat in der russisch-orthodoxen Kirche einen besonderen Platz.

Die Ikonostase ist meistens prunkvoll und für jedermann allein schon durch ihre Größe sichtbar. Mehrere Ikonenreihen, unterbrochen durch vergoldete Säulen, ergeben ein Wandgemälde oft von riesigen Ausmaßen, das den Gläubigen und Besucher mit tiefer Bewunderung und Ehrfurcht erfüllt. Sie ist eine Sinfonie in Gold, der Symbolfarbe des Göttlichen. Der Gläubige steht vor ihr und darf nicht hinter sie. Sie ist die Trennwand zwischen den Gläubigen und den Priestern, dem Altarraum für die Geistlichen und dem Kirchenschiff für die Gläubigen.

Die Ikonostase soll außerdem das mystische Geschehen, das sich zwischen dem irdischen und himmlischen Dasein abwickelt, sichtbar machen, das sich hinter ihr unsichtbar vollzieht. »Die Ikonostase zeigt uns den Unterschied zwischen dem Sichtbaren und dem Unsichtbaren; sie ist sozusagen der Grenzbalken zwischen den materiellen und den geistlichen Dingen,« sagt die russische Kirche.

Mit ihren vielen Ikonen, die alle ein anderes Thema beschreiben, soll die Ikonostase die Einheit der göttlichen und menschlichen Welt versinnbildlichen.Die gemalte und geweihte Trennwand, ob groß oder klein, ist nach einer festgelegten Ordnung gegliedert, die sich kaum ändert. Die obere Reihe besteht aus Ikonen, auf denen die Vorväter, wie Moses und Abraham aus dem alten Testament, abgebildet sind; in der Mitte dieser Reihe ist meistens eine Dreifaltigkeits-Ikone mit der ›Vaterschaft‹ ersetzt. In der Reihe darunter wird die Gottesmutter abgebildet, umgeben von

Die Mariae-Entschlafens-Kathedrale (Uspenskij-Sabor) in der altrussischen Stadt Wladimir hat fünf mächtige vergoldete Kuppeln
und wurde im 12. Jahrhundert erbaut.

oben: Vor allem an Seen und Flüssen wurden in Nordrußland ganze Kirchen-Ensembles gebaut.

rechts: Nicht weit von Susdal, zwischen grünen Wiesen am Fluß Nerl, hat Fürst Bogolubski 1165 die weiße Mariae-Schutz-Kirche bauen lassen. Sie wird poetisch das »Gedicht aus Stein« genannt.

links: Holzkirche mit Zwiebeltürmen auf der nordrussischen
Insel Kischi im Onegasee.

unten: Die mächtigen, bizarren
Holzkirchen, die ohne einen
Nagel gebaut wurden, entstan-
den vor allem im Norden
Rußlands.

rechts: Die Sophien-Kathedrale in Kiew wurde 1037 erbaut
und der berühmten Hagia
Sophia in Konstantinopel nach-
empfunden. Aus edlen Mosaiksteinen wurden Christus der
Weltenrichter und die Gottesmutter Oranta künstlerisch
gestaltet.

Am Geburts- und Todestag des Klostergründers Sergij von Radonesch kommen über hunderttausend Gläubige aus allen Teilen der Sowjetunion nach Sagorsk.

Von den 130 Millionen
Russen, rund die Hälfte der
sowjetischen Bevölkerung,
sind etwa 40 bis 50 Millionen
gläubig. Die Kirche hat — vor
allem unter der Jugend
— mehr an Einfluß gewon-
nen als verloren.

Das russische Sprichwort »Es ist eng wie in der Kirche« galt früher und gilt auch noch heute.

Kirchprozession in einem russischen Dorf. An hohen Feiertagen werden Kreuze und Ikonen um das Gotteshaus getragen.

rechts: Russische Pilger im Kloster von Sagorsk. Sie bringen sich ihre Verpflegung selbst mit und schlafen in den Klosterkirchen, wenn sie im Ort kein Quartier finden.

unten: Kein Gottesdienst, keine Prozession findet in Rußland ohne Ikone statt. Ihre Verehrung ist grenzenlos.

Der Metropolit von Wolokolamsk, Pitirim, besucht mit einem Geistlichen das Mahnmal zu Ehren sowjetischer Soldaten, die im
Zweiten Weltkrieg gefallen sind.

Zu Ostern, am höchsten Feiertag der russischen Kirche, bringen die Gläubigen die Osterspeisen in die Kirche und lassen sie in einem feierlichen Ritual von einem Priester weihen.

Wasserweihe in einem nordrussischen Dorf. Zur Erinnerung an Christi Taufe im Jordan lassen russische Gläubige am 19. Januar von Priestern Wasser weihen, das bei Krankheiten helfen und Unheil verhindern soll.

oben: Immer mehr Eltern lassen ihre Kinder wieder taufen.

links: Die russische Trauung ist feierlich. Mit brennenden Kerzen in der Hand, mit Kränzen aus vergoldetem Silber, die das Brautpaar trägt, werden die jungen Leute vermählt.

oben: Ein Sohn nimmt
Abschied von seiner verstorbenen Mutter. Bei einer
russischen (christlichen)
Beerdigung wird der Sarg
erst kurz vor dem Hinab-
lassen ins Grab zugenagelt.

rechts: Die alte Tradition,
mit Kind und Kegel auf den
Friedhof zu gehen, wird in
Rußland fortgeführt. Man ißt
und trinkt − auch Wodka
− mit den Verstorbenen.

links: In der Sowjetunion leben in dreizehn russisch-orthodoxen Klöstern Nonnen. »Viele junge Frauen«, sagt eine Äbtissin, »müssen abgelehnt werden, weil es zu wenig Plätze und zu wenig Klöster gibt.«

rechts: Rechenmaschinen sind in russischen Klöstern unbekannt. Die für die Buchhaltung verantwortliche Nonne addiert und subtrahiert die Rubelbeträge mit Holzkugeln.

links: Zur Weihnachtszeit schmücken auch die Mönche aus dem Höhlenkloster von Pjetschory ihren Speisesaal mit einem Christbaum.

Samstag aller Heiligen. Signiert und datiert: Wassilij Iwanowitsch Chochlow, Malerdorf Palech, 1813. 22,5 × 17 cm, Privatbesitz. Eine Replik dieser Ikone befindet sich in der Korin-Sammlung, Tretjakow-Galerie, Moskau.

Propheten, die mit Texten in der Hand und den Blick auf Maria das Erscheinen Christi ankündigen. Dann kommt eine Reihe mit Festtags-Ikonen aus dem Leben Christi und der Gottesmutter.

Die nächste Reihe der Ikonostase ist die wichtigste, in der die Deesis (Bitte, Gebet) dargestellt wird: Christus sitzt auf einem Thron zwischen der Gottesmutter und Johannes dem Täufer, als Weltrichter im Mittelpunkt; Heilige und Erzengel, weiter außen postiert, bitten Christus um Vergebung der Sünden.

In die unterste Reihe der Ikonostase sind drei Türen eingebaut. In der Mitte befindet sich die Zarentür, auch Königs- oder Paradiestür genannt, die zum Altar führt. Durch die seitlichen Türen gehen die Priester in die Prothesis, den Eucharistieraum, und in das Diakonikon, die Sakristei.

Die Zarentür besteht meistens aus Ikonen, auf denen die vier Evangelisten und Mariä-Verkündigung abgebildet sind; neben der Zarentür sind rechts Christus und links Maria dargestellt.

Damit sich die Gläubigen noch mehr und besser mit den Heiligen identifizieren können, haben die Kirchenväter auch die örtlichen Vorbilder berücksichtigt. Neben Christus steht eine Ikone, auf der der Kirchenpatron abgebildet ist. Neben der Gottesmutter ist ein Heiliger zu sehen, der in der Kirchengemeinde besonders verehrt wird. Auf den seitlichen Türen, von der Liturgie weniger bedeutend, sind unter anderem Engel oder Heilige dargestellt. Gekrönt wird die Ikonostase am häufigsten von einem Kruzifix.

Ikone und Liturgie sind in der Orthodoxie eng miteinander verbunden. Der Höhepunkt des orthodoxen Gottesdienstes ist die Eucharistie. In ihr vollzieht sich die Vereinigung der irdischen und himmlischen Gemeinde beim Einzug des Auferstandenen. Der Priester spricht die Worte: »Wir bringen Dir das Deinige von Deinigen dar, nach allem und für alles.« Während der Eucharistie kommt in der orthodoxen Kirche der Himmel auf die Erde herab. Christus erscheint als Gottessohn. Die Ikone hat die Aufgabe, dieses Mysterium bildhaft auszudrücken.

In der Ikonostase ist der liturgische Ablauf während des Gottesdienstes festgehalten. Jeder Festtag, auch jeder Tag, hat eine besondere Ikone, die in der Kirche untergebracht ist.

Die ersten russischen Kirchen wurden noch vor der Christianisierung der Rus im Jahre 988 durch den Kiewer Fürsten Wladimir gebaut. Schon im 1. Jahrhundert, als noch die Apostel die frohe Botschaft der Welt verkündeten, seien in Rußland, so die Chronik, schon Kirchen gebaut worden, ohne allerdings Orte und die Anzahl der Kirchen zu nennen. Aus späteren Jahrhunderten − noch vor der Taufe der Rus − sind einige Kirchen bekannt: die St. Nikolaus-Kirche über dem Grab des Fürsten Askold (9. Jahrhundert), die St. Elias-Kirche, zwei Dreifaltigkeits-Kirchen in Pskow (aus Holz) und Kiew (aus Stein) sowie die Sophien-Kirche mit einem Kloster, die von der Fürstin Olga gegründet wurden.

Schon bald aber, begünstigt durch die Annahme des Christentums, bauten die Russen in allen Orten Kirchen und hatten im frühen 11. Jahrhundert − etwa fünfzig Jahre nach der Taufe − ihren eigenen Baustil, den der Kuppelkirchen. Die neue Kirchenarchitektur ging von Kiew und seinem Fürsten Wladimir aus. Die erste Kathedrale der Kiewer Rus, die Mariä-Entschlafens-Kirche (989 bis 996) hatte fünfundzwanzig Kuppeln, die Sophien-Kathedrale aus Eichenholz in Nowgorod und die Sophien-Kathedrale in Kiew hatten je dreizehn Kuppeln.

Der Innenraum der Kiewer Kathedrale, in der zwölf Pfeiler die zwölf Apostel symbolisieren, über denen Christus in der Zentralkuppel herrscht, war symmetrisch mit den Außenseiten konstruiert. Dort standen stellvertretend für die Apostel zwölf Kuppeln; vier davon sollten die Evangelisten versinnbildlichen, und sie alle gruppierten sich um die Zentralkuppel des Christus.

Die Zahl der Kuppeln, im Westen auch salopp als Zwiebeltürme bezeichnet, ist nie zufällig gewählt oder von bautechnischen Erfordernissen bestimmt worden. Sie hat immer symbolischen Charakter. Wenn eine Kuppel Christus, fünf Kuppeln Jesus und die vier Evangelisten symbolisieren, so sind mit sieben Kuppeln die sieben Gaben des Heiligen Geistes gemeint, neun Kuppeln sind die neun Ränge der himmlischen Heerscharen, und wenn die

Kirche der Gottesmutter geweiht ist, dann symbolisieren sie auch noch neun Feste zu Ehren Mariä. Die Kuppeln, entweder vergoldet, blau oder grün gefärbt, schließen alle mit einem patriarchalischen – meistens wiederum vergoldeten – Kreuz ab. Die Kuppeln mit dem Kreuz symbolisieren auch das Emporstreben der irdischen Kirche zur himmlischen.

Während der Tatarenherrschaft in Rußland wurden die mehrkuppeligen Kirchen kaum gebaut. Erst ab Mitte des 14. Jahrhunderts, als die Russen die tataro-mongolischen Heere auf dem Schnepfenfeld geschlagen, der Staat und das Volk sich moralisch und geistig gefangen hatten, erinnerten sich die Architekten wieder an die eigene Bautradition der vielkuppeligen Kirchen. Besonders schöne Gotteshäuser entstanden, wie die sechzehn-kuppelige Johannes des Täufers-Kirche im Dorf Djakowo (1547), die elf-kuppelige Werchospasskij-Kathedrale im Moskauer Kreml (1636), die vierundzwanzig-kuppelige Verklärungs-Kirche in Kischi (1714) im Norden Rußlands.

Das Ensemble des Dorfkirchplatzes von Kischi, einer von 1650 Inseln im Onegasee, das aus zwei vielkuppeligen Kirchen – der zweiundzwanzig-kuppeligen Verklärungs-Kirche und der zehnkuppeligen Mariä-Schutz-Kirche – und einem Glockenturm besteht, zählt dreiunddreißig Kuppeln. Sie entsprechen dreiunddreißig Jahren, die Jesus Christus, der Erlöser, der dem Kirchplatz den Namen gegeben hat, unter den Menschen auf Erden war. Die mächtigen und bizarren Holzkirchen, die ohne einen einzigen Nagel gebaut worden sind, entstanden vor allem im Norden Rußlands.

Nach den vielkuppeligen Kirchen entwickelten russische Architekten die Zeltkirchen. Sie wurden wohl schon – so wird vermutet – sehr früh gebaut, weil runde Kirchen am leichtesten mit einem Zeltdach abzudecken waren. Zeltdächer hatten frühe Kirchen in Armenien und Bulgarien. Eine solche Kirche ist im Relief der Chartres-Kathedrale in Frankreich abgebildet. Mit einem Zelt war ursprünglich das Baptisterium in Pisa im 12. Jahrhundert abgedeckt; dieses Zelt ist bis heute unter der späteren Kuppel erhalten geblieben. Kein Land aber hat dieses architektonische Thema so entwickelt wie Rußland.

Die Blütezeit der russischen Zeltarchitektur sind das 16. und 17. Jahrhundert. Die Grundlage des weitverbreiteten achtflächigen Zeltes ist die Zahl neun, die von einem regelmäßigen Oktaeder gebildet wird, dessen Zentrum die Kuppel darstellt. Diese Komposition ist zu Ehren der Gottesmutter entstanden, der Mutter des Lichtes, der Reinheit, der ewigen Blüte. Das irdische Leben der Heiligen Maria wird mit acht Festen gefeiert, verherrlicht wird sie am neunten, am Tag ihrer Himmelfahrt, an dem sie als die Himmlische Königin erscheint. Die Mariä-Himmelfahrts-Kirche in der Stadt Uglitsch ist die reine Verkörperung einer der Gottesmutter gewidmeten Kirche.

Höhepunkt der altrussischen Zeltarchitektur ist die Christi-Himmelfahrts-Kirche im Dorf Kolomenskoje bei Moskau. Die vierzehn Hauptpfeiler der Vorhalle symbolisieren die zwölf Apostel und zwei Engel. Über der Vorhalle erhebt sich der Tempel in Form eines achteckigen Kreuzes mit zwölf Ecken, der mit einem achtflächigen Zelt abgedeckt ist. Außer der Fläche der Vorhalle hat die Komposition dieser Kirche keine einzige durchgehende waagerechte Linie: die Idee des unaufhörlichen Aufstiegs — des Sinnbildes der Himmelfahrt — wird dort zum Ausdruck gebracht. Die ganze Hierarchie des Glaubens ist in die Kirche hineingebaut worden.

Im Norden Rußlands wurden Zeltkirchen aus Holz gebaut. Als Meisterwerke der Zeltkirchen-Architektur gilt die bekannte Mariä-Himmelfahrts-Kirche in Kondopoga am Onegasee. Sie ist hoch und schlank und verkörpert ebenfalls den Aufstieg der Gottesmutter zum Sohn.

Im 17. Jahrhundert wurden in Rußland auch mehrstöckige Kirchen aus Stein und Holz gebaut. Die Baumeister fingen an, verschiedene Baustile kunstvoll zu vermengen: Zeltdächer mit Kuppeln, zwei Stockwerke mit einem Kuppeldach. Anfang des 18. Jahrhunderts, als Zar Peter der Große für Rußland das Tor nach Europa aufstieß, flossen auch westliche Elemente in die Architektur ein. Es entstanden barocke und klassizistische Gotteshäuser, immer aber durchsetzt mit heimischen Elementen. Im fernen Sibirien entwickelte sich durch den westlichen Einfluß der ›sibirische Barock‹.

Der westliche Einfluß war aber nicht von langer Dauer. Nach der Niederlage Napoleons in Moskau Anfang des 19. Jahrhunderts war die prowestliche Orientierung in der Architektur nicht mehr gefragt. Die Baumeister erinnerten sich wieder an die alten russischen Traditionen. Und die waren fast tausend Jahre alt.

Angefangen hatte der Bau von Kirchen in der Hauptstadt der Ukraine Kiew, des ehemaligen Zentrums der alten Rus. Der Großfürst Oleg, Begründer des Kiewer Rußlands Ende des 9. Jahrhunderts, wollte, daß sein Reich die ›Mutter aller russischen Städte‹ werde. Dieser Wunsch ging zur Hälfte in Erfüllung. Als Begründer des russischen Staatswesens gilt zwar das nördliche Fürstentum Nowgorod, aber die Wiege der russischen Kirche steht in Kiew. Großfürst Wladimir, Alleinherrscher der Rus (980 bis 1015) ließ sich 988 taufen und führte somit in seinem Reich das Christentum ein. Gleichzeitig heiratete er die christliche Schwester des byzantinischen Kaisers, Prinzessin Anna.

Der Fürst ließ die heidnischen Götzentempel abreißen und an deren Stelle Kirchen bauen. Der Götze Perun, Gott des Donners und Blitzes, verschwand, und die Kirche des heiligen Basilius entstand. Damit die junge Kirche leben konnte, sicherte er sie sogleich auch materiell ab. Der Fürst, die Bojaren und Stadthalter wurden gezwungen, von ihren Einnahmen den Zehnten an die Kirche abzuführen. Zu Ehren dieser Maßnahme ließ der Großfürst die Zehnten-Kirche erbauen und sich in ihr auch begraben. An allen Ecken und Enden wurden in Kiew Kirchen gebaut.

Auch seine Nachfahren, wie der Fürst Jaroslaw der Weise, die darauf bedacht waren, die weltliche und kirchliche Macht weiter zu konsolidieren, bauten eine Kirche nach der anderen. Chronisten berichten, daß es unter Jaroslaw dem Weisen Anfang des 11. Jahrhunderts in der Wiege des russischen Glaubens bereits vierhundert oder sogar siebenhundert Kirchen gegeben habe. Die russischen Söhne der griechischen Kirche wollten den Vätern in Byzanz beweisen, daß sie erwachsen geworden waren und ihnen Konkurrenz machen könnten. Die eifrigen Glaubenskinder in Kiew untermauerten ihre staatliche Macht mit großen und imposanten Kirchenbauten. Noch allerdings holten sie sich ihre Vorbilder aus Byzanz.

Mit der Errichtung der Sophien-Kathedrale in Kiew im Jahre 1037, bei der die berühmte Hagia Sophia in Konstantinopel Pate gestanden hat, wollte Fürst Jaroslaw der Weise in der Blütezeit der alten Rus den Sieg der ›göttlichen Weisheit‹ über die ›heidnische Finsternis‹ feiern; ein äußerlicher Anlaß für den Bau der Kathedrale war die gewonnene Schlacht des Fürsten gegen die asiatischen Petschenegen.

Die Sophien-Kathedrale ist ein mächtiger Kreuzkuppelbau, bestehend aus fünf Kirchenschiffen mit gewaltigen Ausmaßen. Sie ist siebenunddreißig Meter lang, fünfundfünfzig Meter breit und die Zentralkuppel ist neunundzwanzig Meter hoch. Die aus dem 11. Jahrhundert erhaltenen monumentalen Wandmalereien (dreitausend Quadratmeter Fresken, zweihundertsechzig Quadratmeter Mosaike) sind nach griechischem Verständnis von Kunst und Pracht entstanden. Aus edlen Mosaiksteinen wurde Christus der Weltenrichter, die Gottesmutter Oranta, Mariä-Verkündigung, die Eucharistie und Deesis zu künstlerischen und eindrucksvollen Bildern gestaltet. Auch das Abbild des Fürsten wurde aus Mosaik in die Wand geformt. Die großflächige Freskenmalerei hat im Gegensatz zu den Mosaiken nicht nur die religiöse Welt mit Christus, der Gottesmutter oder den Heiligen zum Bildinhalt. Die abgebildeten Szenen stammen aus der Welt der Fabel und Mythen: seltsame Vögel sitzen auf Bäumen, Männer auf Pferden jagen Bären und kämpfen mit Drachen, in einem Hippodrom traben Pferdewagen um den Sieg.

Ein westlicher Reisender, der im vergangenen Jahrhundert die Sophien-Kathedrale besuchte, formulierte seine Eindrücke: »Wenn man in die alte Kirche eintritt, glaubt man in einen gotischen Dom einzutreten. In Halbdunkel gehüllt ist das Labyrinth von Säulen und breiten Pfeilern, die dicht beisammen stehen wie Eichen in einem Wald. Von oben durch die Kuppel dringt nur wenig Licht herein, matt und fahl, wie zur Zeit der Morgendämmerung, und in dem mystischen Dunkel der Kapellen funkeln die goldenen Lampen wie strahlende Lilien. Doch die Illusion schwindet rasch, wenn man weitergeht und die Ikonostase vor sich erblickt, die hohe, in Goldglanz strahlende Wand, bedeckt mit Heiligenbildern und goldenen und silbernen Relief-Verzierungen.«

Der Erbauer der Sophien-Kathedrale, Fürst Jaroslaw, sollte in ihr auch seine letzte Ruhestätte finden. Er wurde in einem reich verzierten Sarkophag aus weißem Marmor in der Hauptkirche in Kiew, die die Glaubenslehre und Fürstenmacht zu festigen hatte und gleichzeitig auch Mittelpunkt der kulturellen und gesellschaftlichen Ereignisse war, beerdigt. Dieses Privileg, in der Kirche begraben zu werden, wurde im 11. Jahrhundert nur solchen Menschen zuteil, die sich um die Kirche und den Glauben verdient gemacht hatten.

Mit der Zerstörung der Kiewer Rus durch die Mongolen 1240 wurde auch die Sophien-Kathedrale beschädigt, allerdings nicht so stark wie die anderen Kirchen in Kiew. Unter der polnischen Herrschaft im 16. Jahrhundert wurde die Kirche den Unierten zur Verfügung gestellt, später aber wieder den orthodoxen Christen übergeben. Drei Jahrhunderte lang war die Kirche als Glaubenszentrum unbedeutend und dem baulichen Verfall ausgesetzt.

Erst mit dem Anschluß der Ukraine an Rußland 1648 bekam die Hauptkirche Kiews ihre Bedeutung zurück; sie wurde restauriert und instand gesetzt. Zar Peter der Große bewilligte große Rubelsummen für die Sophien-Kathedrale aus der Staatskasse, und so konnten die Restaurierungsarbeiten 1707 abgeschlossen werden. Um die Sophien-Kathedrale herum entstand im Laufe der Jahrhunderte ein ganzer Kirchenkomplex: mit einem sechsundsiebzig Meter hohen Glockenturm mit vergoldeter Kuppel, einem Kloster, einem Priesterseminar und einem Haus für den Metropoliten. Nach der Oktoberrevolution in Rußland wurden die Sophien-

Kathedrale und die anderen kirchlichen Einrichtungen auf diesem Gelände geschlossen und vom Staat konfisziert. Der Komplex wurde zum Museum und 1934 zur ›Staatlichen Pflegestätte für Baukunst und Geschichte‹ erklärt.

Nur acht Jahre jünger als die Sophien-Kathedrale in Kiew ist die gleichnamige Kathedrale in der nordrussischen Stadt Nowgorod. Sie wurde 1045 im Kreml von Nowgorod im Auftrag des Fürsten Wladimir, eines Sohnes von Jaroslaw dem Weisen, erbaut und in den Formen einfacher konstruiert als das Vorbild in Kiew. Die in Nowgorod und in ganz Rußland genannte ›Heilige Sophia‹ wurde in den vergangenen Jahrhunderten oftmals restauriert, umgebaut, verändert und 1941 von der deutschen Armee beschossen, so daß die ursprüngliche Bausubstanz kaum noch zu erkennen ist.

Wer Moskau nicht gesehen hat, der weiß nicht, was schön ist, sagen die Russen. Zu der Schönheit der Stadt haben vor allem die vielen goldenen Kuppeln und Kreuze der bizarren und wuchtigen Kirchen in der ganzen Stadt und im Kreml von Moskau beigetragen. Allein der Kreml hat drei Kathedralen, zwölf Kirchen und zwei Klöster. Auf dem Kathedralenplatz des Kreml, der ältesten Straße in Moskau, stehen die Moskauer und russischen Kleinodien: die Kathedralen und Heiligtümer. Unter ihnen wird von den Gläubigen und den anderen russischen Menschen am meisten der Uspenskij Sobor (die Mariä-Entschlafens-Kathedrale) verehrt.

Sie wurde 1326 aus weißem Stein erbaut und hunderfünfzig Jahre später wegen Baufälligkeit abgerissen und neu errichtet. Der Moskauer Fürst Iwan III und der Metropolit Filaret, die beide nicht die finanziellen Mittel für den geplanten gigantischen Kirchenbau besitzen, belegen Klöster und Geistliche mit einer Sondersteuer und sammeln Spenden bei reichen Bojaren und Bürgern. Fürst und Metropolit wollen in Moskau eine Kopie der berühmten Mariä-Entschlafens-Kathedrale in Wladimir bauen. Sie soll nur größer sein, um damit das von den Wladimirer Fürsten übernommene Herrschaftserbe zu unterstreichen. Während des Baus gab es Pannen, und 1474 stürzte die bis zum Gewölbe gemauerte Kirche ein. Schlechter Mörtel oder ein Erdbeben soll daran schuld gewe-

Mariae-Verkündigungskathedrale im Moskauer Kreml; vor ihr
stand an dieser Stelle eine Holzkirche.

sen sein. Die aus Pskow geholten Baumeister lehnten es ab, an der
Kathedrale weiter zu bauen.

Der nach Venedig geschickte russische Gesandte Semjon Tolbusin
erhielt den Auftrag, einen bekannten Baumeister in Italien zu
suchen. Dem ehrenvollen Ruf folgte der Architekt und Ingenieur
Aristotele Fioravanti aus Bologna, der dadurch bekannt wurde,
daß er in seiner Heimat unter anderem den Glockenturm der
Kirche San Marco versetzt und den Kanal in Parma gebaut hatte.
Der aus Italien an die Moskwa gerufene Baumeister vollendete den
imposanten Bau in nur vier Jahren, obwohl er selbst die noch
stehengebliebenen Grundmauern des eingestürzten Torsos abreißen ließ. Im August 1478 wurde die Kathedrale eingeweiht.

Nur oberflächlich betrachtet, erinnert die Mariä-Entschlafens-
Kathedrale an ihre Wladimirer Schwester. Während die russischen
Baumeister asymmetrisch bauten, bevorzugte der Italiener Sym-

metrie und Gleichgewicht. In der Kathedrale sind alle Wandflächen gleich groß und die Fenster jeweils genau in der Mitte. Der Italiener schuf, sagt der russische Chronist, eine Kirche, bewundernswert durch ihre Größe und Höhe, wie es ihresgleichen in Rußland bis dahin noch nicht gab. Raum und Helle beeindruckten die Moskauer Auftraggeber, die den angereisten Architekten angehalten hatten, sich streng an die russischen Vorbilder (vor allem an das der Kirche in Wladimir) zu halten. Doch ganz gelang es dem Italiener nicht. Die einzelnen Baustile, sagen Experten, seien in dieser Kirche vermengt worden – nicht zum Schaden. So seien Elemente der Renaissance, der Romanik und auch byzantinische und tatarische eingeflossen.

Im Innenraum der Kirche finden die Russen alles, was sie sich unter einem Gotteshaus vorstellen. Überall Gold und Silber, vergoldete hohe Kerzenständer, vergoldete zentnerschwere Leuchter, die Wände, Säulen und die Decke ausgemalt mit Szenen aus der biblischen Geschichte, mit Abbildungen des Erlösers, der Propheten, der Apostel und Kirchenväter. Die wundertätige Ikone der Gottesmutter von Wladimir, die einen Oklad mit Edelsteinen trägt, deren Wert unschätzbar ist, flößt den Gläubigen Bewunderung und Ehrfurcht ein; die Gottesmutter-Ikone von Wladimir befindet sich heute in der Moskauer Tretjakow-Galerie. Mit Brillanten besetzte Kelche, mit Perlen und Edelsteinen bestickte Gewänder, wertvolle Evangeliaren, damit zelebrieren die Priester den Gottesdienst. Der Prunk und die Pracht der Kirche läßt die Gläubigen vor Ehrfurcht erstarren. An der Ikonostase, der Trennwand zwischen Priestern und Gläubigen, hat der bekannte Ikonenmaler Dionissi gearbeitet. Von überall her, aus allen Teilen Rußlands, wurden die besten Ikonen geholt und in der Kirche untergebracht, um so auch die Bindung des gesamten Landes an Moskau zu symbolisieren. In der Mariä-Entschlafens-Kathedrale wurden über dreihundert Jahre lang die Herrscher Rußlands gekrönt und gesalbt, sie erhielten die göttliche Weihe. Der erste in dieser Kirche gekrönte Zar war Iwan der Schreckliche, der in diesem Gotteshaus seinen eigenen prunkvollen Sitz hatte.

Der sichtbare Reichtum in dieser und anderen Kirchen erfreute die Russen und lockte Eroberer an. Als die Polen Moskau (1610 bis 1613) erobert hatten, wurde die Kirche wiederholt geplündert. Napoleons Soldaten, die Moskau 1812 besetzten, raubten fünftausenddreihundert Kilogramm Silber und dreihundert Kilogramm Gold, hatten die Kirchenverwalter berechnet, die bei der Flucht vor den anrückenden Franzosen nur einen Teil der wertvollen Schätze in Sicherheit bringen konnten.

Napoleon, über die entvölkerte, ausgebrannte Stadt verärgert und in ohnmächtiger Wut zum Rückzug gezwungen, gab seinen Soldaten Befehl, in Moskau zu zerstören und zu rauben, was noch zu zerstören und zu rauben war. Von dem Glockenturm ›Iwan der Große‹ im Kreml wollte er das meterhohe Kreuz herunterholen lassen, weil ihm berichtet worden war, daß es aus reinem Gold und sehr wertvoll sei. Und außerdem sei der Verlust des Kreuzes gleichbedeutend mit dem Untergang des russischen Reiches, würde man sich im Volke erzählen. Doch Napoleon, der das Kreuz nach Paris als Siegestrophäe mitnehmen wollte, mußte auf die Beute verzichten, weil kein französischer Soldat in der Lage gewesen sei, so wird berichtet, das Kreuz ohne ein Gerüst, dessen Bau zu lange Zeit in Anspruch genommen hätte, vom Turm zu holen.

Der Turm Iwan Wjeliki (Iwan der Große) wurde unter dem Zaren Boris Godunow Anfang des 16. Jahrhunderts erbaut. Er ist einundachtzig Meter hoch, das abschließende Kreuz aus Münzengold hat eine Höhe von sechzehn Metern. Der Glockenturm, der von den drei Kreml-Kathedralen umringt wird, hat einundzwanzig Glocken. Die größte, die Uspenskij-Glocke, wiegt sechsundsechzigtausend Kilo (66 Tonnen); die Kaiserglocke im Kölner Dom ist, verglichen mit der Moskauer, ein Federgewicht von nur neuntausend Kilo. Die Meßglocke im Iwan-Turm wiegt dreiunddreißig Tonnen, die Sonntagsglocke siebzehn Tonnen und die Glocke, die täglich geläutet wurde, wiegt immerhin noch dreizehn Tonnen.

Im vorrevolutionären Rußland, als in den Kreml-Kirchen noch Gottesdienste abgehalten wurden, kamen vor allem an den großen

orthodoxen Feiertagen wie Ostern oder Weihnachten Hundert-
tausende Gläubige aus Moskau und dem weiten Land in den
Kreml, um den feierlichen Gottesdienst mitzuerleben und die
Glockenschläge vom hohen Turm zu hören. In der Osternacht
standen die Russen mit brennenden Kerzen in der Hand vor dem
Glockenturm, warteten und starrten in die Höhe, bis Punkt zwölf
Uhr Mitternacht die große (Uspenskij) Glocke in Bewegung
gesetzt wurde und der dumpfe Ton noch außerhalb Moskaus zu
hören war.

Der Glockenschlag vom Turm im Kreml war gleichzeitig das
Startzeichen für alle anderen Kirchen in Moskau, ihre Glocken zu
läuten und so die Auferstehung Christi zu verkünden. Die große
Glocke des Turms wurde nur zweimal im Jahr – zu Ostern und
zu Weihnachten – geläutet. An Feiertagen, sonntags, wochentags
oder vor dem Gottesdienst wurden andere Glocken geläutet.

Mit dem Guß der Zaren-Glocke (Zar Kolokol), der größten der
Welt, wollte Moskau unter anderem seinem gläubigen Volk und
seinen Nachbarn die Zaren-Macht und die Bindung an den recht-
mäßigen Glauben kundtun. Die zweihundert Tonnen schwere und
über sechs Meter hohe Glocke, dreimal schwerer als die Uspenskij-Glocke, konnte allerdings nie die Absicht der Zaren und
Patriarchen ins Land läuten. Das Glocken-Monument war falsch
berechnet und gegossen worden und konnte folglich erst gar nicht
in den Turm gehängt werden. Neben ›Iwan der Große‹ wurde für
die Glocke ein massives Holzhaus gezimmert, um sie darin aufzu-
hängen. Während eines Brandes von 1737 krachte die Glocke
herunter und ein über elf Tonnen schweres Gußstück brach
heraus. Erst nach hundert Jahren wurde die Glocke aus dem
Erdboden gezogen und an der Stelle – mit dem herausgebroche-

Der Glockenturm Iwan Wjeliki (Iwan der Große) im Moskauer Kreml
ist 81 Meter hoch und wurde Anfang des 16. Jahrhunderts erbaut;
das abschließende Kreuz aus Münzgold hat eine Höhe von 16
Metern.

nen Stück — auf einen Granitsockel gestellt. Auch die zweite Kreml-Kirche — nach der Mariä-Entschlafens-Kathedrale —, die Mariä-Verkündigungs-Kathedrale (Blagowestschenskij Sobor) wurde an der Stelle erbaut, an der vor ihr eine Holzkirche gestanden, die der Moskauer Großfürst Wassilij Ende des 14. Jahrhunderts hatte erbauen lassen. Iwan III, der alle Holzkirchen im Kreml abreißen und sie durch brandsichere Steinbauten ersetzen wollte, ließ die Kathedrale 1484 erbauen. Auch bei ihrem Entwurf stand die benachbarte Mariä-Entschlafens-Kirche Pate; sie aber erhielt vier statt neun Kuppeln und wurde von Baumeistern aus Pskow und nicht von einem Italiener erbaut. Die Pskower Architekten bevorzugten im Gegensatz zu dem italienischen Baumeister eine freiere und weniger symmetrische Gestaltung; viele Epochen der russischen Baukunst sind in die Kreml-Kirche eingegegangen. Unter Iwan dem Schrecklichen wird die Kathedrale 1563 stark verändert. An den vier Ecken des Galeriegewölbes werden kleine Kapellen und über dem östlichen Teil der Kirche noch zwei Kuppeln errichtet. Neun Jahre später wird an die Kathedrale wegen der erneuten Heirat des Herrschers eine Außentreppe gebaut; durch seine vierte Ehe verlor der Zar nach orthodoxer Glaubenslehre das Recht, am Gottesdienst in der Kirche teilzunehmen. Der Zar fand einen Ausweg. Er ließ die an die Treppe anschließende Terrasse durch einen geschützten Bogen vom Altar der Kathedrale abgrenzen und konnte so dem Gottesdienst folgen.

Über zweihundert Jahre lang war die Mariä-Verkündigungs-Kathedrale die Hofkirche der russischen Zaren. In ihr wurden die Fürsten getauft, empfingen sie die Kommunion, gaben sie vor dem Priester der erwählten Braut das Ja-Wort und gelobten ewige Treue. Die Kirche war durch einen Korridor mit dem Zarenpalast verbunden, der früher in der Regel nur von den Frauen der Zaren und Prinzen, die sich in der Öffentlichkeit nicht sehen lassen sollten, benutzt wurde. So konnten sie dennoch bescheiden am Gottesdienst teilnehmen.

Die dritte große Kirche im Kreml auf dem Kathedralen-Platz, die

Der Moskauer Kreml. Rote Sowjetsterne und goldene Kreuze stehen nebeneinander im Zentrum der kommunistischen Macht.

Erzengel-Kathedrale (Archangelskij Sobor), ist von Iwan III ebenfalls dort errichtet worden, wo Großfürst Iwan Kalita, wegen seiner Raffgier der ›Geldbeutel‹ und ›Sammler der russischen Lande‹ genannt, 1333 schon eine Holzkirche zu Ehren des Erzengels Michael unter dem gleichen Namen hatte bauen lassen; sie entstand sechzehn Jahre nach der Fertigstellung der Verkündungs-Kathedrale und wurde von dem italienischen Architekten Alovisio Novo entworfen. Der mächtige und besonders festliche Bau erinnert oft mehr an einen weltlichen Palast als an eine Kirche.

Der italienische Baumeister gibt der Erzengels-Kathedrale eine vollkommen eigenständige architektonische Form, die sich dennoch organisch in das Kirchenensemble des Kathedralenplatzes einfügt. Die russische Architektur verbindet er unauffällig mit Säulen-Elementen der italienischen Renaissance. Die asymmetri-

159

sche Komposition gibt der Kirche eine bizarre, malerische Form.
Die Kirche wurde mit roten Ziegelsteinen gemauert, deren Maße
er in Rußland, praktischer Erwägungen wegen, neu festgelgt hatte.
Nach Abschluß der Bauarbeiten wurde die Kirche bald mit Fresken ausgemalt, die jedoch Mitte des 17. Jahrhunderts nach ange-
fertigten Kopien erneuert wurden. An den Restaurierungsarbeiten
beteiligten sich die besten Ikonenmaler aus dem ganzen Land
– wie Simon Uschakow und Fjodor Subow. Sie malten: Die
Wunder des Erzengels Michael, das Jüngste Gericht, das Gleichnis
vom Leben und Sterben des reichen Sünders – das, so wird
vermutet, von Iwan dem Schrecklichen, der oft so grausam wie
reumütig war, selbst in Auftrag gegeben worden ist. Die alte
Ikonostase wurde 1813 durch barocke Elemente und Ikonen aus
dem 16. und 17. Jahrhundert ersetzt. Eine Besonderheit in der
Erzengel-Kathedrale sind die ›Geburts- oder Maß‹-Ikonen für die
Zarensöhne. Für jeden auf die Welt gekommenen Zarewitsch
wurde – wie schon erwähnt – eine Holztafel in der jeweiligen
Größe des Neugeborenen geschnitten und darauf der Heilige
gemalt, dessen Namen er bei der Taufe erhielt.
Die Erzengels-Kathedrale war als Gotteshaus und auch als Für-
stengruft gebaut worden. Bis Ende des 17. Jahrhunderts (ab dem
14. Jahrhundert) wurden in ihr die russischen Fürsten prunkvoll
beerdigt; dreihundert Jahre personifizierte russische Geschichte
sind in der Kathedrale begraben. Der Erbauer der damaligen
Holzkirche, Großfürst Iwan Kalita, liegt als erster in den Reihen
der sechsundvierig Grabmäler; insgesamt sind vierundfünfzig Personen – zuweilen also zu zweit – in den Metallsärgen bestattet.
Freskengemälde an den Wänden zeigen die Großfürsten und
Zaren als Heilige, darunter stehen auf Tafeln in kyrillischer Schrift
die Namen und Daten der Toten. Als vorletzter in den Gräberreihen ruht der Jüngling Iwan, ein geistesschwacher Bruder von Zar
Peter dem Großen, der die Hauptstadt von Moskau nach Petersburg (heute Leningrad) verlegte und die Herrscher der Romanow-
Dynastie in der Kathedrale der Peter-Pauls-Festung begraben ließ.
Die Gräber in der Erzengel-Kathedrale in Moskau sind aus Bronze

gegossen und stehen eng nebeneinander im Kirchenraum. Die Sarkophage sind äußerlich ähnlich, jeder aber hat seine eigene Geschichte, die Lebensgeschichte des Toten. Viele Grausamkeiten, die russische Herrscher an ihren Angehörigen begangen haben, sollten sie nicht auch noch ins Grab begleiten, die Ruhe der Toten stören und das Volk gegen ihre oft grausamen Regenten nachträglich aufbringen. Die Untertanen sollten nicht wissen, daß der Kampf um den Zarenthron oft mit mörderischen Mitteln ausgetragen wurde.

Eine erst später unter der Erzengel-Kathedrale gefundene Grabplatte mit dem Namen des Zarewitsch Dimitrij, jüngster Sohn des Zaren Iwan des Schrecklichen, wurde nicht auf das Grab gelegt. Darauf steht: »Ermordet wurde der hochgeborene Zarewitsch, der Fürst Dimitrij Iwanowitsch, Herrscher von Uglitsch«. Der Bojar und Schwager Iwan des Schrecklichen, Boris Godunow, wurde beschuldigt, den neunjährigen Zarewitsch in der Stadt Uglitsch ermordet zu haben, um selbst den Zarenthron zu besteigen; der Bojarenzar bestritt diese Tat, die bis heute nicht geklärt ist. Nach Godunows Tod 1605 wurde der Zarewitsch aus Uglitsch 1606 feierlich nach Moskau überführt, in der Erzengel-Kathedrale in einem mit Goldatlas ausgeschlagenen Sarg aufgebahrt, dann begraben und heiliggesprochen. Über dem Grabmal des Zarewitsch wurde später ein Baldachin aus Kalkstein mit kunstvollen Verzierungen errichtet.

Nach dem Tod des Zaren Godunow tauchten bald Gerüchte auf, daß der Zarewitsch nicht tot sei und sich unter Godunow habe verstecken müssen. Das behauptete ein falscher Dimitrij-Demetrius, der im Volk umjubelt und mit Hilfe polnischer Truppen für ein Jahr Zar in Moskau war. Dann wurde auch er ermordet. In seiner kurzen Regentschaft ließ er den Sarkophag von Boris Godunow aus der Erzengels-Kathedrale entfernen; eine Wand der Kathedrale mußte deswegen durchbrochen werden. Zar Godunow wurde erst im Warsonowjewski-Kloster und später im berühmten Dreifaltigkeits-Kloster in Sagorsk beigesetzt.

Auch als Toter wollte Zar Iwan der Schreckliche Sonderrechte im

russischen Staat und in der russischen Geschichte eingeräumt haben. Sich und seine Familie ließ er nicht wie die vielen anderen in den Gräberreihen beerdigen: Er beanspruchte eine Gruft in der Erzengel-Kathedrale neben dem Altar von Johannes dem Täufer. Etwas außerhalb des Kremls in Moskau setzte sich der grausame und oft reumütige Zar Iwan ein ewiges Denkmal. Nach der Eroberung der tatarischen Stadt Kasan 1552 ließ er zur Erinnerung an den Sieg, an die russischen Truppen, die endgültig die asiatischen Unterdrücker abgeschüttelt hatten, in nur sechs Jahren (1554 bis 1560) eine Kathedrale erbauen, die alle architektonischen Phantasien übersteigt. Die Mariä-Schutz-Kathedrale (Pokrowskij Sobor), auch Basilius-Kathedrale (Wassilij Blaschennyj) nach der gleichnamigen ›Gottesnarr‹, der Wunder gewirkt hatte, genannt, ist nach einem bestimmten Baustil nicht einzuordnen. In ihr sind Elemente der Gotik, der Renaissance, der orientalischen Ornamente und Farbenpracht verarbeitet. Regelmäßige Linien oder Formen, abgeleitet aus der architektonischen Schulweisheit, sind in der Basilius-Kathedrale geradezu vom Architekten verabscheut worden. Er spielte fast mit dem Material, schaffte bizarre Aussagen und erzählte wie in einem Märchen mit Steinen, Metallen und Farben.

Die fünf Türme der Kathedrale sind alle anders in der Größe, der Form und Farbe. Der eine erinnert an eine Knolle, der andere an eine Pyramide, der dritte an eine Spirale, der vierte ist oval, der fünfte sieht aus, als wäre er aus lauter Schuppen geformt worden. So unterschiedlich wie die Formen sind auch die Farben; die Kuppeln sind grün, gelb, rot in verschiedenen Schattierungen oder auch ganz vergoldet.

Die Grundform der Kathedrale bildet ein Kreuz, an dessen Enden vier Kirchen und in dessen Mitte eine Kirche, die größte, und mit

Die Basilius-Kathedrale (Wassilij Blaschennyj) in Moskau, nahe dem Roten Platz gelegen, wurde von Zar Iwan dem Schrecklichen im 16. Jahrhundert erbaut.

knappen sechzig Metern höchste, gebaut wurde; dazwischen hat der Architekt noch vier Kapellen untergebracht.

Nach Vollendung des phantasiereichen Bauwerks, erzählen sich die Moskowiter, habe Iwan der Schreckliche dem genialen Baumeister des Gotteshauses die Augen ausstechen lassen, damit er kein zweites von dieser Schönheit mehr errichten könne.

Mit dem Bau der Basilius-Kathedrale in der Nähe des Kreml wollte Zar Iwan auch die Einheit der weltlichen und geistigen Macht zum Ausdruck bringen.

Diese Einheit von Kirche und Staat wurde nach der Oktoberrevolution im Kreml abgeschafft. Nach außen hin sind zwar noch zwei Welten sichtbar: die geistliche und weltliche, aber regiert und entschieden wird nur noch weltlich. Die geistliche, mit den goldenen Kreuzen auf den hohen Kirchtürmen, Zeugen einer eigenen, bewegten und großen Vergangenheit und einer stillen, traurigen Gegenwart, ist im Kreml Historie. Die jetzigen Herrscher, die ohne Einheit mit der geistlichen Macht regieren, sitzen in den Gebäuden mit den roten Sowjetsternen auf den Türmen.

Im Kreml — und um ihn herum — sind die Kirchen keine Gotteshäuser mehr, in denen das Evangelium verkündet wird, sondern Museen, in denen die Russen und die anderen Völker der Sowjetunion etwas über die Geschichte des russischen Staates und der Kirche erfahren. In diese Kirchen (Museen) gehen Gläubige und Atheisten mit unterschiedlichen Gefühlen und vielleicht ähnlichen Erinnerungen gegen ein für alle gleiches Eintrittsgeld.

Die unterschiedlichen Welten — von christlichem Kreuz und kommunistischem Sowjetstern — sind nicht nur in Moskau, sondern auch in anderen russischen Städten und Dörfern sichtbar. In ihnen wurden viele Kirchen und fast alle Klöster geschlossen, und manche russischen Städte — vor allem die alten — gleichen heute einer Museumslandschaft, mit abwechslungsreicher kirchlicher Architektur und wenig ›arbeitenden‹ Gotteshäusern. So eine Stadt ist Susdal, nördlich von Moskau gelegen.

Sie besteht, so ist der erste Eindruck, nur aus Türmen, Kirchen und Klöstern. Die ›heiligen Zitadellen‹ der Stadt überragen das mit Flüssen und Seen durchzogene Susdaler Land.

Der Gründer Moskaus, Jurij Dolgorukij (1100 bis 1157), hat das Fürstentum Susdal von seinem Vater, dem Kiewer Fürsten Wladimir Monomach, als Lehen bekommen. Im Ort Kideschka, in der Nähe von Susdal, baute er am Fluß Kamenka einen Fürstenpalast und sogleich auch eine Kirche, die er zu Ehren seiner fürstlichen Vorfahren aus Kiew, Boris und Gleb, Mitte des 12. Jahrhunderts errichten ließ. Die Fürstenbrüder wurden ermordet und dann heiliggesprochen. Sie sind die ersten russischen Heiligen. Mit dem Bau der Boris- und Gleb-Kirche und der Christi-Verklärung-Kathedrale im benachbarten Perjeslawl-Salesskij, die sein Sohn Andrej Bogoljubskij vollendet hat, begründete Dolgorukij im Norden Rußlands eine besondere Form der Sakralarchitektur: einfache Kreuzkuppelkirchen mit vier Pfeilern, einer Kuppel, aus weißem Kalkstein gebaut.

Nach dem Verfall von Kiew wurde Susdal im 13. Jahrhundert das Zentrum des alten Rußlands. Kirchen und Klöster schossen wie Pilze aus dem Boden, eins größer und mächtiger als das andere. Im Zentrum der Stadt bauten die Fürsten, in den Vororten errichteten die Bürger Gotteshäuser. Ein russischer Kunsthistoriker: »Man kann sich nur darüber wundern, wie viele Kirchen in so einer kleinen Stadt Platz gefunden haben.« Susdal ist eine Stadt der Kirchen, so viele auf kleinem Raum gibt es wohl nirgends auf der Welt.

Die Vorstadtkirchen sind oft paarweise angeordnet — eine ist für den Winter, die andere für den Sommer gebaut. Die Gotteshäuser für den Sommer haben hohe Gewölbe und sind somit auch bei heißem Wetter angenehm kühl. Die für den frostigen Winter gebauten Kirchen sind kleiner, niedriger und wurden durch ein kleines Öfchen im Altar geheizt.

In der Stadt wurden nebeneinander fünf Klöster errichtet. Zwei davon, die ältesten, das Alexander- und Wassilij-Kloster, sind in einem schlechten baulichen Zustand. Das Alexander-Kloster wurde von Alexander Newskij im 13. Jahrhundert gegründet und nach ihm benannt. Die wuchtige Christi-Himmelfahrt-Kathedrale im Kloster hat dann die Mutter von Peter dem Großen, Natalja Naryschkina, bauen lassen. Das größte, das Erlöser-Euthymios-Kloster, liegt im Osten der Stadt und ist mit einer einen Kilometer langen Mauer, die durch zwanzig Türme unterbrochen wird, umgeben. In dem sechshundert Jahre alten Kloster steht eine Kathedrale mit Zwiebeltürmen, die von innen und außen mit Fresken bemalt ist. Sie wurde zu Ehren der Geburt von Iwan dem Schrecklichen, dem einzigen Sohn von Wassilij III, gebaut und erhielt den Namen des Schutzheiligen von Iwan, Johannes dem Täufer.

Im Erlöser-Kloster waren nicht nur Gesänge der Mönche, sondern auch Schreie und Wehklagen von Gefangenen zu hören. Unter Katharina II wurde das Kloster als Staatsgefängnis mißbraucht; dort wurden politische Rebellen und Dekabristen, Männer, die sich gegen die Willkür des Zaren aufgelehnt hatten, untergebracht. Am Flußufer der Kamenka liegt malerisch, von allen Seiten sichtbar, das Mariä-Schutz-Kloster, das auch der Vater von Iwan dem Schrecklichen Anfang des 16. Jahrhunderts hatte bauen lassen. Auch dieses Kloster wurde von dem Zaren zweckentfremdet. Hinter diesen Mauern wurden Frauen inhaftiert.

Erstes Opfer wurde die Gattin des fürstlichen Kloster-Gründers selbst. Solomonija Saburowa konnte keine Kinder kriegen, und ihr Mann, Wassilij III, wollte sich deswegen scheiden lassen. Er prozessierte fünfzehn Jahre erfolglos gegen seine Frau und verbannte sie 1525 schließlich in das Susdaler Kloster. Aus der Großfürstin Solomonija wurde die Nonne Sophia, die nach ihrem Tod auch ihre letzte Ruhe im Kloster fand. Neben ihrem Grab hat man vor kurzem einen kleinen Sarg gefunden, in dem eine Stoffpuppe lag. Die Nonne Sophia soll, so erzählen sich Chronisten, im Kloster einen Sohn geboren haben, den sie treuen Freunden übergeben habe, um ihn vor der tödlichen Rache ihres ehemaligen Ehemannes zu schützen. Sie habe erklärt, daß ihr Kind gestorben sei und zum Schein habe sie eine ›Bestattung‹ ihres Sohnes inszeniert.

Im Mariä-Schutz-Kloster war eine zweite prominente Frau einge-
kerkert. Die erste Frau Peter des Großen, Jewdokija Lopuchina,
die gemeinsam mit ihrem Sohn, dem Thronfolger und Zarewitsch
Alexej Petrowitsch, der später hingerichtet wurde, an einer Verschwörung gegen ihren Mann und Zaren teilgenommen hatte,
mußte ihr restliches Leben hinter strengbewachten Klostermauern
verbringen. Aus den Verschwörern gegen den Zaren wurden
später Märtyrer, die in der Petrus-und-Paulus-Kathedrale des
Klosters mit Memorialtafeln verewigt worden sind. In der benachbarten Winterkirche wurde ein Altar zu Ehren des zum Tode
verurteilten Zarewitsch errichtet.

Unweit von Susdal, zwischen grünen Wiesen am Fluß Nerl, der
dort in die größere Kljasma mündet, hat Fürst Bogoljubskij 1165
die weiße Mariä-Schutz-Kirche auf einem angeschütteten kleinen
Hügel errichten lassen. Das ›Gedicht aus Stein‹, schwärmen russische Historiker, sei an Schönheit in den letzten achthundert Jahren
nicht mehr übertroffen worden. Das verträumte und anmutige
Kirchlein mit einer Kuppel in der endlosen Weite des russischen
Nordens hat Bogoljubskij (Gottliebender) nur etwa zwei Kilometer von seiner Residenz in Bogoljubowo erbauen lassen. Die
Wände der Kuppel neigen sich zur Mitte hin und lassen somit das
Gebäude höher erscheinen. Schmale Halbsäulen auf flachen Pila-
stern, langgezogene Fenster, dichtgedrängte kleine Säulen und
eine spitze Kuppel, viele architektonische Details, lenken den
Blick des Besuchers unwillkürlich nach oben − von der Erde zum
Himmel. Der Reliefschmuck an der Kirche ist kunstvoll sparsam,
die Bogenleisten an den Portalen scheinen aus Blättern geflochten
zu sein. In den Rundgiebeln sind König David als Psalmensänger,
Frauenmasken, Tauben, Löwen, die den Susdaler Jagdfalken als
Wappentier ablösten, in Stein gemeißelt.

Für den Fürsten war die Kirche gleichzeitig auch Symbol und Tor
zu einer mächtigen und eigenständigen von ihm beherrschten Rus.
Das von ihm eingeführte Muttergottesfest (Mariä-Schutz und
-Fürbitte) und die ihr zu Ehren geweihte Mariä-Schutz-Kirche
sollte den byzantinischen Glaubensvätern vor Augen führen, daß

die Rus politisch und religiös eigenständig sei, sich vergrößern werde und dafür den himmlischen Schutz der Gottesmutter habe. Mit der Religion aus Byzanz kamen auch die griechischen kirchlichen Feiertage nach Rußland. Viele dieser Tage konnten aber aus dem warmen Süden nicht einfach in den kalten Norden Rußlands in den entsprechenden Jahreszeiten übertragen werden. Und außerdem wollte Bogoljubskij einen eigenen, nicht von Byzanz vorgeschriebenen Feiertag für den neuen staatlichen Mittelpunkt im Norden haben und führte das Fest der heiligen Jungfrau (Mariä-Schutz und -Fürbitte) ein, das in Byzanz keine Bedeutung hatte. In Rußland aber wurde es bald zum beliebtesten Fest auf dem Land. Nach dem Julianischen Kalender wurde es am 1. Oktober gefeiert. Die Ernte war eingebracht, die Feldarbeiten fast beendet, und die Dorfbewohner feierten schon in heidnischen Zeiten an diesem Tag die Hochzeiten ihrer Kinder. Fürst Bogoljubskij hatte geschickt dem alten heidnischen Brauch einen christlichen Feiertag übergestülpt.

Bevor der Fürst das ›Gedicht aus Stein‹ bauen ließ, errichtete er sich einen fürstlichen Palast in Bogoljubowo und für sein Seelenheil nebenan gleich zwei Steinkirchen; die Mariä-Himmelfahrts-Kathedrale wurde durch Bogen mit den Wohnräumen des Fürsten verbunden. Die Palastburg, mit Türmen, Mauern, Wällen und Gräben gegen äußere Feinde ausgestattet, wurde zu seinem eigenen Verhängnis. Der mutige, stolze, kluge, aber auch tyrannische Fürst, der Schrecken der Bojaren und einfachen Menschen genannt, wurde 1174 in seinen eigenen Festungsmauern von den engsten Vertrauten und seiner Ehefrau ermordet. Die Palastburg des Fürsten, nachdem sie (und ganz Bogoljubowo) von den Tataren 1238 zerstört worden war, wurde Ende des 13. Jahrhunderts von Mönchen zu einem Kloster umgebaut. Zu einem Wallfahrtsort ersten Ranges wurden Bogoljubowo und das Kloster aber erst, als Fürst Andrej Bogoljubskij 1702 heiliggesprochen wurde.

Mit dem Verfall der Kiewer Rus begann der Aufstieg der Wladimir-Susdaler. Als die Kiewer gegen die Polowzer Nomaden Krieg führten und ihre Stadt dabei zerstört wurde, richteten sie ihre

Blicke hilfesuchend in den Nordosten des Landes. Dort regierte der Fürst Wsewolod, ein Sohn des Kiewer Fürsten Dolgorukij (Langhand) und Bruder von Bogoljubskij. Wsewolod Bolschoje Gnjesdo (großes Nest), wegen seiner vielen Kinder so bezeichnet, sollte den Bedrängten im Süden helfen. Im ›Igorlied‹ mit dem deutschen ›Nibelungenlied‹ vergleichbar, heißt es: »Großfürst Wsewolod: Gedenkst du nicht, aus der Ferne zu kommen, um den goldenen Thron deiner Väter zu bewachen? Du kannst die Wasser der Wolga mit deinen Rudern verdrängen und den Don mit den Helmen deiner Krieger ausschöpfen!« Der Fürst ging nicht in den Süden, dafür aber kamen Ende des 12. Jahrhunderts die von Krieg und Elend bedrohten Menschen vom Dnjepr über die Oka nach ›Salessje‹ (hinter den Wäldern) nach Norden, wo die neue alte Rus entstand. In der Zeit der Brüder Wsewolod und Bogoljubskij war Wladimir-Susdal das Zentrum der Rus. Wladimir am Fluß Kljasma wurde politisch und militärisch so stark wie Kiew und erhielt auch ähnlich viele Kirchen.

Wsewolods älterer Bruder Bogoljubskij rief 1160 die ›Meister aller Länder‹ zusammen, um in Wladimir, benannt nach dem Kiewer Fürsten Wladimir dem Heiligen, der 988 das Christentum angenommen hatte, die Mariä-Himmelsfahrt-Kirche zu erbauen: zur Erinnerung an Wladimir, als Symbol der gesamtrussischen Macht und des Strebens nach religiöser Unabhängigkeit von Byzanz.

Die Mariä-Entschlafens-Kirche ist das wichtigste Bauwerk der nordöstlichen Rus im 12. Jahrhundert, Vorbild für andere Kathedralen im ganzen Land und die gleichnamige Kathedrale im Moskauer Kreml. Sie liegt am Berghang über der Stadt und beherrscht bis heute die Silhouette Wladimirs. Die dreikuppelige Kirche ist nach dem Schema der Kathedrale im Kiewer Höhlenkloster gebaut und von innen und außen reich mit Steinmetzwerken, Fresken und Gold verziert.

Ein Brand im Jahr 1185 zerstörte Teile der Kirche, vor allem die Malereien und Goldauflagen. Sie wurde von russischen Architekten ohne ausländische Hilfe wieder aufgebaut und dieses Ereignis auch ausdrücklich in der Chronik erwähnt: »Es wurden keine

Meister mehr von den Deutschen geholt.« Das wieder hergestellte Gotteshaus erhielt fünf statt drei vergoldete Kuppeln, die Innenräume, in fünf Teile untergliedert, wurden vergrößert. Das Kleinod des russischen Nordens brannte im Lauf der Jahrhunderte mehrmals ab, wurde aber immer wieder im alten Stil restauriert. Bis die wundertätige Ikone der Gottesmutter von Wladimir nach Moskau gebracht wurde, hing sie in der Kathedrale von Wladimir.

Eine weitere Mariä-Entschlafens-Kathedrale steht im Fürstinnen-Kloster zu Wladimir, das die Frau des Fürsten erbauen ließ; in der Gruft des Klosters wurden die Fürstinnen beigesetzt. Diese Kathedrale wurde durch ihre Freskenmalerei berühmt. An den Wänden, Pfeilern und Decken sieht man Szenen aus dem Leben der Gottesmutter, der Bischöfe und Großfürsten, der kriegerischen Kämpfer der Kirche. Vor dem Kirchenausgang sind Bilder aus dem Jüngsten Gericht anschaulich dargestellt und deshalb an dieser Stelle gemalt worden, damit der Gläubige auch auf dem Heimweg an sein sündiges Leben erinnert werde.

Eine dritte Mariä-Entschlafens-Kirche konnte »aufgrund der Emsigkeit und Mühe der Wladimirer Kaufleute« (Chronik) am Ufer der Kljasma errichtet werden. Dieses im Vergleich zu den Kathedralen kleine Gotteshaus hat fünf dicht nebeneinanderstehende Kuppeln und einen Glockenturm mit Zeltdach.

Die von einer Volksversammlung regierten Bürger von Rostow Wjeliki (Groß-Rostow) wollten weder einen Fürsten noch ein christliches Oberhaupt dulden. Die Heiden in der reichen Handelsstadt ermordeten den Bischof Leonti, als dieser zu eifrig bemüht war, das Christentum in der Stadt einzuführen. Über siebzig Jahre lang schickte die Kirchenleitung aus Furcht vor einem wiederholten Mord und neuen Unruhen keinen Bischof in die nordrussische Stadt. Selbst der entschlossene Großfürst Andrej Bogoljubskij hatte Mühe, die Rostower Bürger unter seine fürstliche Gewalt zu bekommen und hatte Angst, so wird berichtet, in der schönsten und damals größten Stadt seines Fürstentums zu wohnen.

Mit dem Bau von mächtigen Kirchen, die die Bürger bewunderten und von denen sie gleichzeitig auch eingeschüchtert wurden, bekam der Fürst die widerstrebenden Rostower mehr und mehr in die weltliche und geistliche Gewalt. Auch in Rostow ließ der Fürst zuerst eine Mariä-Entschlafens-Kathedrale aus weißem Stein erbauen. Die am Nero-See gelegene Stadt wird — auch heute noch — von den Silhouetten der zahlreichen und verschiedenen Kuppeln und Kirchen geprägt. Die silbernen Kuppeln der Mariä-Entschlafens-Kathedrale heben sich kontrastreich vom schneeweißen Kreml, dem später erbauten Erlöser- und dem alten Abraham-Kloster ab; es wurde an der Stelle errichtet, wo vorher ein heidnischer Tempel zu Ehren des slawischen Viehgottes Weles gestanden hatte. Am Wege in die Stadt steht die letzte Kirche aus Holz, dem Evangelisten Johannes geweiht, die im Gebiet von Jaroslaw gebaut wurde.

Im August 1953 fegte ein Wirbelsturm durch die Stadt, der Bäume entwurzelte, Dächer wie Herbstblätter wegfegte und die Kirchen ›enthauptete‹. »Der schnelle Wiederaufbau des Zerstörten ist eine der bedeutendsten Errungenschaften der sowjetischen Architekten und Restauratoren«, verkündete stolz der Stadtrat von Rostow.

Noch vor Rostow gab sich Nowgorod am Ilmensee den Beinamen Wjeliki (Groß-Nowgorod). Durch den Fluß Wolchow wird die Stadt in zwei Hälften geteilt; in die rechte, die Sophien- und die linke, die Handelseite, die durch eine Brücke verbunden sind. Die rechte Seite, benannt nach der ältesten Kirche in Nowgorod, der Sophien-Kathedrale, beherbergt den Kreml mit seinen vielen Kirchen, auf der linken Seite stehen das Rathaus und die Handelshäuser.

Die Aufteilung der Stadt Nowgorod, eine der ältesten slawischen Ansiedlungen am Ilmensee, in eine geistliche und eine weltlich-kaufmännische hat symbolischen Charakter. In keinen anderen Städten und Fürstentümern der alten Rus war die Kirche mit der staatlichen Gewalt so eng verbunden wie in Nowgorod. Sie hatte diese Vormachtstellung dadurch erreicht, daß sie sich im Kampf der Fürsten gegen die Bojaren und Kaufleute auf deren Seite stellte. Schon 1136, nach Unruhen in der Stadt, wird der Fürst

Wsewolod abgesetzt und in der Residenz des Bischofs eingesperrt. Eine ›Wjetsche‹ (Volksversammlung) wird in Nowgorod
einberufen, in der Bojaren, Patrizier, aber auch Abgesandte der
starken Handwerker- und Händlerorganisationen vertreten sind.
Die ›Wjetsche‹ wird allerdings vom ›Herrenrat‹ der Bojaren und
Patrizier unter der Leitung des Erzbischofs regiert, auf den nun
viele Rechte des Fürsten übertragen werden. Er wird der reichste
Großgrundbesitzer der Stadt, herrscht über den Kreml und die
Sophien-Kathedrale, allerdings im Einvernehmen mit den Bürgern der Stadt, deren Einfluß nicht unerheblich ist und die den
Erzbischof in der ›Wjetsche‹ wählen.

Der Bischof begünstigt und fördert die Kunst — vor allem den
Bau von Kirchen. Durch den Einfluß der Bürger entstehen in
Nowgorod ›verweltlichte‹ Gotteshäuser, sogenannte Bürgerkir-
chen. Sie haben einen einfachen volkstümlichen Stil und sind
gemütlich und anheimelnd wie Wohnhäuser. Aus der Verbindung von Religion und bürgerlicher Kultur entsteht ein neuer
vereinfachter, prosaischer, wuchtiger Baustil, der den nüchter-
nen, freien und unbefangenen Bürgern von Nowgorod entsprach.
Er ist demokratischer.

In den Kirchen, die von Fürsten gebaut wurden, blieben die
vornehmen Bürger von den einfachen getrennt. Die Empore im
Gotteshaus durfte nur vom Fürsten, seinen Vertrauten und
Günstlingen bestiegen werden, während das Volk unten im Kirchenschiff stand. In den Kirchen, die im 12. Jahrhundert gebaut
wurden, wurde dieser Klassenunterschied im Gotteshaus aufge-
hoben; die Gläubigen standen gleichberechtigt nebeneinander.
Der Bau dieser Kirchen wurde von den Bewohnern einer Straße,
dem Bischof, den Kaufleuten und Bojaren gemeinsam finanziert
und gebaut. In ihnen wurden nicht nur Gottesdienste abgehalten,
sondern auch Waren gelagert, politische Versammlungen abgehalten und Feste auf den Kirchplätzen gefeiert.

Zum Symbol der Unabhängigkeit, der Selbstverwaltung der Stadt
wurde die 1045 erbaute Sophien-Kathedrale. Wenn die Nowgoroder in den Krieg zogen, gelobten sie, für die Heilige Sophia zu

sterben; wenn sie Frieden schlossen, machten sie es in ihrem Namen. »Wo die Heilige Sophia steht, da ist auch Nowgorod.« Nach der Sophien-Kathedrale wurden noch zwei Kathedralen, zu Ehren des Wundertäters Nikolaus und Mariä-Geburt, die nicht höher sein durften als die Sophien-Kathedrale, gebaut. Insgesamt wurden in Nowgorod im Laufe der Jahrhunderte knapp fünfzig Kirchen und vier Klöster errichtet. Drei Jahrhunderte lang bestimmte Groß-Nowgorod sein eigenes Schicksal und blieb auch, neben Pskow, die einzige Stadt in der alten Rus, die nicht von den Tataren erobert und zerstört wurde. Dieser freien Stadtstaatidylle setzte Iwan III aus Moskau 1477 ein Ende. Er sammelte Truppen aus dem ganzen Land und besiegte Nowgorod. Aus seiner Sicht war es eine Vereinigung mit Rußland »unter dem Zepter des von Gottes Gnaden alleinigen Fürsten der ganzen Rus«.

Nowgorod – ohne Wjeliki (Groß) – ist heute eine russische (sowjetische) Stadt, die sich an die große Vergangenheit erinnert. Die meisten Kirchen – und alle Klöster – sind indes als Museen und andere staatliche Zweckbauten den Funktionären der Stadt und den Ministerien unterstellt.

Von der ehemaligen freien Stadt Nowgorod schwärmten russische Poeten in Gedichten. Im 19. Jahrhundert schrieb Michail Lermontow:

> Sei mir gegrüßt, du alte, heil'ge Wiege
> der kriegerischen Slawen. Wirren, Kriege
> sind über dich gebraust. Du standst im Zeitenlauf.
> Begeistert sehe ich an deiner Burg hinauf,
> wo Freiheit kündend, einst die Wetsche-Glocke schallte,
> die mit der Freiheit Untergang verhallte
> und, als der Sieger sie vom Turm stürzen ließ,
> so manchen Stolzen in ihren Fluß mitriß.
> Wo ist sie hin, o Nowgorod, der kühnen Männer Schar?
> Und Wolchow ist nicht mehr, was es vor Zeiten war?

BILDER GEWINNEN KRIEGE

HEILIGE UND WUNDERTÄTIGE IKONEN

Die Kirchenväter Rußlands verstehen und verstanden die Ikone als Vermittler zwischen Erde und Himmel, den Menschen und Gott; Bilder und Symbole seien eine Notwendigkeit der menschlichen Natur. Sie erklärten in sichtbarer Form viele Dinge der geistlichen Welt, welche ohne Bilder und Symbole nicht zu verstehen wären. Dies sei auch der Grund dafür gewesen, weshalb der Sohn Gottes oftmals die Menschen in Bildern und Gleichnissen unterwiesen habe.

In der russisch-othodoxen Kirche ist vor allem das Bild, die Ikone, in den Mittelpunkt gerückt worden: Wenn jemand die Ikone verehre, so verehre er durch sie Gott. Über die Ikone soll die Botschaft Jesu Christi verkündet werden. Möglichst vollkommen in Inhalt und Form sollten die Ikonenmaler das Abbild darstellen. Durch die Menschwerdung des Gottessohnes wird auch sein Urbild, so definieren es die russischen Theologen, in konkreten Umrissen vermittelt. Gott selbst hat sich durch seinen Sohn als Bild auf einer Ikone dargestellt. Über und durch die Ikone spricht Gott mit seinem Gefolge; die Ikone ist das Werkzeug Gottes, durch das er Wunder vollbringt: Kranke heilt, sie vom Tod errettet oder Armeen auf dem Schlachtfeld siegen läßt.

Besonders zahlreich sind in Rußland die wundertätigen Gottes-mutter-Ikonen: etwa vierhundert an der Zahl. Die berühmteste Ikone Rußlands − und nicht nur unter den Gottesmüttern − ist die Ikone der Gottesmutter von Wladimir. Diese Ikone Marias mit dem Jesuskind auf dem Arm, das älteste christliche Heiligtum, ist der Legende nach eine von drei Ikonen, die vom Apostel und

Evangelisten Lukas gemalt worden sind. Als Maria die auf Holz gemalten Heiligenbilder bei Lukas gesehen hatte, sagte sie zu ihm: »Gebenedeit werde ich nun von allen Völkern. Die gesegnete Güte, die von mir geboren wurde, wird auch die meine mit den heiligen Ikonen sein.«

Das Heiligenbild wurde dann der Legende nach im 5. Jahrhundert von Jerusalem nach Konstantinopel gebracht. Dort blieb das Gnadenbild sieben Jahrhunderte lang. Der Patriarch von Konstantinopel schenkte es 1130 dem Großfürsten von Kiew Juri Wladimirowitsch Dolgorukij, der es im Kiewer Vorort Wyschgorod im Jungfrauenkloster aufstellen ließ. Als der Wyschgoroder Großfürst Andrej Bogoljubskij gegen die russischen Fürstentümer Rostow-Susdal im Norden zu Felde zog, nahm er das Gnadenbild, das unterwegs Wunder gewirkt hatte, mit auf den langen Weg.

Am Fluß Kljasma hielt die Ikone, wie es heißt, plötzlich an. Die Pferde konnten sich nicht mehr fortbewegen; nicht sie hielten an, sondern die Ikone; im russischen Sprachgebrauch lebt, geht, kommt, erscheint . . . eine Ikone.

Dem russischen Fürsten Bogoljubskij erschien die Gottesmutter, und sie wies ihn an, nicht weiter nach Rostow zu ziehen, sondern der Stadt Wladimir die Ikone zu bringen; seither trägt die Ikone den Namen ›Wladimirskaja‹. Um die Ikone würdig unterzubringen, bauten die Stadtväter für sie 1160 die Uspenskij-Kathedrale (Mariä-Entschlafens-Kirche). An der Stelle vor Wladimir, an der die Ikone angehalten hatte und dem Fürsten die Gottesmutter erschienen war, ließ er eine Kirche, ein Kloster, das Bogoljubskij, und später eine ganze Stadt errichten, die den Namen Bogoljubowo erhielt.

Zu Ehren der Gottesmutter ließ der Fürst noch eine Ikone, die Bogolojubskaja, anfertigen. Er beauftragte griechische Ikonenmaler mit diesem Werk. Sie hatten Maria so zu malen, wie sie dem Fürsten erschienen war: Die Gottesmutter, in ganzer Gestalt, hält in der rechten Hand eine geöffnete Schriftrolle, die linke ist ausgestreckt wie in flehentlicher Bitte um Vergebung der Sünden. Die Ikone wurde in die Klosterkirche gebracht und der 18. Juni zu

ihrem Festtag bestimmt. Wunder dieser Ikone hatten sich bald bis
Moskau herumgesprochen, und diese wiederum veranlaßten den
Großfürsten Wassilij Dimitrjewitsch, eine Kopie für die Moskauer
Hofkirche im Kreml (Erlöser-Kirche) anfertigen zu lassen. Der
Großfürst Wassiljewitsch ließ 1432 noch eine Kopie für die Srete-
nie-Kirche im Kreml malen und zur Hof-Ikone, vor der die
Moskauer Fürsten beteten, erklären. Peter der Große baute für die
von ihm hochverehrte Bogoljubskaja-Ikone 1690 sogar eine
Kathedrale im Moskauer Wissokopetrowskij-Kloster.

Ikone »Gottesmutter von Wladimir«, 16. Jahrhundert, auch »die
Mutter der russischen Erde« genannt. Diese wundertätige Ikone
wird in Rußland am meisten verehrt.

Andere Ikonenmaler inspirierte Andrej Bogoljubskij und die
gleichnamige Ikone zu eigenen Werken. Der gottergebene Fürst
kniet vor der Gottesmutter; in dem Ikonenzyklus ›Molenje

o narodje‹ (Gebet fürs Vaterland), ein beliebtes Motiv im 16. Jahrhundert, betet die Gottesmutter zu Christus, vor ihr knien und stehen Heilige, Fürsten und Geistliche.

Die Gottesmutter von Wladimir wiederum wurde bald zur Wundertäterin des russischen Nordens. Gläubige aus Wladimir, aus den umliegenden Orten Twer, Murom oder Rostow, pilgerten in die majestätische Uspenskij-Kathedrale, um zu der von weither gekommenen Ikone zu beten, Gesundheit, eine gute Ernte zu erbitten oder den Feind aus dem Land vertreiben zu helfen.

Das von Geistlichen der Kathedrale zusammengestellte Manuskript ›Wunder der Gottesmutter-Ikone von Wladimir‹ wurde bald in ganz Rußland bekannt. Die ›göttlichen Feuerstrahlen‹, die von der Ikone ausgingen, halfen dem Fürsten Bogoljubskij 1164, die Wolga-Bulgaren, die das Gebiet von Rostow und Susdal bedrohten, zu besiegen. Vor dem Heer marschierten Priester mit einem Kreuz und der Ikone von Wladimir. Der Fürst betete vor der Schlacht zur Gottesmutter: »Jeder der Dir vertraut, wird nicht fallen, und ich Sünder habe in Dir eine Mauer und einen Schutz«. Anschließend knieten der Fürst, die Offiziere und Soldaten vor ihr nieder, küßten sie und gingen furchtlos in den Kampf.

Die wundertätige Ikone wurde erstmals 1395 nach Moskau gebracht, als die tataro-mongolischen Heere unter Tamerlan, von den Russen die ›Geißel Gottes‹ genannt, bis an den Don vorgedrungen waren und Moskau bedrohten. Der Moskauer Großfürst Wassilij stellte sich den feindlichen Truppen am Ufer der Oka entgegen, der Metropolit Kiprijan ließ die wundertätige Gottesmutter-Ikone von Wladimir holen. »Die ganze Stadt ging ihr entgegen«, heißt es in der Chronik, »mit brennenden Kerzen, Kreuzen, Ikonen, Weihrauch, Gebeten, Gesängen und Tränen in den Augen empfingen die Moskowiter das rettende heilige Bild auf dem Kutschkowofeld an der Wladimir-Straße. Tamerlan stand fünfzehn Tage lang an einer Stelle, ohne sein Heer in den Kampf zu schicken, dann kehrte er um.«

Die Legende sagt, daß am 26. August 1395 (als die Ikone aus Wladimir in Moskau eingetroffen war) Tamerlan im Zelt geschlafen und einen Traum gehabt habe. Vor ihm stand ein Berg, auf dem sich Heilige mit goldenen Stäben bewegten, über ihnen erschien eine leuchtende Frau, die Tamerlan befahl, Rußland zu verlassen. Der Führer der Mongolenheere, erschreckt durch die Vision der Gottesmutter, gab sofort Befehl umzukehren. Der Großfürst und der Moskauer Metropolit bestimmten danach, das Fest der Gottesmutter von Wladimir am 26. August zu begehen und an der Stelle, an der die Ikone von den Moskowitern in Empfang genommen worden war, eine Kirche der ›Ehrenhaften Begegnung‹ (Tscherstnoje sretenje) zu bauen und ein Kloster zu errichten.

Einen weiteren Sieg ohne Blutvergießen schenkte die Ikone den Heeren 1480, als Moskau von Chan Ahmet bedroht wurde, der am Fluß Ugra stand. Das der Stadt Wladimir zurückgegebene Heiligenbild wurde abermals – am 23. Juni – nach Moskau geholt. Zur Erinnerung an diesen Sieg wurde der 23. Juni zum Festtag der Gottesmutter-Ikone von Wladimir bestimmt. Noch mehrmals – bis 1541 – wurde Moskau von den tatarischen Eroberern bedroht und immer wieder von der Gottesmutter von Wladimir errettet. Zu Ehren der Gottesmutter von Wladimir wurde noch ein Festtag, der dritte, am 21. Mai bestimmt. Vor diesem Heiligenbild wurden alsbald russische Metropoliten, Patriarchen geweiht und Zaren bei ihrer Krönung gesalbt. Viele Kirchen wurden nach der ›Wladimirskaja‹ benannt und zahlreiche Ikonen nach dem Urtypus gemalt.

Von 1480 bis 1830 hing die Gottesmutter von Wladimir in der Mariä-Entschlafens-Kathedrale im Kreml von Moskau, dann wurde sie ins Historische Museum gebracht und befindet sich jetzt in der Tretjakow-Galerie. Für die Museumsbeamten ist die Ikone ein Zeugnis der russischen Geschichte und Kunst. Für die Gläubigen, die das Museum besuchen, ist und bleibt sie eine wundertätige Ikone, vor der sie sich oft auch in dem weltlichen Gebäude bekreuzigen.

Viele russische Historiker und Kunsthistoriker haben sich mit der Gottesmutter-Ikone beschäftigt und übereinstimmend festgestellt, daß die Ikone Anfang des 12. Jahrhunderts in Konstantinopel entstanden ist. Etwa 1136 ist sie nach Wyschgorod bei Kiew und 1155 vom Fürsten Andrej Bogoljubskij nach Wladimir gebracht worden; von der Zeit an hat sie der Legende nach Wunder vollbracht. Auch die Überführung der Ikone von Wladimir nach Moskau im Jahre 1395 und 1480 wird von Historikern bestätigt.

Die Gottesmutter von Kasan.

Kasan, die ehemalige Hauptstadt eines tatarischen Fürstentums, wurde Mitte des 13. Jahrhunderts gegründet. Zahlreiche Kämpfe zwischen Russen und Tataren um Kasan endeten schließlich mit der Eroberung der Stadt durch Iwan IV im Jahre 1552. Mit einem hundertfünfzigtausend Mann starken Heer hatte Iwan die Tatarenstadt belagert und nach sechswöchigem Kampf eingenommen. Der Zar selbst war mit dem Kampfbanner in der Hand den russischen Soldaten vorausgeeilt, als diese zauderten und den Tataren weichen wollten. Mit der endgültigen Eroberung der Stadt zogen immer mehr orthodoxe Russen nach Kasan und verdrängten die moslemischen Tataren an die Peripherie. Nach dem Einzug der Russen passierte auch das Wunder mit der Ikone zu Kasan.

Im Haus des Russen Daniel Onutschin brach am 23. Juni 1579 ein Brand aus, der einige Straßen um den Kreml herum vernichtete. Als Onutschin mit dem Aufbau seines Hauses beginnen wollte, erschien seiner neunjährigen Tochter Matrona im Traum die Gottesmutter und erzählte ihr, daß unter den Trümmern eine Ikone begraben liege und sie geborgen werden sollte. Das Kind ging zu Geistlichen und selbst zum Bischof, ohne bei ihnen Gehör zu finden. Daraufhin suchte das Mädchen die Ikone selbst und fand sie auch. Sie lag unter dem Ofen des verbrannten Hauses, eingewickelt in einen alten Stoff.

Der Legende zufolge ist sie dort während der Tatarenherrschaft versteckt worden, als die Christen von den moslemischen Erobern verfolgt wurden. Die Ikone wurde in feierlicher Prozession in die Nikolaus-Kirche gebracht, in der sie Wunder vollbrachte und zum

Beispiel Blinde wieder sehend machte. Der Erzbischof von Kasan schickte sogleich eine Kopie der Ikone mit einem genauen Bericht über Herkunft und Wundertätigkeit an den Zaren Iwan den Schrecklichen nach Moskau. Der Herrscher im fernen Moskau befahl, an der Stelle, an der die heilige Ikone gefunden worden war, eine Kirche und ein Nonnenkloster zu bauen, in dem die Ikone unterzubringen sei. Dort wirkte sie immer wieder Wunder, vor allem an Blinden und Augenkranken. Sie beten bis heute zu ihr und erwarten von der Ikone Hilfe und Linderung. Zur Erinnerung an die Erscheinung der ›Ikone der Allerheiligsten Gottesmutter‹ in der Stadt Kasan feiert die russische Kirche seit 1595 am 8. Juli ihr Fest.

Einen zweiten Festtag zu Ehren der wundertätigen Gottesmutter-Ikone von Kasan legten die Kirchenväter auf den 22. Oktober. Mit diesem Tag erinnern sie an die Befreiung Moskaus von polnischen Heeren im Jahr 1612. Am Anfang des 17. Jahrhunderts war Rußland von Feinden umringt, besetzt und in einem Zustand des staatlichen und moralischen Verfalls. Die alte Zarendynastie der Rjurikiden ging mit dem Tod von Fjodor Iwanowitsch zu Ende, die neue, die der Romanows, begann 1613.

Die Schweden hatten Nowgorod besetzt, dem polnischen König Wladyslaw gehörte halb Rußland. Schon viele Russen hatten sich damit abgefunden, einen polnischen König auf dem russischen Zarenthron zu sehen. Aber die treuen und gläubigen Söhne des Vaterlandes, wie es in der Chronik weiter heißt, konnten es nicht zulassen, daß ein Ausländer und noch dazu ein Andersgläubiger Zar von Rußland wurde. Der Nowgoroder Bürger Minin forderte alle, die ihr Vaterland lieben und ehren, auf zu kämpfen: »Wir erheben uns für die heilige Rus, für das Haus der Allerheiligsten Gottesmutter, für die Wundertäter Alexij, Fotij und Filip, wir verkaufen unsere Frauen und Kinder, aber wir befreien unser Vaterland.«

Der Aufruf von Minin hatte gezündet. Der Bojar Poscharskij und der Novize Polyzin organisierten den Kampf gegen die fremden Besatzer. Freiwillige aus allen Teilen Rußlands rückten an. Auch aus Kasan kamen sie und brachten ihre wundertätige Ikone mit. Vor dem Gefecht holten sie sich Rat bei dem Heiligenbild. Mit Hilfe der Ikone aus Kasan entrissen die Russen den Polen das Jungfrauenkloster in Moskau und nahmen polnische Soldaten gefangen.

Zwischen den Führern des freiwilligen Heeres kam es zu Streitigkeiten und die Ikone wurde 1611 wieder nach Kasan geschickt. Auf dem Weg dorthin gelangte sie in die Stadt Jaroslawl, in der mittlerweile russische Freiwillige, organisiert von Minin, aus Nyschnyj-Nowgorod, eingetroffen waren. Der Heerführer Poscharskij, der von den Wundertaten der Ikone im Kampf um Moskau gehört hatte, behielt die Ikone bei sich; immer wieder beteten er und die Offiziere vor ihr und baten sie um Rat und Hilfe.

Dann zog das Heer nach Moskau, um die Stadt von den Polen zu befreien. Die Übermacht der Polen war groß. Nur mit Hilfe Gottes und Hilfe der Ikone aus Kasan sei die Schlacht zu gewinnen, stellten die Russen fest. Vor dem entscheidenden Gefecht beteten und fasteten die Krieger drei Tage lang vor der Gottesmutter-Ikone aus Kasan. Am 22. Oktober 1612 besiegten die gottesfürchtigen Russen unter den Augen des aus Griechenland angereisten Erzbischofs Arsenij das polnische Heer und befreiten Moskau. Die Wundertaten der Gottesmutter-Ikone von Kasan verbreiteten sich in ganz Rußland wie ein Lauffeuer. Kirchen in vielen Dörfern und Städten erhielten ihren Namen, unzählige Ikonen wurden nach dem Vorbild der ›Kasanskaja‹ gemalt.

Die von allen Russen bis zum heutigen Tag verehrte Original-Ikone ist seit dem japanisch-russischen Krieg von 1905 nicht mehr aufgefunden worden. Dabei war von Anfang an nicht sicher, in welcher Stadt und in welcher Kirche sich das Original der Gottesmutter von Kasan befand. Als der Kasaner Bischof 1579 Iwan dem Schrecklichen die Ikone (oder eine Kopie) nach Moskau geschickt hatte, waren die Moskowiter und die Kasaner Gläubigen davon überzeugt, jeweils das Original zu besitzen. Fürst Poscharskij, der die Ikone im Feldzug gegen die Polen bei sich hatte, erbaute 1636 ihr zu Ehren die Kasaner Kathedrale am heutigen Roten Platz in Moskau, und brachte sie dort unter. 1934 wurde die Kirche abgerissen. Zar Peter der Große, der die Metropole seines Reiches von der Moskwa an die Newa nach Petersburg verlegt hatte, nahm 1721 die von Iwan dem Schrecklichen nach Moskau geschickte Ikone mit nach Petersburg, um sie im Alexander Newskij-Kloster unterbringen zu lassen. 1811 schließlich wurde sie in die ihr zu Ehren erbaute Kasaner Kathedrale von Petersburg gebracht und zum ›allgemeinen Heiligtum der Hauptstadt‹ erklärt.

Die Gottesmutter von Tichwin

Das Erscheinen einer Ikone an einem Fluß, in einem Dorf, oder auf einer Wiese wurde in Rußland immer als Zeichen für besonderes Heil gedeutet. Dort, wo Ikonen erschienen waren — und es erschienen der Legende nach viele —, wurde in der Regel eine Kirche, Kapelle und oft noch ein Kloster errichtet, wenn den weltlichen und kirchlichen Hierarchen die Wunder des Heiligenbildes für sie, ihre Untergebenen und die Gegend bedeutend genug waren; für den Bau teurer Kirchen oder mächtiger Klosteranlagen war ihnen kein Geld zu schade. So ist auch das weit und breit bekannte Uspenskij-Kloster in Tichwin entstanden.

Unter dem Fürsten Dimitrij Donskoj erschien 1383 in Nowgorod eine Gottesmutter-Ikone, die durch die Luft flog. Als erste sahen Fischer die auf einer Wolke über dem Onegasee schwebende, glänzende Ikone, die sich allmählich entfernte. Zunächst hielt sie am Fluß Ontscha, in der Nähe des Onegasees, im Ort Smolnowo an, dann schwebte sie nach Wimotschenizi. Die Ikone ›ging in der Luft‹ von Ort zu Ort; Überall dort, wo sie angehalten hatte, errichteten die Gläubigen ihr zu Ehren Kirchen oder Kapellen. In der Nähe von Tichwin am Flüßchen Tichwinka blieb sie endgültig stehen, wie es heißt.

An dieser Stelle wurde zunächst eine Kirche aus Holz, dann eine aus Stein gebaut. 1560 ließ Zar Iwan der Schreckliche das Uspenskij-Kloster mit einer dicken Mauer umbauen.

Als 1613 die Schweden Nowgorod erobert hatten und auch das Kloster in Tichwin erstürmen wollten, trugen die Mönche das Gnadenbild mit Gebeten und Gesängen um das Kloster. Die Schweden machten kehrt, erschienen aber ein Jahr später wieder, um die strategisch wichtige Klosterfestung einzunehmen. Die Mönche kämpften gegen die Übermacht des Feindes auf Leben und Tod und konnten so das Kloster verteidigen. Daraufhin holten die Schweden aus dem von ihnen besetzten Nowgorod weitere Soldaten. Das Kloster konnte nunmehr nur noch durch ein Wunder gerettet werden. Und das Wunder geschah. Die schwedischen Soldaten, die sich Tichwin näherten, sahen plötzlich ein riesiges, in glänzenden Rüstungen ausgestattetes Heer vor sich stehen, das von der Gottesmutter und Engeln mit Flügeln angeführt wurde. Die schwedischen Krieger packte panische Angst und sie kehrten um. Das Kloster blieb den Mönchen erhalten.

Mit Hilfe der Ikone waren die Schweden gezwungen worden, Frieden mit den Russen zu schließen. Bevor die Gesandten des Zaren aus Moskau nach Stolbowo reisten, um mit den Schweden einen Friedensvertrag zu unterzeichnen, begaben sie sich zuerst in das fünfundfünfzig Kilometer entfernte Kloster von Tichwin. Zu den Verhandlungen mit den Schweden nahmen sie eine Kopie der Gottesmutter-Ikone mit, die ihnen beistand und den Vertrag von 1617 ermöglichte. Diese Ikone befindet sich seit 1898 in der Moskauer Mariä-Entschlafens-Kathedrale.

Der endgültige Sieg der Russen über die Schweden in der Schlacht bei Poltawa 1709 ist mit der wundertätigen Hilfe der Gottesmutter-Ikone von Tichwin, einen Tag nach ihrem kirchlichen Fest, errungen worden. Der russische Feldherr und Bezwinger der Schweden, Graf Scheremetjew, dankte der Ikone und ehrte sie mit einem weiteren Kloster in der Nähe von Kursk; ihr zu Ehren wurden im ganzen Land Kirchen gebaut und gleichnamige Ikonen gemalt.

Die Gottesmutter-Ikone von Potschajew.

Diese Ikone erhielt ihren Namen von dem Kloster in Potschajew (Wolhynien), in dem das wundertätige Heiligenbild seit 1597 aufbewahrt wird.

Maria selbst hatte der Legende nach den Berg Potschajew für das Kloster bestimmt; dort ist sie in Form einer Feuersäule erschienen. Ein Fußabdruck, aus dem bis heute eine Quelle sprudelt, blieb zurück. Der griechische Metropolit Neophit, der durch Wolhynien reiste, schwenkte die Ikone der Gutsherrin Anna Gojska, die sie in ihrer Hauskapelle aufstellte. Schon bald vollbrachte sie Wunder. Helle Strahlen erleuchteten die Ikone, die nach einem innigen Gebet der Anna Gojska dem blindgeborenen Bruder das Augenlicht wiedergab; daraufhin brachte sie die Ikone in das Kloster Potschajew. Zu ihr und zur heiligen Quelle reisten und reisen Pilger aus ganz Rußland, die für ihre kranken Beine oder blinden Augen Heilung erhofften und auch heute noch erhoffen. Tausende fahren jährlich in das Kloster; gemeinsam mit den Mönchen erbitten die frommen Russen von der Ikone und der Quelle Wunder und danken für die geleistete Hilfe.

Auch die Ikone von Potschajew diente dem orthodoxen Vaterland und besiegte die Tataren, die im Dienst der Türken Polen erobern sollten. Als die Tataren 1675 das Kloster von drei Seiten her umzingelt hatten und stürmen wollten, flehten die Eingeschlossenen die Gottesmutter und den Ortsheiligen Iow um Hilfe an. Während des Gebetes vor der wundertätigen Ikone erschien über der Dreifaltigkeits-Kirche des Klosters die Allerheiligste Jungfrau. Sie war umringt von Engeln mit Schwertern, vor ihr stand der gerechte Iow und bat sie inbrünstig, das Kloster zu retten. Die Tataren zogen ihre Pfeile, schossen sie auf die Gottesmutter und den heiligen Iow. Die Pfeile aber kamen zurück und verwundeten diejenigen, die sie abgeschossen hatten. Die Tataren gerieten in Panik, rannten Hals über Kopf vom Berg Potschajew und warfen ihre Waffen weg. Alljährlich gedenken die Mönche und Gläubigen in einem Gottesdienst zu Ehren der wundertätigen Ikone der Errettung des Klosters.

Nach der Gründung der christlichen Rus 988 hatten die Russen alsbald auch ihre eigenen Heiligen, die auf Ikonen dargestellt waren, nach denen Kirchen benannt und die vom Volk innig verehrt wurden. Die ersten russischen Heiligen sind Brüder: Die Fürsten Boris und Gleb. Die Söhne des Kiewer Großfürsten Wladimir I erhielten von ihrem Vater die weit von Kiew entfernten Fürstentümer Rostow (Boris) und Murom (Gleb). Nach dem Tod des Vaters 1015 ermordete der Halbbruder Swjatopolk seine beiden Rivalen Boris und Gleb im Streit um die Nachfolge als Großfürst von Kiew. Auch der dritte Bruder Swjatoslaw wurde eigenhändig von Swjatopolk umgebracht.

Obwohl die Brüder Boris und Gleb nicht im Kampf für den Glauben gestorben sind, ›nur‹ Opfer politischer Machtgier wurden, hat sie die russische Kirche heiliggesprochen. Worin also hat die junge russische Kirche, das gesamte russische Volk, die heiligen Taten der jungen Fürsten gesehen? In den Chroniken des 11. Jahrhunderts erfahren wir wenig über ihr Leben bis zum Tod, dafür um so mehr über ihr christlich-heldenhaftes Sterben.

Nach einem Feldzug des jungen Boris gegen die heidnischen Petschenegen erfährt dieser, daß ihn sein Bruder ermorden will. Statt sich auf einen Kampf gegen den Bruder vorzubereiten, schickt er seine Leibwache fort. Er wartet mit einem Diener am Fluß Alta auf die Mörder. Mit Tränen in den Augen und Gebeten verbringt er seine letzte Nacht. Ihn bedrückt eine tödliche Wehmut. Trost holt er sich aus den Psalmen und dem Evangelium. Mut machen ihm die Erinnerungen an die Märtyrer Nikita, Wjatscheslaw und Barbara, die von ihren nächsten Angehörigen umgebracht worden waren. Er bittet Gott um Beistand.

Am Morgen des 24. Juli betreten die Mörder das Zelt von Boris und werfen sich wie wilde Tiere auf ihn. Fürst Boris, durch wuchtige Schläge schwer verletzt, fleht seinen Bruder und die Mörder an, ihn nicht gleich zu töten, damit er noch zu Gott beten könne. »Mein lieber und geliebter Bruder, gebt mir noch ein bißchen Zeit, um zu meinem Gott zu beten« wird Fürst Boris in der Chronik zitiert. Dann stellt er sich wie ein Lamm mit Tränen in den Augen seinen Mördern und spricht: »Brüder, erledigt eure Pflicht, Friede sei mit meinem Bruder und euch, Brüder.«

Boris' jüngerer Bruder, Fürst Gleb, wird wenig später am Fluß Dnjepr ermordet. Sein Halbbruder Swajatopolk lädt ihn scheinheilig nach Kiew ein. Bei Smolensk werden angeheuerte Mörder auf das Schiff gelassen, auf dem sich Fürst Gleb befindet. Der Koch des Fürsten wird bestochen und verrät seinen Herrn. Er sticht ihm ein Messer »wie der Fleischer dem Schaf« in den Hals. Nach fünf Jahren (1020) überführt ein anderer Bruder, Jaroslaw der Weise, die Leiche der unschuldig ermordeten Fürsten in die Kirche des Heiligen Wassilij in Wyschgorod, einer Vorstadt von Kiew. Noch im selben Jahr (1020) werden die Brüder heiliggesprochen, und ein Strom von Wallfahrern aus allen Teilen der alten Rus besucht die Gräber der ersten russischen Heiligen. Ihnen zu Ehren wurde ein kirchlicher Feiertag bestimmt und ein Boris- und Gleb-Gottesdienst eingeführt.

Im Lauf der Jahrhunderte wurden in Rußland etwa fünfzig Fürsten und Fürstinnen heiliggesprochen, die meisten von ihnen für ihre Taten und ihr Verhalten in der Zeit der tataro-mongolischen Unterdrückung (13. bis 15. Jahrhundert). Sie hatten für die Befreiung der alten Rus vom tatarischen Joch und für das Christentum mit allen ihnen zur Verfügung stehenden Mitteln gekämpft. Andere Fürsten wiederum erhielten die höchsten kirchlichen Weihen — vor der Mongolenherrschaft — für ihren Einsatz bei der Christianisierung des Landes.

Nach den Märtyrern Boris und Gleb wurden die Fürstin Olga, christlicher Name Helena, und ihr Enkel Wladimir heiliggesprochen. Die Fürstin, die Kiew von 945 bis 962, also noch vor der offiziellen Annahme des Christentums durch Wladimir im Jahr 988, regiert hatte, habe sich schon vor ihrem Enkel taufen lassen, heißt es. Ihr Bekenntnis zu Christus und die Verbreitung seiner Lehre rechtfertigten ihre Kanonisierung, meint die Kirche. Über die christlichen Fürsten habe Gott auch zeigen wollen, daß er die russische Erde liebe. Die Fürstin Olga habe in einer heidnischen Welt standhaft den Glauben verteidigt, Tag und Nacht für ihren

Sohn, ihren Enkel und ihr ganzes Volk gebetet, das Jahre später
— auch durch ihr Gebet — reif geworden war, sich im Dnjepr mit
Wladimir taufen zu lassen.

Nicht die christliche Askese, die Taten von Olga und Wladimir,
sondern die Barmherzigkeit und Güte Gottes ihnen und damit
dem ganzen russischen Volk gegenüber, machten sie zu Heiligen.
Christus habe sie erwählt, ihnen ihre Sünden im heidnischen
Leben verziehen, weil er das russische Volk zu lieben begonnen
habe.

Andere russische Heilige sind für ihre Liebe zu Gott und den
Menschen, für ihren Kampf gegen die Sünde, ein tadelloses christliches und asketisches Leben, heiliggesprochen worden.

Als letzter in der Geschichte der russischen Heiligen wurde Serafim Sarowskij kanonisiert, der von 1759 bis 1833 gelebt hat. Er
wurde am 19. Juli in Kursk als Sohn eines wohlhabenden Bauun-
ternehmers geboren und auf den Namen Prochor getauft. Sein
Vater, der die Kathedrale von Kursk mitgebaut hatte, starb früh.
Prochor und sein Bruder sollten als Kaufleute ausgebildet werden.
Doch Prochor interessierte sich schon mit zehn Jahren mehr für
die Bibel und die Psalmen als für den Bau und das Kaufmännische.
Der gottergebene Junge las in der Heiligen Schrift und ging
regelmäßig in die Kirche. Mit achtzehn Jahren entschloß er sich, in
ein Kloster einzutreten. Er fuhr nach Kiew, um an der Quelle des
russischen Christentums für seinen Entschluß und monastischen
Weg zu beten. Ein Jahr später trat Prochor ins Kloster in Sarow
bei Tambowsk ein. Als Novize arbeitete er in der Bäckerei, der
Gärtnerei und Tischlerei des Klosters. Vor allem aber hat er mehr
als die anderen Novizen in der Kirche und in seiner Zelle gebetet.
Sein Leben im Kloster war sparsam und asketisch. Er aß nur
einmal am Tag und sehr wenig, mittwochs und freitags speiste er
gar nicht. Seinen geistlichen Vater bat er, im Wald, der ihm die
natürliche Ruhe gebe, beten zu dürfen. Als er im Kloster schwer
krank wurde, ist ihm die Gottesmutter erschienen, die ihn aus der
Krankheit herausgeführt habe. Er wurde Mönch und erhielt den
Namen Serafim.

Sein ständiges und inniges Gebet brachte den Mönch in die himmlischen Sphären, wie die Chronik berichtet. Er sah Engel, die in der Kirche dienten und sangen, dann erschien ihm Christus, der die Gläubigen und Priester segnete. Er folgte Gottes Ruf, verließ die Klostergemeinschaft, wurde Einsiedler und bezog im Wald eine kleine Hütte ohne Fenster. Täglich aß er nur ein Stück Brot, das ihm von Klosterbrüdern gebracht wurde, und ab und an von seinem selbstgezogenen Gemüse. Bald verzichtete er auch auf diese Speisen und ernährte sich nur noch von bitterem Gras; mittwochs freitags aß er – wie schon im Kloster – nichts.

Trotz der wenigen Nahrung arbeitete der Eremit tagsüber hart, nachts betete und meditierte er ohne Licht und Heizung, selbst im strengsten Winter. Schlaf gönnte er sich nur wenig auf dem nackten Fußboden. Dennoch war sein Gesicht fröhlich und hell wie bei einem Engel, sagt die Chronik. Und wie in einem irdischen Paradies sind Füchse, Wölfe und Bären zu seiner Hütte gekommen, um aus seiner Hand zu fressen.

Die Kleidung von Serafim war einfach. Er trug eine wollene Mütze, eine weiße Kutte im Sommer wie im Winter und ein Kreuz um den Hals. In einem kleinen Rucksack hatte er immer das Evangelium bei sich, um jederzeit bei seinen langen Waldwanderungen darin lesen zu können. Im Wald, den er liebte, hatte er Plätze, die er Nazareth oder Jerusalem nannte. Jede Stunde, ob am Tag oder in der Nacht, las er Psalmen und Gebete; gegen Abend vertiefte er sich in die Zwiesprache mit Gott und verbeugte sich dabei hundert Mal. Sein Herz, wie die Chronik berichtet, war immer im Gebet. Jeden Samstag und vor jedem Feiertag ging er ins Kloster und besuchte mit seinen Brüdern einen Gottesdienst, der die ganze Nacht dauerte.

Auch der einsame Mönch im Wald hatte gegen das Böse, gegen gotteslästerliche Gedanken und aufkommende Zweifel zu kämpfen. Er hat dann Tag und Nacht zu Christus und der Gottesmutter gebetet, die ihn wieder auf den rechten Weg geführt haben.

Prüfstein seiner grenzenlosen Liebe zu den Menschen war nicht nur das Gebet. Als er 1804 im Wald mit Säge und Axt arbeitete, überfielen ihn zwei mit Knüppeln bewaffnete Räuber. Der Mönch legte die Axt aus der Hand und verzichtete darauf, sich zu verteidigen. Die Männer, die bei ihm Geld vermuteten, verletzten ihn schwer. Mit letzter Kraft erreichte er das Kloster und mußte monatelang gepflegt werden. Da erschien ihm wieder die Gottesmutter und sagte, bezogen auf die beiden Räuber: »Das sind unsere Brüder.« Nachdem die beiden Männer gefaßt wurden und bestraft werden sollten, nahm der verletzte Mönch, der nur noch mit einem Stock gehen konnte, sie in Schutz und drohte, falls die Männer verurteilt würden, das Kloster und das Land zu verlassen. Nach dem Überfall im Wald änderte der Mönch sein Leben. Er fand einen großen Stein und wurde ein Stylit (Sonnenheiliger). Drei Jahre – tausend Nächte, heißt es in der Überlieferung – kniete Serafim auf dem Stein und betete mit zum Himmel erhobenen Armen: »Gott, erbarm Dich Deines Sünders!« Tagsüber kniete und betete er auf einem Stein, der etwas näher an seiner Hütte lag.

Der Mönch änderte wiederum sein Leben und wurde Schweigemönch. Das asketische und meditative Leben des Einsiedlers mißfiel selbst seinen Brüdern im Kloster. Der Abt befahl ihm, wieder im Kloster zu wohnen. Der Mönch gehorchte und bezog eine kleine Zelle, in die er außer dem Priester, der ihm die Hostie brachte, niemanden hineinließ. Selbst bei größter Kälte ließ er seine Zelle unbeheizt. Er schlief ohne Bettwäsche auf einem Sack mit Steinen. Tagsüber und auch nachts betete er ohne Unterlaß und verbeugte sich dabei immer wieder, Tausende Male täglich, wie es heißt.

Als asketisch-religiöse Übung trug er auf dem Rücken ein schweres Kreuz. Das Leben aus Gebet und Askese beeindruckte seine Brüder im Kloster. Sie wollten von ihm beraten werden, aber noch immer schwieg der Mönch.

Dann aber 1825, erschien ihm wieder die Gottesmutter und befahl ihm, die Einsiedelei und das Schweigen aufzugeben, um anderen Menschen zu helfen und sie zu erfreuen. Nach fünfzehn Jahren der Einsamkeit öffnete der Mönch seine Klosterzelle. Brüder aus

Ikone »Entschlafen der Gottesmutter«, 15. Jahrhundert. Für die gläubigen Russen sind Ikonen vor allem heilige Bilder und dann erst Kunstwerke.

dem Kloster und Tausende Gläubige kamen zu Pater Serafim, der sie tröstete, ihnen Rat gab und den Weg zu Gott aufzeigte. Er wurde im Kloster Starez Serafim genannt und in ganz Rußland durch seine heilskräftigen Gebete bekannt. Der Mönch vollbrachte Wunder, heißt es in der Chronik. Er heilte Kranke – nicht er, wie er sagte, sondern Gott allein hat die Macht. 1833 starb dieser außergewöhnliche Mensch. 1903 wurde er in Anwesenheit des Zaren heiliggesprochen.

Für den gläubigen Russen verkörpert der Mönch Serafim das Ideal des Heiligen – das Ideal des heiligen Rußlands.

Lebend eingemauert

Mönche in Russland

Ein russischer Pilger machte sich nach der Taufe der alten Rus im Jahre 988 auf den Weg nach Griechenland. In der Heimat seiner Glaubensväter wollte er deren Kirchen und Klöster – vor allem die auf dem Athos – kennenlernen. Das Leben der griechischen Mönche entsprach seinen christlichen Vorstellungen, und er entschloß sich, in ein Kloster einzutreten. Er wurde Mönch und erhielt den Namen Antonij.

Der glaubenseifrige Mönch aus der Rus wurde bald vom Abt in seine Heimat zurückgeschickt. Er sollte in dem christlich gewordenen Kiew ein Kloster gründen und die monastische Idee in der ganzen Rus verbreiten.

Der gehorsame Priester suchte in und um Kiew einen geeigneten Platz und fand schließlich eine kleine Höhle am Ufer des Dnjepr, in die er einzog. Nach dieser Höhle (russisch = Pjetschera) wurde 1037 das erste Kloster in Kiew und in ganz Rußland benannt: Pjetscherskij Monastyr (Höhlen-Kloster). Bald erhielt es die zusätzliche Bezeichnung Lawra (im Orient hießen die Höhlen-Klöster Lauren, in denen sich Männer niedergelassen hatten, die ein gemeinsames beschauliches Leben führten). Alle bedeutenden Klöster in Rußland nannten sich seit der Zeit Lawra.

Mönch Antonij, der die Klosterregeln auf dem Athos kennengelernt hatte, hielt sich streng an die Vorschriften: die Arbeit, das Gebet und die Askese. Er arbeitete hart und aß wenig; von einem Stück Brot und Wasser ernährte er sich den ganzen Tag. Während er unermüdlich in seiner Höhle Tag und Nacht arbeitete und in den Pausen betete, kamen begeisterte Christen aus Kiew und der Umgebung, die bei ihm lernten oder gleich in das noch unfertige Kloster eintreten wollten.

Im Gegensatz zu anderen Klöstern, die mittlerweile gegründet worden waren, nahm er alle Männer, ob reich oder arm, auf. Gemeinsam erweiterten sie die Höhle, zimmerten Mönchszellen und eine kleine Kirche hinein. Der stille Antonij, der dem großen Zulauf kaum gewachsen war, baute sich am Berghang, etwas abseits von den Brüderzellen, eine neue Höhle, um ungestört beten und meditieren zu können. Er ist dann, berichtet die Chronik, schweigend und betend gestorben.

In seinem Schüler Feodosij Pjetscherskij fand dann die ›alte Rus das Ideal eines Heiligen‹. Über das Leben des Mönchs und Abtes des Klosters Feodosij berichtet wiederum sein Klosterschüler, der Chronist Nestor.

Feodosij wurde in einer vermögenden Famlie in der Nähe der Stadt Kursk geboren. Schon als Kind beschäftigte ihn die Religion mehr als das Spiel mit Gleichaltrigen. Auch den Eltern gegenüber war er widerspenstig und darauf bedacht, die von Christus gebrachte Heilslehre in die Wirklichkeit umzusetzen. Zum Entsetzen seiner Mutter verkehrte er mit armen Leuten, die er zudem noch reichlich beschenkte.

Bald aber zog es ihn nach dem ›Jerusalem der russischen Lande‹. Er riß von zu Hause aus, wurde eingefangen, von der Mutter verprügelt und an eine Kette gelegt, damit er nicht wieder weglaufen konnte. Der Kampf mit der Mutter ging weiter. Er lief wieder von zu Hause weg, wurde aufgespürt und wieder bestraft. Zwischendurch ging er in die Kirche und betete. Dann endlich gelang ihm die Flucht nach Kiew ins Kloster, von dem er schon viel gehört hatte. Der Mönch Antonij nahm ihn auf. Die Mutter von Feodosij, die wegen der schlechten Behandlung ihres Sohnes das Gewissen plagte, folgte ihrem Sohn in die christliche Metropole; sie ging in ein Kloster, wurde Nonne und bat den Sohn, ihr zu verzeihen.

Mönch Feodosij, der bald Abt des Klosters wurde, wollte allen mit seinem mönchischen Ernst ein Vorbild sein. Er schlief nicht »auf den Rippen«, beobachteten die Chronisten, sondern »sitzend im Stuhl« und »arbeitete für sich und andere«. Auch als Abt scheute er keine physische Arbeit. Er hackte Holz, holte Wasser aus dem Brunnen, pflegte Kranke oder stand am Ofen in der Küche. Selber ernährte er sich sparsam und verlangte diese Enthaltsamkeit auch von anderen. An Wochentagen aß er nur Brot, an Feiertagen gestattete er sich zusätzlich gekochtes Obst. Viel essen, predigte er, bringe die Menschen auf dumme Gedanken.

Feodosij baute das Höhlen-Kloster zu Ende, das Antonij gegründet hatte und kam aus der finsteren Höhle ans Tageslicht. Er erweiterte das Kloster in und über den Höhlen; Mönche, die das Leben in den unterirdischen Katakomben liebten, lebten weiterhin in den Zellen im Berg.

Mit diesem Schritt begründete der gebildete Abt eine neue Form des monastischen Lebens in der Rus: die Gemeinschaft der Mönche. Sie hatten sich freiwillig, aber vollkommen dem Abt des Klosters unterzuordnen. Der Mönch sollte nicht nur einsam in einer Zelle für sein Seelenheil beten, sondern auch in der Gemeinschaft der Mönche asketisch leben, arbeiten, meditieren und sich somit für das Wohl der orthodoxen Kirche und christlichen Gemeinde verwenden. Mit diesen klösterlichen Regeln, die der Abt dem Heiligen Basilius aus Byzanz entlehnte, schuf Feodosij das Vorbild für alle weiteren Klostergründungen in Rußland.

Die Mönche, stellte sich Feodosij das neue Leben im Kloster vor, müssen die christliche Liebe ohne Stolz und Egoismus unter ihren Brüdern im Kloster und draußen im Volk beispielhaft vorleben und predigen. In den Annalen steht: »Die Lage des Klosters an der Grenze von Kiew war für den Dienst an der Gemeinschaft wie vorherbestimmt ... Feodosij trifft die Welt nicht nur an den Toren des Klosters, er geht selbst in die Welt hinaus. Wir sehen ihn in Kiew beim Fürsten und bei den Bojaren zu Gast.« In der Nacht besuchte er die jüdischen Viertel, schon damals nicht unbedeutend in Kiew, redete mit den Einwohnern und versuchte, sie zum Christentum zu bekehren. Der Abt machte das Kloster zum geistlich-geistigen Mittelpunkt von Kiew.

Vom fürstlichen Herrscher und dem Volk geschätzt und verehrt, lebte das Kloster von Spenden, die immer und reichlich eingingen. Die sparsam lebenden Mönche teilten sogleich die Opfergaben der vermögenden Brüder mit den Armen. In der Nähe des Klosters baute der Abt ein Haus für ›Arme, Blinde und Kranke‹. Jeden Samstag schickte der Abt den Gefangenen Brot in die Kiewer Gefängnisse. Selbst Einbrecher, die das Kloster berauben wollten, dabei von der Klosterwache gefaßt wurden, bat der Abt zu Tisch und verpflegte sie, dann ließ er die Räuber − ohne sie anzuzeigen − wieder laufen.

Der gute und barmherzige Feodosij konnte auch hart und furchtlos sein, wenn er Wahrheit und Gerechtigkeit verletzt sah. Er wetterte selbst gegen den Fürsten und erwähnte ihn nicht im Gottesdienst, wenn dieser in den Augen des Abts gesündigt hatte. Gegen den Genuß von Alkohol, der unter der Bevölkerung, aber auch unter den Mönchen verbreitet war, kämpfte er lautstark und vehement. Noch stärker prangerte er ›lateinische Ketzer‹ an, die von Polen her den orthodoxen Glauben durch den katholischen ersetzen wollten.

Abt Feodosij, der entscheidend die Christianisierung Kiews und die Verbreitung des Mönchtums in der alten Rus beeinflußt hat, starb 1074. Er wurde in der Höhle des Klosters begraben und bald danach heiliggesprochen.

Das Höhlen-Kloster in Kiew war bis zur Oktoberrevolution von 1917 eine kleine Stadt in Kiew. In den Höhlen lebten und starben die Mönche. Schon unter Abt Feodosij im 11. Jahrhundert kamen die Mönche aus den Höhlen und zogen in die Klostergebäude; die Höhlen wurden mehr und mehr Begräbnisstätten. Sechs Jahrhunderte lang wurden dort Mönche, Bischöfe, Metropoliten und Adlige beigesetzt. Die Gräber liegen in Nischen, die durch ein Labyrinth von Wegen miteinander verbunden sind. Sie wiederum führen zu kleinen Kirchen, Kreuzstationen und Ikonenplätzen. Die ›fernen‹ Höhlen sind knapp dreihundert Meter lang, die

›nahen‹ über zweihundert Meter. Sie sind fünf bis achtzehn Meter tief, die Gänge sind 1,5 Meter breit und zwei Meter hoch; bei Ausgrabungen entdeckten Wissenschaftler erst kürzlich hundertachtzig Räume.

Über der Erde bauten die Mönche ebenso fleißig wie in den Höhlen. Im Lauf der Jahrhunderte errichteten sie allein sechzehn Kirchen auf dem Klostergelände, die in Kriegen und bei Bränden zerstört und wieder aufgebaut wurden.

Die Kiewer Lawra, die seit 1926 eine ›staatliche kulturgeschichtliche Pflegestätte‹ (ein Museum) ist, war für Russen oder Ukrainer, für alle orthodoxen Christen also, ein Wallfahrtsort, der mindestens einmal im Leben besucht werden mußte. Zu dem Heiligtum der Kiewer Rus pilgerten Arme und Reiche, die alle in den Klostergebäuden untergebracht wurden. Die Mittellosen durften umsonst übernachten, die anderen zahlten soviel sie wollten und konnten.

Arme Pilger, die Tausende Kilometer auf Schusters Rappen zurückgelegt hatten und Monate unterwegs waren, blieben oft den ganzen Winter über im Kloster, weil sie wegen des vielen Schnees und der großen Kälte den Heimweg nicht antreten konnten. Sie durften kostenlos wohnen, essen und halfen den Mönchen bei der täglichen Arbeit. Die Speisen waren einfach; Kartoffeln, Gemüse und Fleisch wurden abwechselnd das ganze Jahr über gegessen. Im Teehaus stand ein meterhoher Samowar mit mehreren Hähnen, vermutlich der größte in Rußland, aus denen die Pilger heißes Wasser zapften. Tee und Zucker hatte sich jeder Wallfahrer von zu Hause mitgebracht. Einige von ihnen, die vom Weißen Meer im Norden, aus Sibirien oder dem fernöstlichen Kamschatka kamen, über zehntausend Kilometer zurückgelegt hatten, wanderten weiter nach Jerusalem. Die russischen Pilger waren oft Jahre unterwegs, ehe sie wieder in ihren Heimatort zurückkehrten.

Gottesfürchtige Wallfahrer, die aus kleinen Dörfern stammten, ihre Ersparnisse mitführten, wurden nicht selten von raffinierten Schwindlern mit ›heiligen Waren‹ betrogen. Die einfachen, unverdorbenen und leichtgläubigen Pilger kauften Kreuze, Heiligenbilder oder Rosenkränze, die von Heiligen, so argumentierten die Verkäufer, bereits getragen oder gesegnet worden waren. Andere wiederum wähnten sich schon im Himmel, weil sie ein Stück Holz vom Kreuz, an das Christus genagelt worden war, ein Stofffleckchen aus dem Umhang der Gottesmutter oder einen Becher mit Wasser aus dem Jordan von betrügerischen Straßenhändlern erworben hatten.

Die Höhlen der Kiewer Lawra, in denen die Mönche früher gelebt und später mit anderen weltlichen und geistlichen Würdenträgern beerdigt wurden, waren für die Pilger ein ›heiliges Erlebnis‹, das sie ihr Leben lang nicht vergaßen und mit viel Phantasie in ihren Heimatorten erzählten.

Zu den näheren Katakomben steigen die Pilger eine Treppe hinab, kommen in eine Kapelle, in der ihnen Mönche Kerzen verkaufen. Mit den brennenden Kerzen gehen sie dann staunend und betend, von Mönchen begleitet, weiter. Vor den Särgen, Altären und Ikonen in den unterirdischen drei kleinen Kirchen und Kapellen brennen Lichter, die die finsteren Höhlen in ein leuchtendes Kerzenmeer verwandeln. In den offenen Särgen liegen die durch das Mikroklima mumifizierten Leichen von Heiligen. Die wie aus Wachs geformten Händen sind auf der Brust gefaltet, das Gesicht ist mit einem Leinentuch verhüllt, das nur am Festtag des Heiligen entfernt wird. Vor den Särgen bilden sich Schlangen. Die Gläubigen knien nieder, küssen die Leichen und bitten die Toten mit eindringlichen Gebeten, ihnen im Diesseits zu helfen, fromm, sündenarm und gottergeben zu leben, um nach dem Tod im Himmel aufgenommen zu werden. Als Dank legen sie Gaben auf die Teller, die auf den Särgen stehen.

Besonders verehrt und mit Gebeten überschüttet werden jene Mönche, die für die sündigen Menschen und ihr Seelenheil außergewöhnliche Opfer gebracht haben. Die Märtyrer ließen sich lebend einmauern. Durch eine kleine Öffnung wurden ihnen Speisen und Getränke gereicht. Wenn die als Säulenheilige (Stolbowije) bekanntgewordenen Mönche glaubten, genug gelitten zu haben, ließen sie die kleinen Schlitze zumauern und starben ihren selbstgewählten Tod.

In den näheren Höhlen wurde auch die Leiche des Mönchs Nestor, des ersten Chronisten Rußlands, begraben. Er hat mit beredten Worten die Anfänge der russischen Geschichte und des orthodoxen Christentums beschrieben; dafür dankten ihm die russischen Historiker und ließen im 19. Jahrhundert über seinem silbernen Sarg eine goldene Tafel anbringen.

In den ›fernen‹ Höhlen, die durch eine Schlucht von den ›nahen‹ getrennt sind, liegen Heilige mit unbekannten Namen, aber großen vergangenen Wundertaten begraben, wird erzählt. Aus ihren Köpfen (›myrrhefließende Häupter‹) lief wundertätiges Myrrheöl, das bei der Taufe, der Ölung von Kranken und Sterbenden von Priestern verwendet wurde. Das wundersame Öl aus den Totenschädeln der Heiligen wurde auch den Gläubigen in abgefüllten Flaschen verkauft, um zu Hause damit allerlei Krankheiten, vor allem die der Augen, heilen zu können. Dort unten ruhen auch Mönche, die in die Höhlenzellen gegangen sind und sie nie wieder verlassen haben. Sie lebten von wenig Brot und Wasser, betend und fastend, bis sie, ausgemergelt, vom himmlischen Vater heimgeholt wurden.

Das Höhlen-Kloster in Kiew, das vor allem durch großzügige Spenden über Jahrhunderte hinweg reich geworden war, mußte im 18. Jahrhundert einen Teil seines Vermögens, das ›unbewegliche Kirchengut‹, durch einen Erlaß des Zaren an den Staat abgeben.

Im 20. Jahrhundert wurde die Lawra, in der zuletzt vierhundert Mönche und Brüder lebten, geschlossen. Nach dem Sieg der Arbeiter und Bauern über die Aristokratie, die Kirche und den Zaren im Jahre 1917, wurden die Mönche aus dem ältesten russischen Kloster verjagt, das zu einem Museum umfunktioniert wurde. Die achtundzwanzig Hektar Klostergelände mit vierzig Bauwerken, vorwiegend aus dem 11. und 12. sowie dem 17. und 18. Jahrhundert, wurden zur ›allgemeinen Besichtigung‹ freigegeben.

Die ersten russischen Klöster sowie die Lawra in Kiew wurden

Das Dreifaltigkeits-Sergij-Kloster in Sagorsk bei Moskau, das Zentrum der russischen Orthodoxie. Abt des Klosters ist der Patriarch von »Moskau und ganz Rußland«.

von frommen und nur Gott verpflichteten Männern gegründet. Ihr Leben bestand aus ›Tränen, Fasten und Beten‹. Als in der Kiewer Rus die Orthodoxie zur Staatsreligion erhoben wurde, stifteten bereits im 11. Jahrhundert Fürsten Klöster, die in den Städten oder an ihrer Peripherie — für jedermann sichtbar — gebaut wurden. Mit den Stifter-Klöstern nutzten die Fürsten das Ansehen der Klöster und Mönche im Volk für ihre weltlichen und religiösen Ziele. In ihren Klöstern bestimmten die Fürsten, in die sie vor ihrem Tod oft als Mönche eintraten, nach dem Stifterrecht den Abt und den Verwalter. Gemeinsam mit der kirchlichen Hierarchie, in die nur Mönche als Bischöfe und Metropoliten aufsteigen konnten, beeinflußten und festigten die Klöster die russische Staatskirche.

In der alten Rus entstanden zwei Arten von Klöstern: die von reichen Fürsten gestifteten und die von armen Mönchen gegründeten. Die Stifter-Klöster sollten vom Volk gesehen und bewundert werden — zum Ruhme des Fürsten. Die Mönche, die nur beten, arbeiten und büßen wollten, gingen in die Einsamkeit und Wildnis der russischen Wälder. Dort bauten die Einsiedler kleine Einödklöster, aus denen zum Teil mächtige Klöster entstanden.

Aus einem winzigen Holzhaus, errichtet in den Wäldern um Moskau, wurde nachdem sich die politische und religiöse Macht von Kiew nach Moskau verlagert hatte, das einflußreichste Kloster in Rußland und das Zentrum der russischen Orthodoxie: Das Dreifaltigkeits-Sergij-Kloster. Es ist es bis zum heutigen Tag geblieben.

Das Dreifaltigkeits-Sergij-Kloster in Sagorsk, das frühere Sergijewskij Possad, siebzig Kilometer nordöstlich von Moskau gelegen, gegründet Anfang des 14. Jahrhunderts, ist für Gläubige ein heiliger Ort und für Atheisten eine nationale Kultstätte.

Früh wurde es zum Grundstein und Symbol des Bündnisses zwischen Zarentum und Kirche. Diese Vereinigung brachte Rußland schließlich die staatliche Einheit und die Befreiung vom Jahrhunderte währenden Tatarenjoch. Den nationalen und religiösen Aufschwung schaffte ein Mönch: Sergij von Radonesch, ein Heiliger, der von allen Russen verehrt wird. Die Gläubigen beten zu ihm, die anderen verbeugen sich vor seinen großen Taten.

Geboren wurde Mönch Sergij 1313 oder 1314 in der Gegend von Rostow Wjelikij als Warfolomej Kirillowitsch. Seine Eltern waren reiche Bojaren und dem Rostower Fürsten besonders verbunden, der bald aber vom Moskauer Fürsten Iwan Kalita besiegt wurde. Der neue Herrscher unterdrückte vor allem jene, die dem Rostower (›gesetzmäßigen‹) Fürsten die Treue hielten, wie die Eltern von Warfolomej. Einen Ausweg sah die Bojarenfamilie nur darin, ihren alten Wohnsitz zu verlassen und in einer anderen Gegend seßhaft zu werden. Sie entschieden sich für das kleine entlegene Städtchen Radonesch, vierundfünfzig Kilometer von Moskau und vierzehn Kilometer vom künftigen Dreifaltigkeits-

Kloster entfernt. Der Mönch erhielt später seinen Namen vom Städtchen, das Kloster wiederum wurde nach ihm benannt.

Mönch Sergij, der Heilige, war noch gar nicht geboren, berichtet die russische Kirche, da hat er schon Gottes Ruf verstanden. Während der Schwangerschaft besuchte seine Mutter einen Gottesdienst; als der Priester das Evangelium las und die Kommunion ausgeteilt wurde, schrie das Kind im Mutterleib dreimal so laut, daß es die Gläubigen in der Kirche erstaunt hören konnten. Als Säugling hat sich Sergij geweigert, an kirchlichen Festtagen an der Brust der Mutter zu trinken. In der Schule, in die er mit sieben Jahren geschickt wurde, hatte er Schwierigkeiten. Er lernte schlecht und wurde dafür von den Lehrern bestraft und geschlagen. Oft hat er dann mit Tränen in den Augen Gott gebetet, der möge ihm in der Schule helfen. Sein Gebet wurde erhört.

Der Vater schickte den Sohn aufs Feld, um die Pferde zu holen. An einer Eiche sah der Junge einen unbekannten alten, betenden Mann stehen. Nachdem sein Gebet gesprochen war, winkte er den Buben zu sich, umarmte ihn und fragte nach seinen Wünschen. Warfolomej bat den Alten, er möge für ihn beten, damit Gott ihm mehr Verstand gebe. Daraufhin erhob der alte Mann die Arme und betete flehentlich; dann nahm er ein Stück Brot aus der Tasche, bot es dem Jungen an und prophezeite ihm, daß er nunmehr keine Schwierigkeiten beim Lernen haben werde. Der Alte gab dem Jungen ein Buch, aus dem er Psalmen lesen sollte. Er könne doch nicht lesen, war seine Antwort. »Gott gibt dir die Fähigkeit«, sagte der alte Mann. Und Warfolomej las fließend. Der Greis verabschiedete sich von den Eltern des Jungen mit den Worten, daß ihr Sohn den Segen Gottes habe. Er werde groß sein vor Gott und den Menschen. Die Eltern, Maria und Kirill, begleiteten den alten Mann vor die Tür, und plötzlich ward er nicht mehr gesehen. Das war, so schlossen sie daraus, ein Engel Gottes.

Bereits mit zwölf Jahren war Warfolomej bemüht, so asketisch zu leben, wie er später als Mönch gelebt hat. Er hält streng die Fastenzeit ein, ißt am Mittwoch und Freitag nichts, an den übrigen Tagen ernährt er sich vor allem von Brot und Wasser. Häufig geht

Ein Blick auf das Kloster von Sagorsk.

er in die Kirche und betet auch zu Hause — oft die ganze Nacht hindurch — in seinem Zimmer. Mit zwanzig Jahren will er Mönch werden. Die Eltern willigen ein, bitten aber, diesen Schritt erst nach ihrem Tod zu vollziehen; bevor die Eltern starben, gingen sie in ein gemischtes Kloster in der Nähe von Radonesch und wurden Mönch und Nonne.

Der Sohn aber ging nicht in ein Kloster, sondern gründete mit seinem Bruder Stefan, dessen Frau gestorben war, ein eigenes Monastyr in den Wäldern um Moskau. Er suchte das harte und

›absolute‹ Leben, das die Mönche im 14. Jahrhundert nicht mehr kannten. Die Einsiedelei, die Einsamkeit des mönchischen Lebens, so wie sie der heilige Feodosij in Kiew anfangs noch vorgelebt hatte, waren nach dreihundert Jahren vergessen. Der Bojarensohn aus Radonesch wollte wieder zu den Ursprüngen zurück.

An einem kleinen Fluß, mitten im Wald, bauten sich die Brüder zuerst eine Hütte. Dann rodeten sie Wald, um eine Kirche und ein Häuschen mit Mönchszellen zu errichten. Nachdem die Kirche fertig war, begaben sich die Brüder nach Moskau zum Metropoliten. Er genehmigte einem Priestser, die Kirche zu Ehren der Dreifaltigkeit zu weihen. Für die Mönche und den Bischof war diese Tat ein mutiger Schritt, denn bislang hatte es kein Bischof gewagt, zu Ehren des geheimnisvollsten und schwierigsten Dogmas der Kirche, der Dreifaltigkeit, ein Gotteshaus weihen zu lassen. Die bibelfesten Brüder aus dem Wald hatten ihren Bischof überzeugen können.

Doch bald sollte der Bruder Stefan feststellen, daß das harte Leben im Wald seine Kräfte überstieg und er in ein städtisches Kloster nach Moskau gehen mußte. Warfolomej blieb allein im menschenleeren Wald zurück. Seine Freunde waren nur noch die Bären, Wölfe, Füchse und die ›Vögel des Himmels‹. Nachdem ihn der Bruder verlassen hatte, ließ sich der Eremit von einem Pater, den er in der Nähe seiner Einsiedelei entdeckt hatte, zum Mönch weihen und sich den Namen Sergij geben. Um seine Kirche und sein kleines Haus herum legte er einen Garten an, von dessen Früchten er im Sommer und Winter leben konnte. Mit den Tieren, vor allem mit einem befreundeten Bären, der regelmäßig den Mönch besuchte, teilte er sich seine knapp bemessenen Mahlzeiten.

Das Leben des Einsiedlers Sergij, der mittlerweile vier Jahre einsam im Wald lebte, hatte sich in den umliegenden Dörfern und kleinen Städten herumgesprochen und Interesse erweckt. Bald besuchten ihn neugierige Menschen und auch solche, die ebenso leben wollten wie der Einsiedler, nur nicht allein, sondern mit anderen zusammen. Er nahm sie auf, und das Sergij-Kloster, aus dem dann die bekannte Dreifaltigkeits-Lawra wurde, entstand. Dem Kloster, beschlossen die neunzehn Männer (Mönche und Novizen), müsse auch ein Abt vorstehen und der könne nur Sergij sein; damals war er noch keine dreißig Jahre alt.

Der Mönch Sergij war einst vor dem Trubel der Stadt in den stillen Wald geflohen. Jetzt aber kamen die Menschen zu ihm. Fromme Bauern, die geistlichen Rat brauchten und hofften, daß von ihren Feldern in der Nähe eines Klosters mehr geerntet werden könnte, rodeten um das Kloster herum Wald und ließen sich dort nieder, wo eben noch Bären und Wölfe zu Hause gewesen waren.

Aus dem Mönch Sergij, dem ehemaligen Eremiten, wurde ein fürsorglicher Abt, ein geistlicher Vater, der für die immer größer werdende Zahl von Mönchen die Verantwortung zu tragen hatte. Er führte die koinobitische (gemeinschaftliche) Form des Klosterlebens ein und wurde somit, wie der heilige Feodosij im Süden, der Vater des russischen Mönchtums im Norden des Landes. Weitere dreißig Klöster wurden mit Hilfe und nach dem Vorbild des Sergij-Klosters in Rußland gegründet.

Alle Mönche, einschließlich des Abtes, waren verpflichtet, auch physisch zu arbeiten und nicht nur zu beten, zu meditieren und an Gottesdiensten teilzunehmen. Sergij war für die Brüder ein Beispiel, sagt die Kirchenchronik. Er arbeitete ›für zwei‹: in der Küche, der Tischlerei, in der Wäscherei oder an der Kornmühle. Der bescheidene Abt, der am meisten gearbeitet, gebetet und am wenigsten gegessen und persönliche Ansprüche gestellt hat, untersagte seinen Mönchen, eine Quelle, die nach seinem Gebet aus dem Klosterboden sprudelte, nach ihm die Sergij-Quelle zu benennen: »Nicht ich, sondern Gott hat den unwürdigen Menschen das Wasser gegeben«, sagte er seinen Brüdern.

Mönch Sergij soll immer wieder Wunder gewirkt haben. Er bestrafte Sünder durch ein Gebet, konnte hellsehen, ihn machten himmlische Stimmen auf eine Schar fliegender Vögel aufmerksam, und sie verkündeten ihm, daß er so viele Schüler haben werde, wie er jetzt Vögel sehe. So steht es in der Klosterchronik. Als erstem russischen Heiligen ist Sergij die Gottesmutter erschienen.

Die vollbrachten Wunder, die Klugheit und Weisheit des Abtes hatten sich überall herumgesprochen. Fürsten, Bojaren, Bauern und selbst der Moskauer Metropolit Alexij kamen ins Kloster, um sich bei ihm Rat zu holen. Kurz vor seinem Tod wollte der Metropolit den Abt zu seinem Nachfolger in der Hauptstadt ernennen. Der Mönch lehnte ab. Wenn er aber dazu gezwungen würde, sagte der Mönch zum Metropoliten, dann bliebe ihm nur der Ausweg, wieder in den Wald zu gehen.

Der angesehene Mönch und Abt Sergij war in anderen Fällen durchaus bereit, auf den (auch) politisch amibitionierten Moskauer Metropoliten zu hören. Wiederholt schickte er ihn als Botschafter zu streitenden Fürsten nach Nischnyj Nowgorod oder Rjasan zum Beispiel, dessen Fürst Oleg der einzige der Fürsten war, der sich nicht dem Moskauer Großfürsten Dimitrij Donskoj unterworfen hatte. Von Sergij sollte er überredet werden, sich Moskau anzuschließen.

Die ›goldenen Horden‹ des asiatischen Tataren-Fürsten Mamai verwüsteten und besetzten Rußland. Die Fürsten, die Kirche und das Volk hatten nur die eine Wahl, sich zu unterwerfen oder auf Leben und Tod zu kämpfen. Der Moskauer Großfürst Donskoj, mit dem Metropoliten und dem Abt eng verbunden, entschied sich für den Kampf gegen die tataro-mongolischen Heere. Vor der entscheidenden Schlacht auf dem Schnepfenfeld 1380 besuchte der Großfürst den Abt im Kloster. Der Mönch segnete den Feldherrn und prophezeite ihm den Sieg: »Geh mutig gegen die Gottlosen, schwanke nicht, und du wirst siegen.« Ins Gefecht schickte der Abt — auf Bitten des Fürsten — zwei kampferfahrene Mönche als Symbol seiner eigenen Teilnahme. Am Tag der Schlacht sandte Sergij noch einen Boten zum Fürsten, der ihn in seiner Kampfeshaltung ermuntern sollte, die gottlosen Tataren zu schlagen.

Die Russen, die von der Kirche und dem Fürsten zum Kampf gegen die tatarischen Unterdrücker gerufen wurden, waren bereit, für ihr Vaterland und ihren orthodoxen Glauben zu sterben; noch nie hatte ein Fürst die stattliche Zahl von hundertfünfzigtausend Soldaten befehligen können. Obwohl das gegnerische Heer noch mehr Soldaten aufbieten konnte, wurde es von den im Namen Christi angetretenen russischen Soldaten 1380 geschlagen. Während der Schlacht betete Abt Sergij, von seinen Bewunderern ›die Fahne der Frömmigkeit‹ genannt, mit den Mönchen für den Sieg und verfolgte mit seinem ›geistlichen Auge‹ alle Phasen des Kampfes, heißt es in der Chronik. Die von ihm aus der Ferne gesehene und gewonnen Schlacht wurde sogleich mit einem Dankesgottesdienst im Kloster gefeiert.

Die Schlacht auf dem Schnepfenfeld brachte Rußland zwar noch nicht die Befreiung von den tatarischen Eroberern, aber sie zeigte den Russen, daß die ›goldenen Horden‹ zu besiegen seien; moralisch wurde das Tatarenjoch schon abgeschüttelt.

Zur religiösen und moralischen Aufrüstung der Russen hatte Sergij von Radonesch erheblich beigetragen; dafür dankten ihm der Fürst, der Metropolit und das Volk. Sein Ansehen strahlte über ganz Rußland. Die Erneuerung der sittlichen und religiösen Kräfte im Volk führte auch dazu, daß immer mehr Klöster gegründet wurden. Während im ersten Jahrhundert der tataro-mongolischen Besatzung (1240–1340) in Rußland nicht mehr als dreißig Klöster entstanden, wurden in der Zeit des wiedergewonnenen Selbstbewußtseins (1340–1440) über hundertfünfzig gegründet.

Die Anzahl der Klostergründungen, meinen die russischen Kirchenväter, spiegelt den sittlichen Zustand der Gesellschaft wider. Nur Menschen mit einer freudigen Lebenshaltung seien bereit, in ein Kloster zu gehen oder ein neues zu gründen. Diesen Männern und Mönchen war der Abt Sergij aus dem Dreifaltigkeits-Kloster moralisches, geistliches und tätiges Vorbild.

Die Helden im Kampf gegen die Tataren, der Politiker und Soldat Fürst Donskoj sowie der Mönch und Moralist Sergij von Radonesch, starben nacheinander 1389 und 1392. Sie hatten ihre Nachfolger gelehrt, das Tatarenjoch abzuschütteln, den russisch-orthodoxen Glauben zu festigen und das Bündnis von Kirche und Staat zu stärken. Beides wurde befolgt. Vor seinem Tod erhielt der Abt Sergij die ›himmlische Nachricht‹, daß er in sechs Monaten zu sterben habe. Er rief die Klosterbrüder zusammen, bestimmte einen Abt als Nachfolger und zog sich in seine Zelle zurück. Er schwieg und betete. Als er starb, war er achtundsiebzig Jahre alt, davon fünfundfünfzig Jahre Mönch.

Bis nach seinem Tod wurde Sergij von Radonesch heiliggesprochen, und im Jahre 1450 in die damals noch mit wenigen Namen versehenen Liste der russischen Heiligen eingetragen. 1463 wurde in Nowgorod die erste Kirche zu Ehren des heiligen Sergij gebaut. Zur Reliquie im Dreifaltigkeits-Kloster, das nach dem Tod des Abtes auch seinen Namen trug, pilgerten alsbald Tausende Menschen.

Das Kloster und der nach dem Heiligen benannte Ort, Sergijewskij Possad, wahrten das Vermächtnis des Klostergründers: für die Heimat, den Staat und den Glauben zu kämpfen. Als Moskau 1610 von den Polen erobert wurde und auch das Zentrum der Macht, der Kreml, in deren Hände fiel, konnte das Kloster von den Mönchen und der Bevölkerung gegen das übermächtige Heer der Eroberer, bestehend aus dreißigtausend Soldaten, verteidigt werden. Diesen religiösen, politischen und auch militärischen Dienst an Rußland dankten die Zaren mit großzügigen Schenkungen und Geschenken. Die einfachen Menschen spendeten dem Kloster, für sie ein heiliger Ort, oft Hab und Gut und hofften, im Himmel dafür belohnt zu werden. Das Kloster wurde zu einem Feudalherrn mit großen Ländereien, leibeigenen Bauern und einem blühenden Handel.

Aus allen Ecken und Enden, aus vielen Erwerbsquellen floß Geld in die Klosterkasse. Begüterte Russen, die nicht vom einfachen Dorfpfarrer betreut werden wollten, ließen ihre Kinder im Kloster von Mönchen taufen, wenn kein Bischof oder gar Metropolit zur Verfügung stand. Auch die Hochzeiten und Beerdigungen sollten in einem Kloster, wenn möglich im angesehenen Dreifaltigkeits-Kloster, stattfinden. Die Mönche ließen sich diesen Wunsch vermögender Bürger entsprechend honorieren. An einem geweihten und bekannten Ort bestattet zu werden, war für viele Russen ein letzter Wunsch. Das Dreifaltigkeits-Kloster des Sergij von Radonesch war das begehrteste und folglich auch das teuerste. Der Verkauf von Grabstätten und die damit verbundenen bezahlten Seelenmessen waren fürs Kloster eine ständig sprudelnde Geldquelle.

Die einfallsreichen Mönche und die opferbereiten russischen Gläubigen erschlossen dem Kloster immer wieder neue Möglichkeiten, Geld einzunehmen. An Klöstern, an Kirchen und später sogar an Bahnhöfen wurden Opferstöcke angebracht, dessen Inhalt an die Klöster abgeführt wurde; das Dreifaltigkeits-Kloster hatte das Privileg erhalten, die Opferstücke an der befahrenen Bahnlinie Petersburg-Moskau zu leeren.

Wundertätige Ikonen, die das Kloster besaß, waren für Russen ein zusätzlicher Grund, das Kloster zu besuchen und dem Heiligenbild ein materielles Opfer zu bringen. Zudem kauften die Wallfahrer Devotionalien wie Kreuze oder Rosenkränze, die im Kloster massenweise hergestellt wurden. Die wundertätigen Ikonen entlieh das Kloster gegen ein hohes Entgelt an reiche Personen, die sich von ihnen Heilung bei Krankheit oder eine bessere Ernte erhofften. Wenn Dörfer oder Städte militärisch bedroht wurden, eine Epidemie ausgebrochen war, eilten die notleidenden Bewohner ins Kloster und holten zu ihrer Rettung und Hilfe ein wundertätiges Heiligenbild, für das sie ebenfalls zahlen mußten.

Zaren, Fürsten, Bojaren und Millionen Gläubige, die das Dreifaltigkeits-Sergij-Kloster in Sergijewskij-Possad in der Nähe von Moskau pflicht- und dankesbewußt über Jahrhunderte besuchten und zu ihm pilgerten, sorgten dafür, daß es wohl zum reichsten Kloster der Welt wurde. Unschätzbare Werte sind in den Kloster-Kirchen, in der Bibliothek, in der Schatzkammer und im Museum untergebracht. Gold, Silber, Edelsteine, verarbeitet in Kirchengeräten, Kelchen, Buchumschlägen, Kreuzen oder Ikonen, sind zu Ehren Gottes, der russischen Herrscher, der Kirche und des Klosters großzügig gestiftet und gespendet worden.

Obwohl zu den Gönnern des Klosters die Zaren gehörten, waren sie es wiederum auch, die die materielle Macht der Mönche beschnitten. Peter der Große, dem das Kloster nach Intrigen am Zarenhof Zuflucht gewährt hatte, halbierte dessen Einkünfte. Die deutschstämmige Katharina II, die Große, nahm dem Kloster fast den gesamten Grund und Boden weg, als die Zahl seiner leibeigenen Bauern auf über hunderttausend gestiegen war. Zar Nikolaus I, der in Begleitung des Moskauer Metropoliten Filaret, gleichzeitig auch Abt des Klosters, die Schatzkammer der Lawra besichtigte, wollte deren unschätzbare Kostbarkeiten beleihen lassen. »Ihr seid reich, wie diese Pracht bezeugt«, sagte der Zar zum Metropoliten, »ich aber werde einen Krieg beginnen und brauche Geld. Ihr werdet die Summe meinem Finanzminister zur Verfügung stellen, die dieser euch bestimmt.« Filaret: »Das können wir nicht, nicht wir sind reich, wir sind arm und verwalten nur Gottes Gut. Es ist nicht erlaubt, dieses zu berühren.« Der Zar: »Wer sagt das?» Filaret: »Gott. Und das Anathema trifft den, der sein Gut an

Dichtgedrängt stehen Gläubige im Klosterhof von Sagorsk und feiern mit den Mönchen einen Gottesdienst im Freien.

sich reißt.« Der Zar: »»Meinst du das wirklich? Aber es handelt sich nicht um sein Gut, denn das Kloster ist mein wie euer Schatz, euer Geld und euer Boden, wie ihr und wie du selbst. Dies alles und ihr gehört mir.« Zar Nikolaus setzte sich durch, und das Kloster mußte Millionen Rubel für einen Krieg bereitstellen.

Die bolschewistische Oktoberrevolution von 1917 brachte auch für das berühmteste Kloster in Rußland einen tiefen Einschnitt. Die atheistischen Revolutionäre schlossen das Heiligtum der Russen im Jahr 1919. Die Reliquien des heiligen Sergij wurden in ein Museum nach Moskau gebracht. Dort blieben sie bis zum Ende des Zweiten Weltkrieges. Nachdem der Kirche, die sich aktiv an der Verteidigung des Landes beteiligt hatte, mehr Rechte zugestanden wurden, durfte — nach dem gemeinsamen Sieg über die deutsche Armee — das Kloster der Klöster wieder eröffnet werden. Der Ort Sergijewskij-Possad, nebem dem Kloster, war bereits in den dreißiger Jahren nach einem Revolutionär namens Sagorsk benannt worden.

Das Dreifaltigkeits-Sergij-Kloster, jetzt im Ort Sagorsk, wurde wieder zum Zentrum der russischen Orthodoxie. Wie eh und je kommen die orthodoxen Christen aus Kasachstan, der Ukraine, Rußland oder Lettland in die religiöse Metropole nach Sagorsk. Sie wollen vor allem am Grab des heiligen Sergij, des Klostergründers, dessen Gebeine in einem silbernen Sarkophag in der ältesten Kirche des Klosters ruhen, beten und die Reliquie küssen. Dort hört das Gebet nie auf.

Die weitgereisten Pilger kommen, weil sie oft Tage oder Wochen unterwegs sind, mit schweren Rucksäcken, Taschen oder auch einfach Stoffbündeln ins Kloster. In ihnen haben sie Wurst, Brot, Eier und Tee in Thermosflaschen verstaut, die Verpflegung also für mehrere Tage. Nachts, wenn in den Klosterkirchen keine Gottesdienste abgehalten werden, essen und schlafen jene Pilger, die im Ort kein Quartier mehr gefunden haben, auch in den Gotteshäusern.

An hohen Feiertagen wie Ostern oder am Geburts- und Todestag des heiligen Sergij kommen aus allen Gegenden der Sowjetunion über hunderttausend Menschen ins Kloster, um mit dem Patriarchen, dem Oberhirten der russisch-orthodoxen Kirche, der auch gleichzeitig Abt des Klosters ist, die Auferstehung Christi oder die Wundertaten des heiligen Sergij von Radonesch zu feiern.

Am ›Heiligen Brunnen‹ unter einer Kapelle, dessen Quell sprudelte, nachdem ihn der Mönch Sergij erbetet hatte, stehen die Menschen oft mit Kannen Schlange. Sie wollen von dem heiligen und heilenden Wasser gleich trinken und die gefüllten Gefäße mit nach Hause nehmen. Vor dem Obelisk im Klosterhof stehen sie wie angewurzelt und lesen aufmerksam die eingemeißelten Zeilen, die über die wichtigsten Daten und Ereignisse im Kloster Auskunft geben. Vor dem fast neunzig Meter hohen Glockenturm, in dem die siebzigtausend Kilogramm schwere Glocke hängt, stehen die Gläubigen staunend. Ehrfurcht ergreift sie, wenn sie über die Dächer der Kirchen schauen und das Auge an den prachtvollen Türmen und Kuppen haften bleibt, die stolz und mächtig in den Himmel ragen, und das Gold von ihnen wie ein Strahl aus dem Jenseits leuchtet.

Das Kloster in Sagorsk ist mit über fünfhundert Mönchen und Studenten — ihm ist eine theologische Akademie angeschlossen — das größte Kloster in der Sowjetunion. Von ehemals über tausend Klöstern, die es bis zur Revolution von 1917 in Rußland gab, sind bis zum heutigen Tag zwanzig übriggeblieben. Dreizehn davon sind Frauenklöster.

Die Mönche und ihre Klöster haben in Rußland die orthodoxe Kirche entscheidend geprägt. So wie früher stellt auch heute nur die ›schwarze Geistlichkeit‹ (unverheiratete Mönche) — im Gegensatz zur ›weißen‹ (verheiratete Priester) — die kirchlichen Würdenträger wie Bischöfe, Metropoliten und den Patriarchen. Die Mönche waren in der alten Rus die einzigen, die lesen und schreiben

Prozession im Sagorsker Kloster. An hohen Feiertagen gehen Priester und Gläubige mit Ikonen und Kreuzen um die Klosterkirchen.

konnten und genossen somit bei den Fürsten und im Volk ein hohes Ansehen. Mönchen entwickelten das kirchlich-theologische Denken und hatten bedeutenden Einfluß auf das religiöse gesellschaftliche Verhalten der Menschen. Von Mönchen angeregte Reformen in den Klöstern und der Kirche hatten immer auch einen gesellschaftlich-politischen Ursprung und eine entsprechende Wirkung im religiös-gesellschaftlichen Leben der Menschen. Die Mönche waren das Gewissen der Laien.

Der heilige Sergij aus dem Dreifaltigkeits-Kloster, der als Eremit angefangen hatte und die Einsamkeit für Mönche vorzog, änderte seine monastische Einstellung. Der Mönch solle nicht nur für sich in der Abgeschiedenheit, sondern auch für andere in der Gemeinschaft leben. Auch dürften Klöster Grundbesitz haben und reich sein, damit sie für die Armen sorgen könnten, war Sergijs Meinung. Mit dem Reichtum, dem politischen Einfluß kamen allerdings auch Mißstände und dem christlichen Glauben fremde Praktiken in die Klöster. Der Glaube und die Moral verflachten bei Mönchen und den Menschen draußen.

Ende des 15. Jahrhunderts wollten zwei Mönche, Josif Wolokalamskij und Nil Sorskij, beide Verehrer des heiligen Sergij, das Mönchtum, die Kirche und damit die Gesellschaft reformieren, sie zu neuen wahren christlichen Ufern führen. Ihre Wege dahin waren unterschiedlich, führten zu einem tragischen Konflikt, der für das Mönchtum, die Kirche und Gesellschaft nachteilig sein sollte. Josif Wolokalamskij wollte die koinobitische (gemeinschaftliche) Klosterordnung erneuern, Nil Sorskij sah nur im Skitenkloster (Einsiedelei) das wahre Mönchtum verwirklicht.

Entscheidend dabei waren nicht nur die unterschiedlichen Formen, sondern die grundsätzlich verschiedenen Einstellungen zu Politik, Staat, Klosterbesitz, zur Kirche und zu den Menschen. Nil Sorskij und seine Skitenmönche hielten sich von der Politik fern, verurteilten die Gewalt der Fürsten, den hierarchischen Aufbau der Kirche und deren bedingungslosen Kampf gegen Häretiker. Sie predigten die Liebe und Harmonie unter den Menschen. Besitztum lehnten sie ab und bevorzugten die Einsamkeit in der Gemeinschaft der Mönche, die ihnen das Seelenheil bringen könne. Deshalb wurden sie die ›Besitzlosen‹ und die anderen die ›Besitzenden‹ genannt. Die reine Einsiedelei lehnte Sorskij wegen der Gefahr des geistlichen Hochmuts ab.

Nil Sorskij stammt aus einer Bojarenfamilie, die seine geistige Begabung erkannte und ihn ausbilden ließ. Schon in der Jugend schrieb er religiöse Bücher für Klöster ab. Nachdem er in das nordrussische Kirillo-Bjelosorskij-Kloster eingetreten war, machte er ausgedehnte Reisen in die Athos-Klöster nach Griechenland, um das Mönchsleben der Väter des orthodoxen Glaubens, dessen Sprache und Schriften besser kennenzulernen. Er kehrte in seine Heimat zurück und baute sich fünfzehn Kilometer außerhalb des Klosters im Wald eine Zelle. Bald stießen gleichgesinnte Männer zu dem gelehrten Mönch, errichteten Zellen und eine Kirche.

Sorskij und seine Schüler sahen – im Gegensatz zu anderen Klöstern und Mönchen – ihre Hauptaufgabe nicht darin, Wald zu roden oder Felder zu bestellen. Sie beschäftigten sich geistig und übersetzten vor allem Urtexte aus dem Griechischen ins Russische und schrieben diese mehrfach für andere Klöster und Fürsten ab. Seine Schüler nannte er Brüder, die nur einen Lehrer, Jesus Christus, hätten. Russische Theologen nennen Nil Sorskij den ersten ›heiligen Intellektuellen‹ in Rußland, der nicht nur das theoretische Gespräch von ›klugen und geistlichen Männern‹, den Starzen (Plural von Starez), forderte; er verlangte von ihnen auch ein Leben in Armut. (Starzen: Alte – sind Mönche, nicht nur alte, die besonders asketisch und bescheiden leben sowie klug und weise handeln. Durch göttliche Gnade sind sie Ratgeber und Vorbilder für Mönche und andere Gläubige).

Für Nil Sorskij, der ›große Starez‹, der ›Starez unter den Starzen‹, war die Askese und Armut ein geistliches Ziel und nicht nur Selbstzweck. Jesus Christus sei arm und demütig gewesen, deshalb müsse auch der Mönch, das Kloster und die ganze Kirche diesem Ideal entsprechen, lehrte der Pater. Als einziger unter den russischen Heiligen verurteilte Sorskij den Prunk und Pomp in den russischen Kirchen. Spenden, die für den Schmuck der Kirchen gedacht waren, müßten, empfahl der Mönch, den Armen gegeben werden. Die Klöster sollten, das war seine Hauptforderung und gleichzeitig auch die schwierigste Frage, auf Grund und Boden verzichten und sich nur von ihrer Hände Arbeit ernähren.

Mit diesem Reformvorschlag hatte Nil Sorskij den Finger in eine Wunde gelegt. Gehörte doch den Klöstern damals, so schätzen Historiker, ein Drittel des gesamten russischen Bodens. Schon die ersten Klöster in der alten Rus hatten das Recht, Grund und Boden zu besitzen, über Dörfer und Tausende von leibeigenen Menschen zu verfügen. Im 15. Jahrhundert dann gehörten den Klöstern nicht nur Siedlungen und Dörfer, sondern auch Städte und ganze Bezirke. Macht und Reichtum der Klöster wurden immer größer und die Moral der Mönche in den Klöstern entsprechend kleiner. Das Volk sprach die Meinung von Nil Sorskij grob aus: die Mönche seien Diebe, die nur an Reichtum dächten und die Seelen verkümmern ließen. Deshalb auch forderte Nil Sorskij, die Klöster sollten sich von Besitz und Reichtum trennen und den Weg des wahren monastischen Lebens einschlagen. Die Klöster mußten religiöse, moralische und geistigere Zentren und damit auch Vorbild für Volk und Herrscher sein. Nil Sorskij konnte sich gegen seine Gegner, angeführt von Josif Wolokalamskij, der auch die klösterlichen Mißstände abschaffen wollte, wenn auch auf andere Weise, nicht durchsetzen.

Josif Wolokalamskij, der Befürworter des Koinobiten-Klosters, verordnete seinen Mönchen, den sogenannten Josifiten, eine strenge äußere Disziplin, die, wie er meinte, auch die Seele im wahren monastischen Sinne formen werde. Er bewahrte die Form der Stifterklöster und unterstützte die Politik der Fürsten. Er war bestrebt, den Reichtum der Klöster zu mehren, um damit, wie er begründete, armen und notleidenden Menschen helfen zu können. Das Bündnis von Staat und Kirche, die gegenseitige Hilfe und Unterstützung, förderte er — wie sein Vorbild, der heilige Sergij von Radonesch in Sagorsk — von Anfang an. Er begründete die russische Staatskirche, die Hand in Hand mit dem Moskauer

Großfürsten gegen die Gegner der weltlichen und geistlichen Macht vorzugehen hatte. Dem Großfürsten Iwan III empfahl er dringend, Ketzer, die die Kirchenpolitik kritisierten und ablehnten, zu verfolgen und hart zu bestrafen.

Die Skitenmönche von Nil Sorskij, welche religiöse Toleranz, Milde und Liebe predigten, nahmen die von Staat und Kirche Verfolgten in ihren Klöstern auf; deshalb wurden auch sie der Häresie beschuldigt. Staat und Kirche verurteilten die barmherzigen Mönche. Die Klöster wurden geschlossen, die Mönche verfolgt und ins Gefängnis gesteckt.

Die Auflösung des Skitenmönchtums durch den Moskauer Großfürsten und die Staatskirche, von Mönch Wolokalamskij geschaffen, sollte für die Kirche aber schwere Folgen haben. Die geistig gelähmten und moralisch verfallenen Klöster, die die korrupte Staatskirche eifrig unterstützt hatten, mußten nun diese profitsüchtige Haltung bitter büßen.

Der machtgierige und reformbesessene Zar Peter der Große schaffte die zentrale Kirchenleitung, das Patriarchat, ab, weil er keinen Nebenbuhler um die Macht duldete und gleichzeitig über Staat *und* Kirche herrschen wollte. Er gab sich das Recht, allein über die Verwaltung des Kirchengutes zu entscheiden. Unter Katharina II. wurden dann 1764 mehr als die Hälfte der Klöster geschlossen und die Güter, zu denen leibeigene Bauern gehörten, vom Staat beschlagnahmt. Das Volk protestierte gegen die staatlichen Eingriffe nicht. Denn die Klöster hatten sich wenig um seine Belange und Nöte gekümmert, dafür um so mehr ihre eigenen und die Interessen der Kirche und des Staates vertreten. Die Mönche, früher verehrt und geachtet, hatten im Volk ihr Ansehen verloren. Der von Peter dem Großen eingeleitete Aderlaß der russischen Klöster wurde aktiv das ganze 18. Jahrhundert über fortgesetzt. Das ›geistige Reglement‹ für die Klöster entzog ihnen nicht nur, durch die Säkularisierung des Grundbesitzes, den ökonomischen Boden, sondern schränkte sie auch moralisch und geistig ein. Die Mönche wurden als Parasiten gesehen, die nur auf Kosten anderer lebten. Die Klosterinsassen wurden verpflichtet, sich nutzbringend zu betätigen. So mußten sie kranke oder verwundete Soldaten, arme, hilfsbedürftige Bürger aufnehmen und sie auf ihre Kosten betreuen und verpflegen; für Waisen hatten sie Schulen einzurichten. Einsiedeleien wurden wegen möglicher oppositioneller Zellen verboten. Die Aufnahme ins Kloster wurde erschwert. Frauen durften erst ab dem vierzigsten Lebensjahr zu Nonnen, Männer ab dem dreißigsten zu Mönchen geweiht werden.

In der tiefen Nacht des klösterlichen Lebens fanden von Gott beseelte Männer das Licht des Tages wieder. Das von dem ›großen Starez‹ Nil Sorskij begründete Starzentum war in Erinnerung geblieben und erlebte im 19. Jahrhundert eine Wiedergeburt. Nicht nur das eigene Seelenheil, wie es Sorskij gepredigt hatte, sollte im Mittelpunkt stehen, sondern die Liebe zu Gott und damit auch die Liebe zu den Mitmenschen. Der in Askese lebende Mönch hat zwar die Sünde und die weltlichen Leidenschaften zu bekämpfen und zu bändigen, aber er verneint nicht die Welt, in der er lebt und deren Menschen er zu dienen hat. Der Mönch soll nicht als Einsiedler, sondern in der klösterlichen Gemeinschaft leben, um den Gläubigen in ihren seelischen und körperlichen Nöten helfen zu können. Den geistig-sittlichen Verfall der Kirche und Klöster, des Volkes und der Herrscher wollten die Starzen aufhalten und umkehren.

Unter den Starzen waren einfache Mönche, geläuterte Professoren, Bischöfe und Gelehrte, die das asketische Klosterleben mit wissenschaftlich-theologischer Tätigkeit verknüpften und allen, ob Geistlichen oder Menschen aus dem einfachen Volk, mit Rat und Tat zur Seite standen.

Einen großen Einfluß auf das geistige Leben Rußlands im 19. Jahrhundert übten die Starzen des Optina Pustyn (Einöd-Klosters) aus, das in einem Birkenwald in der Nähe von Brjansk im Bezirk Kaluga wieder bezogen worden war. Dieses Kloster wurde zum Mittelpunkt der geistig-geistlichen Wiedergeburt Rußlands und ist es bis zur Revolution von 1917 geblieben. Gegründet wurde es bereits im 16. Jahrhundert; am Ende des 18. Jahrhunderts lebten dort nur noch drei Mönche, darunter ein blinder.

In der Zeit des religiösen und moralischen Hungers gingen junge

Männer in das Optina-Kloster, in dem der Starez Leonid (1768–1841) lebte, dessen Wirken sich weit über die Grenzen des Klosters herumgesprochen hatte. Mit zwingenden Worten, einem lebendigen und tiefen Glauben verstand er es, vor allem die einfachen Menschen zu überzeugen, die bei ihm zu Tausenden Rat und Hilfe suchten und auch bekamen.

Der Starez Makarij, adliger Herkunft, der sieben Jahre vor dem Tod Leonids ins Kloster gekommen war, zog vor allem die gebildeten Menschen Rußlands in seinen Bann. »Männer empfing er in seiner Zelle zu jeder Zeit von früh morgens bis zur Schließung der Tore abends; mit Frauen sprach er in einer Zelle außerhalb des Klosters oder am Tor«, heißt es in einer Kirchenchronik. Der dritte im Bunde der bekannten und von ›Gott erwählten‹ Starzen, war Amwrosij, ein Schüler von Makarij und Sohn eines orthodoxen Priesters.

Die drei Starzen hatten das Kloster in ganz Rußland in den Stand einer geistigen, sozialen und religiösen Nationalstätte erhoben. Den einfachen Menschen wurde in schwierigen Lebenssituationen geholfen, den Intellektuellen gaben sie Halt und Rat bei religiösen oder politischen Problemen und Zweifeln. Die führenden russischen Philosophen, Wissenschaftler und Literaten pilgerten zu den Starzen und standen mit ihnen in Briefwechsel. Bevor Dichter Bücher veröffentlichten, Philosophen neue Theorien bekanntgaben, erörterten sie deren Inhalte und möglicherweise fragliche Passagen mit den Starzen.

Die selbstbewußten Schriftsteller wie Gogol, Dostojewski und Tolstoj mochten auf die begnadete Weisheit der Starzen nicht verzichten und besuchten sie immer wieder in ihrem Kloster. Nach einem Gespräch bei Starez Amwrosij sagte Tolstoj: »Dieser Amwrosij ist ein heiliger Mensch. Ich habe mit ihm gesprochen, und um meine Seele wurde es leichter. Wenn du mit so einem Menschen sprichst, dann fühlst du die Nähe Gottes.«

In Dostojewskis Roman ›Die Brüder Karamasow‹ fand sich Starez Amwrosij als Starez Sossima wieder und ließ ihn über das Mönchtum nachdenken: »Meine Väter und Lehrer, was ist ein Mönch? In unserer aufgeklärten Welt wird heutzutage dieses Wort von einigen bereits mit Hohn ausgesprochen, von anderen aber als Schimpfwort benutzt. Es ist wahr, ach, es ist ja wahr, unter den Mönchen gibt es viele Müßiggänger, Wollüstige, fleischlich Gesinnte und gewöhnliche Landstreicher. Darauf weisen die gebildeten weltlichen Leute hin. ›Ihr seid Faulenzer und unnütze Glieder der Gesellschaft‹, sagen sie, ›ihr lebt von fremder Arbeit, schamlose Bettler seid ihr.‹ Indessen, wie viele gibt es nicht unter den Mönchen, die fromm und demütig sind, die nach Einsamkeit und der Stille inbrünstigen Gebetes lechzen. Auf diese wird viel weniger hingewiesen, ja man übergeht sie ganz mit Stillschweigen, und wie würde man sich wundern, wenn ich sagte, daß von diesen Schüchternen und nach einsamen Gebete Lechzenden vielleicht die Rettung Rußlands ausgehen wird! Denn in Wahrheit haben sie sich in der Stille vorbereitet ›auf den Tag und die Stunde und auf den Monat und auf das Jahr‹. Das Vorbild Christi bewahren sie inzwischen in ihrer Einsamkeit herrlich und unverfälscht, in seiner göttlichen Reinheit und Wahrheit, wie es von den ältesten Vätern, den Aposteln und Märtyrern überliefert ist, und wenn es nottut, werden sie es der schwankend gewordenen Wahrheit der Welt gegenüberstellen. Das ist ein großer Gedanke. Vom Osten her wird dieser Stern wieder erglänzen.«

Die Tradition des Starzentrums hat sich in den russischen Klöstern bis zum heutigen Tag erhalten. In den Klöstern, allerdings nur noch wenigen, leben Starzen, die wie eh und je ihren mönchischen Brüdern, weltlichen Geistlichen, Gläubigen und auch Atheisten aus seelischen und geistigen Nöten helfen.

Russisch-orthodoxe Klöster in der Sowjetunion und im Ausland:

Männer Klöster
  1. Dreifaltigkeits-Sergij-Kloster in Sagorsk bei Moskau
     100 Mönche
  2. Danilowskij-Kloster in Moskau
     30 Mönche

3. Potschajewskij-Entschlafen-der-Gottesmutter-Kloster in Potschajew, Bezirk Ternopol (Ukraine)
   50 Mönche
4. Pskowo-Pjetscherskij-Entschlafen-der-Gottesmutter-Kloster in Pjetschory bei Pskow
   75 Mönche
5. Entschlafen-der-Gottesmutter-Kloster in Odessa (Ukraine)
   30 Mönche
6. Schirowizkij-Entschlafen-der-Gottesmutter-Kloster in Schirowizy bei Grodnesch (Weißrußland)
   20 Mönche
7. Heilige-Geist-Kloster in Wilnjus (Litauen)
   15 Mönche
8. Das russische Panthelejmon-Kloster auf dem Athos (Griechenland)
   25 Mönche

Frauen Klöster
1. Pokrowskij-Kloster in Kiew (Ukraine)
   40 Nonnen
2. Florowskij-Kloster in Kiew (Ukraine)
   30 Nonnen
3. Krasnogorskij-Pokrowskij-Kloster in Solotonoscha (Ukraine)
   20 Nonnen
4. Mariinskij-Kloster in Wilnjus (Litauen)
   15 Nonnen
5. Koretzkij-Dreifaltigkeits-Kloster in Koretz (Ukraine)
   30 Nonnen
6. Schabskij-Christi-Himmelfahrts-Kloster in Schab bei Kischinjow (Moldau)
   30 Nonnen
7. Mariä-Geburts-Kloster in Schirowizy bei Grodnesch (Weißrußland)
   40 Nonnen

8. Mukatschewskij-Heiliger-Nikolaus-Kloster in Mukatschewo, Karpaten (Ukraine)
40 Nonnen
9. Tschumalewskij-Christi-Himmelfahrts-Kloster in Tschumalewo, Karpaten (Ukraine)
30 Nonnen
10. Alexandrowskij-Heiliger-Michail Mariä-Geburts-Kloster in Alexandrowo bei Odessa (Ukraine)
50 Nonnen
11. Dreifaltigkeits-Kloster in Riga (Litauen)
40 Nonnen
12. Verklärung-Christi-Kloster in der Nähe der Stadt Jelgawa (Filiale des Klosters in Riga)
30 Nonnen
13. Pjuchtizkij-Entschlafen-der-Gottesmutter-Kloster in Pjutizkij (Estland)
30 Nonnen
14. Das russische ›Hohe Kloster‹ in Jerusalem (Israel)
30 Nonnen

Ikone und Kunst

von Ivan Bentchev

Die Kunstgeschichte, im Osten und im Westen eine vergleichs-
weise junge Wissenschaft, bemüht sich erst seit etwa 200 Jahren,
Form und Inhalt der russischen Ikone zu erforschen, ihre Ästhetik
und ihren Stil, ihre theologische und kulturhistorische Bedeutung
zu erhellen.

Ihrem Wesen nach ist die Ikone primär ein Kultobjekt der Ostkirche und allein diese Funktion erweist sich als kompliziert und
bezugsreich genug. Mit dem religiös-kultischem Akspekt der Ikonen haben sich die Kirchenväter, unzählige bedeutende Theologen
und Kirchenkonzile beschäftigt, und man braucht nicht den Bil-
dersturm im 9. Jahrhundert, der beinahe das Auslöschen der
Ikonen herbeigeführt hätte, anzuführen, um zu verdeutlichen, wie
spannungsgeladen und emotional dieses Kultobjekt in der Diskussion gestanden hat und immer noch steht.

Als 988 der Kiewer Fürst Vladimir das Christentum annahm, war
die Ikonenmalerei der Ostkirche bereits voll entwickelt, ja, sie trat
bereits in ihre vollkommenste Phase ein; die Kunst von Byzanz
war die Kunst Europas par excellence und machte gerade die
schicksalhafte Wanderung zum Norden, nachdem sie den Westen
befruchtet hatte. Wie der Klerus kamen die ersten Kultobjekte in
den neuen christlichen Staat aus Byzanz und dem südslawischen
Raum. Gleichzeitig setzte die historische Entwicklung und Wan-
delbarkeit einer bodenständigen Ikonenmalerei ein, für die sich die
Bezeichnung »altrussische« oder »mittelalterliche russische Malerei« eingebürgert hat.

Bis zu Peter dem Großen kennt Rußland fast ausschließlich die religiöse Malerei, die sich nach den jahrhundertealten Traditionen der byzantinischen Kunst, ihren strengen Gesetzen, Spiritualität und Verinnerlichung richtet und in ihrer traditionellen Art nach umgekehrter Perspektive, Flächenformen, »unnatürlicher« Zeichnung und Farbe verlangt. Es ist die alte, vorgeschriebene griechische Art, die immer wieder in russischen Quellen gerühmt wird; an dieser galt es, sich ein Beispiel zu nehmen. Sowohl die Malerei der »vormongolischen« (vor 1223), als auch die Malerei der »nachmongolischen« Periode hat dieses Ideal anerkannt.

Wie war nun das Verhältnis des gläubigen Russen und des Ikonenmalers zu den heiligen Ikonen? Paulus von Aleppo (um 1627–1669), der Rußland zur Zeit der Reformen des Patriarchen Nikon bereist hat, hinterließ folgende Beschreibung: »Weil sich alle Moskauer durch große Verbundenheit und Liebe zu den Ikonen auszeichnen, betrachten sie weder die Schönheit der Darstellung, noch die Kunst des Malers; alle Ikonen — schöne und unschöne — sind für sie gleich: sie verehren sie ständig und verbeugen sich vor ihnen, auch wenn die Ikone nur eine Skizze auf einem Stück Papier oder eine Kinderzeichnung ist.« Natürlich darf bezweifelt werden, daß den gläubigen Russen das Gefühl für das Ästhetische abhanden gekommen war. In alten Quellen findet man viele panegyische Beschreibungen von Ikonen, die indirekt ihre Schönheit preisen. Die Bewunderung gilt der wahrhaftigen Abbildung, dem »wunderschönen« Himmelreich Gottes, der »allerheiligsten« Gottesmutter und den Heiligen; die erklärte Ambivalenz von Kult- und Kunstobjekt ist ja zu allen Zeiten dem Vorgebildeten vorbehalten gewesen. Da jedoch die Ikonenmalerei eine Kunst von Regeln ist, wurden nicht nur der Klerus, sondern auch die Gläubigen immer wieder in Diskussionen, die letztendlich auch formale Kriterien zum Gegenstand hatten, hineingezwungen. Zum Beispiel waren die Altgläubigen, und sind es noch heute, Anhänger der »alten« Malerei und akzeptierten nicht die sogenannten westlichen Einflüße, die zur Zeit des Patriarchen Nikons auftauchten: realistisch-barocke Elemente, die das Asketische vermissen lassen. Die Altgläubigen wurden somit zu Sammlern und Bewahrern der alten russischen Ikonen, während die offizielle Kirche die Ikonostasen der Kirchen des Moskauer Kremls im neuen Stil übermalen ließ, so wie es seit Jahrhunderten Brauch war.

Ivan Nekrasov (1836–1895), ein Literaturhistoriker und Rektor der Neurussischen Universität, hat als erster in der »Archäologischen Zeitung« von 1868 mit interessanten Fakten über russische Ikonenmalerei, die er in den Beschlüssen des Stoglav-Konzils und in den Viten der Heiligen Savva Krypeckij, Varlaam Hutynski und Josif Volocki gefunden hat, das idealisierte Bild, das das gelehrte Publikum der Moskauer Zeitung von den Ikonenmalern hatte, korrigiert: die russischen Maler, wie sich zeigte, befolgten nicht immer die Kirchen- und Klosterordnung, tranken, zankten sich und neigten zu Aberglauben und Nichtachtung der Heiligen. Noch hundertzwanzig Jahre nach seinem Erscheinen wäre dieser Artikel in deutscher Übersetzung eine Sensation! Dmitrij Rovinskij (1824–1895), Jurist, Gelehrter und Ikonensammler, hat erst bei den Stroganover Ikonenmalern im Moskau des 17. Jahrhunderts das aufkeimende Bewußtsein, Künstler zu sein, entdeckt – eine Erkenntnis, die noch heute ihre Gültigkeit hat.

Wie wurde die Ikone zum Gegenstand der kunsthistorischen Forschung? Bis im Jahr 1986 in Moskau das Buch *Geschichte der Entdeckung und Erforschung der russischen mittelalterlichen Malerei; 19. Jahrhundert* von Gerold Vzdornov erschien, vermißte man eine umfassende Darlegung des Themas. Wenn auch der Autor die Rezeption der Ikonenmalerei außerhalb Rußlands weitgehend unberücksichtigt läßt (noch Goethe hat sich dafür interessiert und von russischer Seite eine sehr informative Antwort erhalten), zeichnet er ein Bild, das ähnliche Parallelen und Entwicklungen wie die Kunstgeschichte des Westens aufweist. Geweckt haben das Interesse an der alten russischen Malerei zwei hervorragende Männer des 18. Jahrhunderts in Rußland, der Dichter und Universalgelehrte Michail Lomonosov (1711–1765) und der deutsche Historiker Jakob von Stein (1709–1785). Letzterer kam als junger Mann nach Rußland, wo er an der Akademie der Wissenschaften und an der Kunstakademie von St. Petersburg wirkte. Er hatte die Idee, eine erste Geschichte der russischen Kunst zu schreiben, die »Werke und Verdienste Rußlands auf dem Gebiet der Freien Künste« würdigen sollte. Obwohl es nie dazu kam, zeugt eine Vielzahl von Materialien und Notizen von der Vorbereitung eines großen Werks. In den 60er Jahren des 18. Jahrhunderts erwog man am Zarenhof in St. Petersburg die Bedingungen, unter denen die altrussische Malerei ihren ehemaligen Glanz wiedergewinnen sollte: Katharina II., die sich für eine Kennerin der alten Geschichte hielt, hatte 1767 die alte Hauptstadt Vladimir besucht. Während des Gottesdienstes in der Kirche waren ihr die Armseligkeit der Ausstattung und die alten nachgedunkelten Ikonen aufgefallen, und so stiftete die Kaiserin 14000 Rubel für die Erneuerung der berühmten Kirche mit der für die damalige Zeit erstaunlichen Auflage, »den alten Zustand des Gebäudes zu erhalten und in allerbester Ordnung zu halten«. Als trauriges Resultat dieser Stiftung hat man dann die alte Ikonostase, die im 15. Jahrhundert die berühmtesten russischen Ikonenmaler Andrej Rublev und Daniil Čornij geschaffen haben, auseinandergenommen und verkauft, und statt dessen die barocke goldene Ikonostase eines provinziellen Schnitzers aufgestellt. Die alten Fresken wurden abgeschlagen oder in Öl übermalt. Der Vorgang ist aus heutiger Sicht nicht erstaunlich, den gleichen barbarischen Behandlungen unterwarf man damals Denkmäler in ganz Europa. Die moderne restauratorische Praxis zeigt, daß von Anfang an, in den ersten Jahrhunderten der Ikonenmalerei in Rußland, Ikonen und Fresken erneuert, d. h. übermalt wurden. An der Vladimir-skaja-Gottesmutter sind Übermalungen aus dem 13. Jahrhundert festgestellt worden, die berühmte Georg-Ikone in der Tret'jakov-Galerie in Moskau ist im 14. Jahrhundert übermalt worden, so wie die Fresken der Entschlafung Mariae-Kirche im Volotovo Pole bei Novgorod. Besonders viele Übermalungen alter Ikonen kennt man aus dem 17. Jahrhundert, systematische Erneuerungen seit Peter dem Großen im 18. Jahrhundert, nachdem sich die Ikonenmalerei westlichen Vorbildern zuwandte und die alte, mittelalterliche Malweise nicht mehr geschätzt wurde.

In den elitären adligen Kreisen Moskaus sind um 1800 die ersten Privatsammler alter russischer Manuskripte und Ikonen zu finden, die Liebe, Verständnis und Zeit zur Erforschung der einheimischen Altertümer aufbrachten: Fedor Graf Aleksej Musin-Puškin, Graf Fedor Tolstoj und Professor Fedor Bause (seine Sammlung verbrannte 1812 beim Brand Moskaus) — in St. Petersburg Graf Nikolaj Rumjancev.

Das Erscheinen der ersten Geschichte Rußlands von Nikolaj Karamzin 1812 fiel zusammen mit dem denkwürdigen Sieg über Napoleon und dem Einzug der russischen Truppen in Paris; beide Ereignisse lösten eine beispiellose Welle der Begeisterung für die eigene Geschichte und Kunst aus, die in die romantische Literatur (Puškin) einging.

Unter dem sehr kunstinteressierten Nikolaus I. (1825—1855) begann die kontinuierliche Erforschung der Ikonenmalerei. Bekannt ist der Besuch des Zaren in der Entschlafung Mariae-Kathedrale des Höhlenklosters zu Kiev: die gerade »restaurierten« Fresken fanden seine »äußerste Ungnade«, was schließlich 1842 zu dem Gesetz, das jede eigenwillige und unkontrollierte Restaurierung verbot, führte. Nikolaus I. war es auch, der die 1843 unter späteren Farbschichten entdeckten Fresken der Sophien-Kathedrale zu Kiev (11. Jahrhundert) restaurieren ließ. Der berühmteste und größte Freskenzyklus Europas aus dieser frühen Zeit ist dann unter der Leitung Fedor Solncevs so beschädigt und übermalt worden, daß diese Restaurierung als das »traurigste Kapitel der russischen Denkmalpflege« bezeichnet worden ist und von sowjetischen Restauratoren rückgängig gemacht werden mußte.

Die 40er Jahre des 19. Jahrhunderts sind für die Entdeckung und Klassifizierung der verschiedenen russischen Ikonenschulen entscheidend, obwohl die damaligen Erkenntnisse später überholt und korrigiert wurden. Ivan Snegirev (1793—1869) verzeichnet als erster die Moskauer, Novgoroder, Stroganover, »Frjaz« (nach westlichem Vorbild) und Suzdal'er (darunter verstand er Mstera, Choluj, Palech) Schulen. In seinem zweibändigen Werk *Untersuchungen der russischen Ikonenmalerei* von 1849 unterscheidet der

Archäologe Ivan Sacharov (1807—1863) sogar zwischen acht verschiedenen Malschulen.

1851 beschlossen Zar Nikolaus I. und der Moskauer Metropolit Filaret die Restaurierung der Ikonostase der Entschlafung-Mariae-Kathedrale des Moskauer Kremls, die Metropoliten- und Patriarchatskirche ganz Rußlands seit dem 14. Jahrhundert war. Man kann heute kaum die Bedeutung und das Aufsehen, die das Freilegen der originalen mittelalterlichen Malerei zur Folge hatte, nachvollziehen. Der Sohn eines leibeigenen Ikonenmalers des Fürsten Šeremetev in Ostankino bei Moskau, der erste bedeutende russische Restaurator, Nikolaj Podključnikov (1813—1877) hat die alten Malereien unbeschädigt wiedererstehen lassen. Freilich bleiben in dieser Zeit und bis in heutige Tage hinein Unverständnis und Desinteresse an der Tagesordnung. Der Schriftsteller Ivančin-Pisarev (gest. 1849) berichtet in seinem Buch über Kolomna, wie er sich nach einer alten Ikone, die Fürst Odoevskij selbst aus Alexandrien mitgebracht hat, erkundigt hat: »Man hat mir mit einer Gleichgültigkeit geantwortet, die mich erschreckte: Gestern hat man sie nach Moskau gebracht, um sie neu zu bemalen.«

Sehr wichtig für die alte Ikonenmalerei und ihre Erhaltung erweisen sich aus heutiger Sicht die Altgläubigen, die Razkol'niki, die nur solche Ikonen schätzten, die bis zu den Reformen des Patriarchen Nikon und des Zaren Alexej Michajlovič (Mitte 17. Jh.) entstanden waren. Das Verhältnis dieses Patriarchen zu den Ikonen ist sowohl damals, als auch heute noch, mißverstanden worden. In Wirklichkeit wollte Nikon die Neuerungen, die sich in den Kanon der Ikonenmaler eingeschlichen haben, aus der Welt schaffen. Solche Probleme beschäftigten die Kirche zu verschiedenen Zeiten. Ein gewisser Ivan Viskovatyj hat 1547 nach dem Brand in Moskau an den von Pskover Meister gemalten neuen Ikonen ikonographische Neuerungen entdeckt und in einem an den Moskauer Metropoliten gerichteten Schreiben zu beweisen versucht, daß »die neuen Ikonenmaler nach eigenem Verstand und nicht nach dem göttlichen Gesetz malen.« Symbolische und allegorische Darstellungen durften seiner Auffassung nach nicht gemalt werden. Die Kontroverse wurde auf einer der ersten Sitzungen des Konzils von 1553–54 ausgetragen. Nicht wegen der aufgeworfenen Fragen, sondern wegen der Verbreitung seiner »Weisheiten« und des dadurch entstandenen »Volksaufruhrs« verurteilte ihn das Kirchentribunal zu dreijähriger Verbannung, wobei seine Reue berücksichtigt worden war.

Immerhin sammelten die Altgläubigen schon seit Ende des 17. Jahrhunderts alte Ikonen und Bücher. Für ihre reichen Sammlungen waren die Kirchen des Verklärungs-Friedhofs und des Rogožskij-Friedhofs in Moskau bereits im 18. Jahrhundert berühmt. Reiche Kaufleute, vorwiegend in Moskau, an der Wolga und im Norden Rußlands waren begeisterte Sammler, andere trieben Handel damit. Ein gewisser Papulin, Händler aus dem Gouvernement Kostroma und Altgläubiger kaufte in den 40er Jahren des 19. Jahrhunderts nicht weniger als 1350 alte Ikonen, hauptsächlich der Stroganov-Schule aus der Verklärung-Kathedrale in Sol'vičegorodsk. Wegen seines auffallenden Ikonenhandels ins Kirile-Belozerskij-Kloster verbannt, mußte er die Ikonen dem Staat überlassen; viele von ihnen bildeten später einen wichtigen Teil der berühmten Sammlung des Grafen Sergij Stroganov. Für Ikonen wurden enorme Summen gezahlt, in den 40er Jahren bis zu 1700 Rubel für eine einzige. Fedor Buslaev (1818–1897), der große Kenner der russischen Malerei seit den 60er Jahren, der als junger Mann Lehrer im Hause desselben Grafen Stroganov war, bescheinigte den großen Sammlern der Ikonenmalerei, daß sie hervorragende Kenner und gute Pfleger ihrer Sammlungen waren. Die berühmte, gut dokumentierte Sammlung Andrej Sorokins wurde durch ihn 1875 an das gerade gegründete Museum der Kiever Geistlichen Akademie verkauft. Zusammen mit der bedeutenden Sammlung des Rigaer Bischofs Filaret bilden diese Ikonen bis heute den Grundstock der Kiever Museen, insbesondere den des Museums für russische Kunst. Russische Aristokraten wie die Mutter der Fürstin Urusova, Anastasija Chitrovo, Graf Dmitrij Šeremetev, Graf Sergij Stroganov (nach diesem ist der 1869 erschienene Reprint des berühmtesten Ikonenmalbuches aus dem

17. Jahrhundert genannt; die besten Ikonen seiner Sammlung kamen nach der Revolution ins Russische Museum, Leningrad), besaßen die wichtigsten Ikonensammlungen in St. Petersburg, wo sich seit 1856, auf Initiative des Fürsten Grigorij Gagarin gegründet, das Museum der Orthodoxen Ikonenmalerei befand, tatkräftig von politischer Seite (Nikolaus I., Alexander II.) unterstützt. Seine ersten Direktoren, Van Gornostaev, später Vasilij Prochorov, verfügten bald über riesige Bestände an von Altgläubigen konfiszierten Ikonen, aber auch über wertvolles Dokumentationsmaterial, etwa die 1860 ins Museum eingegangenen Zeichnungen und Fotos, die Petr Sevastjanov aus Athos mitbrachte. Vasilij Prochorov begann 1862 mit der Herausgabe der Zeitschrift *christliche Altertümer und Archäologie*, später einer zweiten, die *russische Altertümer* hieß. 1871 zählte er zu seinen Museumsbeständen die große Sammlung Michail Pogodins aus Moskau.

In Anbetracht dessen, daß Moskau auf dem Gebiet der Entdeckung russischer Denkmäler führend war und diese Stellung allein durch seine alte Geschichte und Zeugnisse der Vergangenheit zu Recht beanspruchte, sind dies Fakten, die auf ein neues nationales Bewußtsein der russischen Elite hinweisen. Noch 10 Jahre früher gingen die Bestände des Museums von Kanzler Rumjancev, dem russischen Staat 1828 geschenkt, nach Moskau, wo sie im Haus Paškov, gegenüber dem Kreml, »ihren würdigen« Platz fanden. Unter den 27 Gründern der 1864 beim Öffentlichen Museum entstandenen »Gesellschaft für Altrussische Kunst« finden wir, angeführt von Buslaev, die Namen von Fürst Odoevskij, A. Viktorov, G. Filimonov, Archimandrit Amfilichij, I. Zabelin, M. Pogodin, N. Tichonravov, N. Podključnikov, D. Rovinskij, P. Sevast'janov, S. Solov'ev, V. Undol'skij, die reichen Kaufleute und Sammler K. Soldatenkov und A. Chludov. Die Publikationen der Moskauer Gesellschaft wurden von den vielen ähnlichen Publikationen anderer Gesellschaften im 19. Jahrhundert, was Fülle und Erkenntnise betrifft, nie erreicht. Ein besonderes Gewicht hatte die 1877 gegründete »Gesellschaft der Freunde des alten Schrifttums« (OLDP), ein geschlossener Club elitären Charakters. Mit z. T. äußerst kleinen Auflagen (z. B. 10 Exemplare) ihrer Publikationen hat sich diese Gesellschaft um die Erforschung der russischen Malerei bis zur Epoche Peters des Großen verdient gemacht. Zu den Mitgliedern zählten unter anderen die Fürsten P. Vjazemskij und G. Gagarin, die Grafen Bobrinskij, A. Mordvinov, S. Stroganov, die Brüder A. und S. Šeremetev. Eine Hauptaufgabe dieser Gesellschaft waren die Reprints der alten Ikonenmalbücher. In den 48 Jahren ihres Bestehens (bis 1925) hat diese Gesellschaft in ihren zwei Serien, *Publikationen* und *Denkmäler*, insgesamt 325 Bände herausgebracht, eine erstaunliche Anzahl, die selbst die Akademie der Wissenschaften nicht erreichte. Freilich wären die meisten Werke nicht denkbar ohne die Mitarbeit der bedeutendsten Petersburger und Moskauer Gelehrten: Fedor Buslaev, Vladimir Stasov, Nikodim Kondakov, Nikolaj Pokrovskij, Nikolaj Lichačev, Vjačeslav Ščepkin, Egor Redin und Dmitrij Ajnalov. Es genügt, darauf hinzuweisen, daß das berühmteste Ikonenmalbuch des 17. Jahrhunderts, der *Sijskij ikonopisnyj podlinnik* mit seinen über 500 Blättern 1881 von der Gesellschaft angekauft und in ihrem Auftrag von dem hervorragenden Kenner der christlichen Ikonographie Nikolaj Pokrovskij untersucht und herausgegeben wurde, und daß Lichačev hier eine der ersten Monographien über Andrej Rublev publizierte. Allein die Sammlung von Buchmalereien zählte zuletzt über 5000 Blätter. Als die sowjetische Kommission das Museum der Gesellschaft 1923 im Palais des Grafen Šeremetev begutachtete, fand sie einen ganzen Saal mit unschätzbaren wertvollen Ikonen, die 1932 ins Russische Museum überführt wurden.

Unter den Gästen bei den Kunstgesprächen im Hause des Grafen Nikolaj Rumjancev in St. Petersburg waren zwei Deutsche: Friedrich Adelung (1768—1843) und Burkhardt-Heinrich von Wichmann (1786—1822), beide Bibliothekare am Privatmuseum des Grafen. Auf sie geht das erste Projekt zurück, ein neuartiges Museum für russische Ikonen zu schaffen: »In diesem Museum sollten nur russische Ikonen nach chronologischer Ordnung ausgestellt werden« (v. Wichmann, 1821).

Nicht in der Hauptstadt, sondern in Moskau, und erst 1883 wurde das Russische Historische Museum eröffnet, das man mit den Namen der ersten Direktoren Zabelin und Ščepkin bis heute verbindet. Die Popularisierung der russischen Ikonenmalerei ist weiteren Museen wie denjenigen in Tver' (seit 1866) und Rostov (seit 1883) zu verdanken.

Die Geschichte der Kirchenmuseen beginnt Mitte des 17. Jahrhunderts mit der sog. Bilder-Kammer (Obraznaja palata) im Moskauer Kreml, wo unter dem Kircheninventar 1669 beinahe 3000 Ikonen zu verzeichnen waren, darunter einige aus Palästina, Athos, dem Balkan und dem Kaukasus. Noch älter als dieses »Kirchenmuseum« war die Handschriften-Sammlung im Glockenturm Ivan des Großen im Moskauer Kreml. In den 50er Jahren des 19. Jahrhunderts wirkte hier als Kustos Archimandrit Sava, der einen hervorragenden, ausführlichen Führer durch die Kirchengewänder und Handschriften auf ca. 500 Seiten — schon damals ins Französische übersetzt — hinterlassen hat. Über die Erhaltung der Ikonen in den Kirchen und Klöstern des Russischen Imperiums wachte bis 1867 der Metropolit Filaret von Moskau. Sein Namensvetter, der Rektor der Kiever Geistlichen Akademie und späterer Bischof von Riga Filaret, war der große Gönner des ersten Kirchenmuseums Rußlands, gegründet an der Akademie 1872. 3000 Rubel stiftete Filaret selbst, um für 13 000 Rubel die bedeutende Ikonensammlung des Kiever Kaufmanns und ehemaligen Altgläubigen A. Sorokin aus Moskau für das Museum ankaufen zu können. 1874 wurde diesem Museum die Sammlung Andrej Murav'evs vermacht, der auf Sinai und Athos, in Jerusalem und Italien kostbare Kunstwerke erworben hatte. Nach dem Tod des berühmten Reisenden zu den Heiligen Stätten des Bischofs Porfirij Uspenskij (1804—1885), der in den 40er und 50er Jahren die Russische Kirche in Jerusalem vertreten hat, wurden 42 Ikonen aus seinem Besitz dem Museum vermacht. Es ist allgemein bekannt, daß Porfirij 1850 im Glockenturm des Katharinen-Klosters auf Sinai die Entdeckung des Jahrhunderts glückte — der ältesten bekannten griechischen Ikonen, die freilich viele Jahre später erst durch die Untersuchungen Kondakovs und Ajnalovs als solche erkannt und gewürdigt werden sollten, nachdem sie in St. Petersburg gereinigt worden waren. Für die Byzantinisten damals war dies eine Sensation von Weltrang. (Nach der Revolution gingen die Bestände des Museums der Kiever Geistlichen Akademie ins Museum des Kiever Höhlenklosters über, zusammen mit anderen unzähligen Kunstwerken aus den städtischen und umliegenden Kirchen. Bis auf vier enkaustische, in Wachsfarben, der ältesten Ikonentechnik, gemalte Ikonen aus der Profirij-Sammlung und einige wertvolle Handschriften, die kurz vor dem Krieg zufällig nach Moskau gebracht worden waren, sind diese Schätze auf dem deutschen Rückzug aus Kiev im November 1943 bei einem Bombenangriff größtenteils vernichtet worden, andere sind vereinzelt in europäischen und amerikanischen Museen zu finden.

Dem 1879 gegründeten Museum an der Petersburger Geistlichen Akademie schenkte Graf Sergij Stroganov einige wertvolle Ikonen der Stroganover Schule. 1909 zählte Nikolaj Pokrovskij hier 3000 Ikonen, die hervorragend vor allem die Moskauer Schule repräsentierten.

Unter den vielen Kirchenmuseen der vorrevolutionären Zeit sind das archäologische Museum der Moskauer Geistlichen Akademie in dem Dreifaltigkeitskloster bei Moskau (heute Zagorsk), die Sammlung des Danilov-Klosters in Moskau, sowie das Kirchenmuseum der »Gesellschaft der Freunde der geistlichen Erziehung« zu verzeichnen; in den kleineren Provinzstädten die Museen in Vladimir und besonders in Archangelsk.

Eine schillernde und gleichzeitig typische Figur für die russischen Sammler des 19. Jahrhunderts war der Pskover Fedor Pljuškin. Nach seinem Tod hinterließ er über eine Million Antiquitäten, darunter Ikonen, die für einige große Ikonostasen gereicht hätten. Beraten von Spezialisten verschiedenster Gebiete der Kunst, unter anderem von Pokrovskij und dem Goldschmied Karl Fabergé hat die russische Regierung, um dem Britischen Museum zuvorzukommen, die Pljuškinsche Sammlung für 100 000 Rubel erworben und dem Museum des Zaren Alexander III. zugeführt.

Sehr bedeutende Ikonen-Sammlungen besaßen Graf Aleksej Uvarov auf seinem Gut in Proeče bei Moskau und die Moskauer Kaufleute Petr Ščukin und Pavel Tret'jakov. Noch vor seinem Tod, im Jahre 1905, schenkte Ščukin seine Sammlung samt den Gebäuden, in denen sie ausgestellt waren, dem Historischen Museum Moskau, die laut der ehemaligen Museumsdirektion nach Quantität und Wert die eigenen Bestände des Museums übertraf. Begeisterte Ikonensammler, wie der Moskauer Kaufmann Nikolaj Postnikov — eine Smolenskaja Gottesmutter ist von ihm für 2100 Rubel gekauft worden — besaßen über 3000 Ikonen, darunter nicht nur solche, die Rublev zugeschrieben wurden, sondern auch hervorragende Werke Moskauer und Palecher Meister des 19. Jahrhunderts. Durch die Liebe zu den Ikonen in den Ruin getrieben, mußte Postnikov alles verkaufen. Seine Ikonen wurden von anderen Sammlern aufgekauft: Lichačev, Tretjakov, Egorov, Silin, Zubalov, Hanenko, Protopopov, der Zarenhof selbst, griffen zu. Heute sind diese Ikonen in der Moskauer Tret'jakov-Galerie und in der dort als Schenkung aufbewahrten Sammlung Pavel Korins, zum Beispiel die hervorragende Ikone »Samstag aller Heiligen« des Palecher Meisters Chochlov von 1813, ferner im Historischen Museum und im Museum der Religion und des Atheismus in Leningrad sowie im Museum der russischen Kunst in Kiev zu sehen. Ivan Silin, ein anderer Moskauer Ikonensammler und Antiquitätenhändler wie Postnikov, was ihn übrigens zu dessen erklärten Feind und Rivalen machte, füllte mit seinen Ikonen 1890, auf der Ausstellung anläßlich des 8. Archäologischen Kongresses in Moskau, einen ganzen Saal. Die Verklärungs-Ikone aus seinem Besitz, die damals Andrej Rublev zugeschrieben wurde, gilt noch heute als ein Werk des berühmtesten russischen Malers, im Gegensatz zu den anderen Ikonen dieser Zeit, deren Besitzer stolz waren, eine authentische Rublev-Arbeit zeigen zu können. Von Ivan Silin kaufte auch 1890 Pavel Tret'jakov für 25 000 Rubel (!) seine erste Ikone, eine sog. Reise-Ikonostase. Wie die meisten Sammler hatte Tret'jakov eine Vorliebe für bestimmte Sujets: das russische Thema »Um Dich freut sich die ganze Schöpfung« taucht siebenmal in seiner Sammlung auf. Tret'jakov, ein reicher Kaufmann, hatte sich zum Ziel gesetzt, ein nationales Museum der russischen, vor allem der zeitgenössischen Kunst zu schaffen. Er erwarb auch Werke französischer Meister; der Ikonenanteil war zu seinen Lebzeiten eher klein. Sechs Jahre vor seinem Tod, 1892, übergaben die Brüder Pavel und Sergej Tret'jakov ihre Sammlungen der Stadt Moskau samt den Gebäuden von über 20 Räumen. Der heutige Baukomplex der Staatlichen Tret'jakov-Galerie besteht aus dem Wohnhaus Pavel Tret'jakovs und den ehemaligen Museumsräumen, hinter der 1900 von dem Maler Vasnecov entworfenen Fassade, die das Gebäude zu einer architektonischen Sehenswürdigkeit macht. (Seit Jahren ist leider wegen Bauarbeiten diese reichste Ikonensammlung in der Sowjetunion nicht dem normalen Sterblichen, sondern nur Wissenschaftlern im Magazin des Museums zugänglich.)

Nicht das Sujet, sondern die künstlerischen Qualitäten der Ikonen interessierten Il'ja Ostrouchov (1858—1929), Maler und Ikonensammler, einen großen Kenner der alten russischen Kunst, der starken Einfluß auf Nikolaj Lichačev hatte, einen Vertreter der sog. Ikonographischen Schule in der Forschung. »Bei keinem vor I. S. Ostrouchov gab es ein so ausgeprägtes Bewußtsein für die hohen künstlerischen Qualitäten der Ikone, ein so klares Verständnis für ihren Platz als Kunst unter den anderen Künsten.« (P. Muratov, 1914) Es war auch Ostrouchov, der den 1911 auf Einladung des Kenners der französischen Malerei S. Scukin nach Moskau gereisten Henri Matisse mit seinen eigenen und Tret'jakovs Ikonen bekanntmachte. Nachdem er auch den Kreml gesehen hatte, ereiferte sich der französische Modernist etwas naiv: »Die Russen ahnen nicht, welche Kunstschätze sie besitzen!«. Zwei von diesen Schätzen befanden sich dann in seinem Gepäck auf der Rückreise nach Paris.

Unter den vielen kunstsinnigen Russen dieser Zeit finden wir Berühmtheiten wie den Petersburger Maler Professor Michail Botkin und den Antiquitätenhändler Sergej Bol'šakov. Ersterem gehörte eine so berühmte Ikone wie die »Paternitas« aus Novgorod (14. Jahrhundert), seit 1933 in der Tret'jakov-Galerie. Aus der zweiten Hälfte des 19. Jahrhunderts kennen wir unzählige Namen von Ikonen-Sammlern und Antiquitätenhändlern. Die Gouvernements von Novgorod, Vologda, jaroslavl' und Archangelsk wurden nach alten Ikonen durchkämmt und manch einer kam sogar mit dem Gesetz in Konflikt. Mit dem Zusammentragen von alten Ikonen für die nach 1905 wiedereröffneten altgläubigen Kirchen begann S. Rjabušinskij. Auf geheimen Kanälen gelangten wunderschöne Novgoroder Ikonen zu ihm. Er war auch einer der ersten, der Freilegungen von Ikonen ausführen ließ. Den Grundstock für die Ikonensammlung Morozovs bildeten die unschätzbaren Familienikonen des alten Hauses der Morozovs. Man bescheinigt ihm nach 1913 eine künstlerisch exzellente Kollektion (1918 verstaatlicht). Dem Russischen Historischen Museum hat er vor 1914 eine damals Rublev zugeschriebene Gottesmutter von Jaroslavl' gestiftet, auch sie ist heute in der Tret'jakov-Galerie zu finden.

Für die Popularisierung der russischen Ikone spielte der Schriftsteller Nikolaj Leskov eine bedeutende Rolle. Seine Erzählung *Der versiegelte Engel* von 1873, dem Gelehrten Buslaev gewidmet, wurde sogar vom Zaren Alexander II. begeistert aufgenommen; andere seiner Erzählungen − bis heute sehr populär geblieben − hatten tatsächlich ihre Prototypen in den damaligen Sammler- und Gelehrten-Kreisen, und zeichneten ein höchst lebendiges Bild von historischer Authentizität, das wohl mehr Liebe und Verständnis für die altrussische Kunst geweckt hat als manches wissenschaftliche Werk zum Thema. Eine ähnliche Resonanz fand der sowjetische Schriftsteller Vladimir Solouchin in den 60er Jahren mit seinem Buch *Schwarze Bretter* in seiner Heimat und in anderen Ländern, darunter in der DDR und in der Bundesrepublik. Selbst Ikonensammler, gehört er zur letzten Generation von Ikonen-Freunden: N. Kuz'min, T. Mavrin und D. Lichačev, A. Aleksandrov und N. Golovanov.

Auf Ausstellungen der zweiten Hälfte des 19. Jahrhunderts finden wir Ikonen nur unter anderen Kunstwerken, jedoch spielten sie eine große Rolle bei der Popularisierung der Ikonenkunst in

Rußland und im Ausland. Der russische Pavillon auf der Weltausstellung 1867 in Paris hat nicht zuletzt durch die ausgestellten Zeugnisse der alten Kunst großen Eindruck gemacht, obwohl der Moskauer Metropolit Filaret »das Ausstellen orthodoxer Heiligtümer« verweigerte und abgesehen von wenigen Dutzend originalen Ikonen aus den privaten Sammlungen Sorokins und Prochorovs, aus dem Öffentlichen und den Rumjancev-Museen, ausschließlich gute Kopien gezeigt wurden. In Rußland selbst sind außer der erwähnten Ausstellung die zum 8. Archäologischen Kongreß 1890, zum 12. Kongreß in Char'kov 1902, zum 14. Kongreß in Černigov und die auf dem letzten 15. Kongreß in Novgorod zu nennen. Die Moskauer Gesellschaft der Kunstliebhaber organisierte 1896 und 1897 thematische Ausstellungen zum Bild Christi und der Gottesmutter. Das Historische Museum, die Russische Archäologische Gesellschaft, die Akademie der Künste und private Sammler (Gräfin P. Uvarova, Großfürst Sergej Aleksandrovič) stellten bereitwillig Originale zur Verfügung. Ein großer Erfolg war die Ausstellung der altrussischen Kunst in Moskau 1913 zum 300. Jubiläum des Hauses Romanov.

Auch in Rußland hatte es die Kunstgeschichte schwer, gleichberechtigt neben anderen Wissenschaften aufzutreten. Mit der Erforschung der altrussischen Malerei war die sog. 2. Abteilung der Akademie der Wissenschaften befaßt, die frühere Russische Akademie, 1841 an die Akademie der Wissenschaften angeschlossen, der die russische Sprache und Literatur als Forschungsgebiete zugewiesen wurden. Hier erschienen die Publikationsserien *Mitteilungen* und *Gelehrte Notizen*, von 1867 bis 1928 *Gesammelte Artikel*, die dreibändigen Werke Buslaevs, die zweibändige *Ikonographie der Gottesmutter* von Nikodim Kondakov (1851—1928). Izmail Sreznevskij, Professor an dieser Akademie und bedeutender Philologe, hat als erster auf viele alte Ikonen hingewiesen und authentische Inschriften auf Ikonen publiziert (Ikone des Erlösers von 1337 von der Verkündigungskathedrale des Moskauer Kremls). Besonders wichtig war die Bearbeitung der russischen Malbücher, der sich Sreznevskij widmete. Die erste Beschreibung einer Ikonen- und Handschriftensammlung, eine Art Katalog, lieferte A. Vostokov über die Rumjancev'schen Exponate. Bald folgten dieser vorbildlichen Arbeit die Kataloge fast aller bedeutenden Sammlungen, Bibliotheken und Museen Rußlands. 1856 (1903 wurde der vollständige Text herausgegeben) erschien das erste Buch über die Ikonenmalerei Rußlands: *Überblick der Ikonenmalerei Russlands bis Ende des 17. Jahrhunderts* von Dmitrij Rovinskij (1824—1895).

Von dem wissenschaftlichen Interesse für die alte Buchmalerei zeugt heute das im 19. Jahrhundert mehrmals veröffentlichte Ostromir-Evangelium, dessen Miniaturen neben den Fresken der Sophien-Kathedrale in Kiev zu den ältesten Malereien Rußlands zählen. Besonders intensiv befaßte man sich im 19. Jahrhundert mit der Erforschung der alten Handschriften. Der unermüdliche Bischof von Uglič, Amfilochij, publizierte den illuminierten Novgoroder Psalter aus der Chludov'schen Sammlung, Kondakov brachte die ersten Erkenntnisse zum berühmten griechischen Psalter des 9. Jahrhunderts aus der Sammlung Lobkovs.

Ähnlich wie in anderen europäischen Ländern war das 19. Jahrhundert für Rußland die Zeit der Gelehrten mit enzyklopädischen Kenntnissen. Ausschließlich alten Manuskripten hat sich der Moskauer Professor Vjačeslav Ščepkin gewidmet. 1901 studierte er in der Bibliothek des Vatikans die byzantinischen und altslawischen Handschriften. Seine Urteile über stilistische Entwicklungen in der byzantinischen Buchmalerei haben auch heute noch ihre Gültigkeit. Neben Ščepkin lehrten in Moskau Buslaev und Kirpičnikov; in Odessa, später in St. Petersburg Kondakov; in Char'kov Redin und in Kazan und Petrograd (so hieß St. Petersburg von 1914 bis 1922) Ajnalov. Hervorragende Kunsthistoriker kamen aus den geistlichen Akademien: N. Petrov und A. Dmitrievskij in Kiev, N. Porkrovskij in St. Petersburg, im Dreifaltigkeitskloster I. Mansvetov und A. Golubcov.

Nikodim Kondakov (1844—1924), ein Schüler Buslaevs, lehrte zuerst 17 Jahre lang, bis 1888, an der Universität von Odessa, später an der Petersburger Universität. Zu seinen Schülern zählten

Redin, Smirnov und Ajnalov (letzterer war der Lehrer der neueren Generation von Kunsthistorikern: B. Mesojadov, N. Syčev, N. Okunev, L. Maculevič, Andrej Grabar', A. Svirin, M. Karger, V. Lazarev und M. Alpatov). Nach einer ausgedehnten Auslandsreise 1875 in Westeuropa erschien Kondakovs erstes epochales Werk, *Die Geschichte der byzantinischen Kunst und der Ikonographie nach den griechischen Handschriften.* Hervorragend sind die Reiseberichte Kondakovs, etwa die *Sinai-Reise,* oder sein monumentales Werk über die Kirchen Konstantinopels. Katalogartig, bis ins letzte Detail gehend, hat er ein umfassendes Bild der byzantinischen Kunst und ihrer Wechselwirkung mit den Balkanländern, dem Kaukasus-Raum, Kleinasien, Italien und Deutschland gezeichnet. Im Ausland als großer Gelehrter gefeiert, widmete sich Kondakov seit den 80er Jahren der altrussischen Kunst. Unter anderen Werken entstanden die *Ikonographie Jesu Christi* (1905), die zweibändige *Ikonographie der Gottesmutter* (1914—15), *Die russische Ikone* (1928—33). Das bodenständige Thema — bezeichnend die Sympathie des Zarenhofs dafür — brachte ihm die Feundschaft des Vizepräsidenten der Akademie der Künste Graf I. Tolstoj, des Präsidenten der Gesellschaft der Freunde des alten Schrifttums Graf S. Šeremetev, der Großfürsten Konstantin Nikolaevič und Konstantin Konstantinovič, schließlich Nikolaus II. selbst. Durch die Verwandtschaft seiner Frau mit dem Metropoliten Filaret bekam Kondakov auch Zugang zu den Kirchenkreisen, die ihm Tor und Türen zu allen möglichen Kloster- und Kirchensammlungen öffneten. Schon in seinem Werk *Denkmäler der christlichen Kunst auf Athos* interessierte Kondakov die Frage nach der nationalen Schule. Und als erster wies Kondakov auf eigenständige, russische Entwicklungen in der Malerei Rußlands vor dem 14. Jahrhundert hin. Nach der Revolution im Exil in Prag, leitete Kondakov dort bis zu seinem Tode das Kunstgeschichtliche Seminar, das berühmte Seminarium Condacovianum, das erst in den 30er Jahren unseres Jahrhunderts zu existieren aufhörte.

Vladimir Stasov (1824—1906), ein von Kondakov geschätzter

Kunstkritiker und Forscher der russischen Ikone und Miniatur, ist noch heute für sein Werk *Das slawische und östliche Ornament nach den Handschriften der alten und neuen Zeit* (1887) berühmt. Im Unterschied zu Stasov äußerte sich Kondakov sehr kritisch, wenn nicht feindselig, über Aleksandr Kirpičnikov (1845–1903), Professor der Universitäten von Har'kov, St. Petersburg und Moskau. Das Thema Kirpičnikovs war die Ikonographie der Gottesmutter, eine schier unendliche Aufgabe, was Kirpičnikov selbst zugab. Sein Verdienst war es, daß er als erster nach Buslaev und E. Barsov die Zusammenhänge zwischen Ikonenmalerei, Literatur und mündlichen Überlieferungen aufdeckte.

Mit der christlichen Kunstgeschichte wurden die Studenten an den vier Geistlichen Akademien Rußlands in Kiev, Moskau, Kazan und St. Petersburg vertraut gemacht. Die besten Arbeiten des Moskauer Professors A. Golubcov erschienen erst nach seinem Tod im Jahr 1911. Sein Gebiet war die Ikone. Er hat auch als erster die alte Beschreibung der Ikonen des Josif-Volokolamskij-Klosters von 1545 publiziert, ohne die die Erforschung der Kunst Dionisijs und anderer Maler des 15. und 16. Jahrhunderts in Moskau undenkbar wäre.

Mit dem Namen Nikolaj Pokrovskij (1848–1917), dem Professor an der Petersburger Geistlichen Akademie und Direktor des Archäologischen Instituts, ist eine der interessantesten kunsthistorischen Untersuchungen vom Ende des 19. Jahrhunderts verbunden: *Das Evangelium in den Denkmälern der Ikonographie, unter besonderer Berücksichtigung der byzantinischen und russischen,* erschienen 1892, 24 Jahre vor Gabriel Millets *Recherches sur L'Iconographie de L'Evangile*; dem Werk von Millet ebenbürtig, leider den nichtrussischen Forschern fast unbekannt. Bis heute ist diese Arbeit von Pokrovskij ein Handbuch der sowjetischen Kunsthistoriker. Besonders wichtig ist Pokrovskijs Beitrag zum ikonographischen Programm in der Monumentmalerei.

An der Moskauer Geistlichen Akademie lehrte Evgenij Golubinskij (1834–1912), der einzige Professor einer Geistlichen Akademie, der zum ordentlichen Mitglied der Akademie der Wissenschaften Rußlands gewählt wurde, als Würdigung seines epochalen Werks *Die Geschichte der russischen Kirche*. Weitgehend berücksichtigt hat der Autor dort die russische Ikonenmalerei, deren Anfänge er als erster bereits im 10. Jahrhundert sah. Neue gültige Erkenntnisse enthält auch seine wichtige Arbeit über die Ikonostase.

Die russische, sog. ikonographische Schule in der Kunstforschung, deren Blüte in das letzte Drittel des 19. Jahrhunderts und in den Beginn des 20. Jahrhunderts fällt, brachte mit Kondakov, Ajnalov und Lichačev ihre besten Vertreter hervor. Durch große Inventare, typengeschichtliche und ikonographische Studien schuf diese Forschung unerläßliche Grundlagen, blieb aber durch ihren Positivismus, die Geringschätzung kunsttheoretischer Verallgemeinerungen und eine bisweilen überspezialisierte Enge des Blickfeldes begrenzt. Im Westen, wo die gleiche Entwicklung wie in Rußland zu beobachten ist, vollzog sich die Wende zu neuer theoretischer Fundierung um 1890. In Rußland waren es in der Folge die Kunstkritiker, angeführt von P. Muratov, die zwischen 1905 und 1917 »viele bittere Wahrheiten an die Adresse der Vertreter der ikonographischen Schule ausgesprochen haben« (V. Lazarev). Dies fällt zusammen mit dem Erscheinen der Schriften Berensons, Hildebrands und Wölfflins in russischer Sprache und der offiziellen Wiederherstellung des Altgläubigen-Kultus 1905. Letzteres Ereignis brachte eine riesige Nachfrage nach großen Ikonentafeln. Durch Freilegungen und Reinigungen wurde die Malerei des 15. Jahrhunderts, hervorgeholt unter nachgedunkelten Firnissen und Übermalungen, zum ersten Mal bekannt und zum Gegenstand der Forschung gemacht.

»Die Ausstellung 1913 und alle ihr vorangegangenen Entdeckungen erlaubten es, die Frage nach der altrussischen Malerei wieder zu stellen.« (V. Lazarev). Begeistert wurden die Entdeckungen dieser Zeit von der kunstkritischen Schule aufgenommen: Es erschienen zahlreiche Bücher und Artikel, die der Ästhetik und der erhabenen Ethik (E. Trubeckoj) gewidmet waren. »Die russische Ikonenmalerei in ihrer überwiegenden Zahl ist durch einen

Abgrund von jeder Geschichte, Literatur, Natur und dem Leben getrennt«, schrieb Muratov. Um den Unterschied zu der trockenen Stilanalyse der Ikonographischen Schule zu verdeutlichen, lassen wir den Vertreter der Kunstkritischen Schule, Fürst Evgenij Trubeckoj mit einem Zitat aus seiner 1927 in Paderborn in Deutsch erschienenen Studie (erschienen zuerst 1916) *Die religiöse Weltanschauung der altrussischen Ikonenmalerei* zu Wort kommen. Der Textauszug betrifft, ausdrücklich vom Autor vermerkt, die Evangelisten-Darstellungen auf der Königstür einer »Novgoroder Ikonostase, Stroganover Schule, 16. Jahrhundert aus der Sammlung Ostrouchov«: »Das Licht selbst, von welchem die Evangelisten bestrahlt werden, erhält durch die Art seiner Beziehung zu ihren Gestalten eine einzigartige symbolische Bedeutung. Dieser Glanz des Regenbogens oder der Mittagssonne, welcher nicht mit den Augen der Apostel, sondern mit ihrem inneren Gespür wahrgenommen wird, wird dadurch vergeistigt: das ist ein jenseitiges, tönendes Licht der Sonnenmystik, welche sich in die Mystik des göttlichen strahlenden Wortes verklärt hat. Nicht umsonst heißt es im Johannes-Evangelium das göttliche Wort das Licht, das in der Finsternis leuchtet. In dieser Unterordnung aller Farben, welche die Schönheit der Schöpfung vorstellen, dem jenseitigen Sinne des ewigen Wortes, liegt die Quelle der ganzen Lyrik und auch der Dramatik der russischen Ikonenmalerei.«

Bereits im November hat Lenin zum Schutz der alten Denkmäler, des »Volkseigentums« aufgerufen. Mit dem Dekret *Über die Registrierung, Aufnahme und den Schutz der Kunstdenkmäler und der Altertümer* von 1918 gingen die meisten Privatsammlungen in Staatsbesitz über. In den riesigen Räumen des Englischen Clubs in Moskau (heute Museum der Revolution) türmten sich 1917—1918 Berge von Kunstwerken, ähnliches war in allen Städten zu beobachten. Die Enteignung der Kunstwerke von »Zar und Kirche« führen zur Schaffung des sog. Nationalen Fonds. Die neuerrichtete Kommission für Denkmäler zeigte Ikonen und andere Kunstgegenstände in den regionalen Proletarischen Museen. Typische

Schicksale hatten die Moskauer Sammlungen Morozovs und Rja-
bušinskijs: 1918 wurde die Sammlung Morozovs in ein Museum
für alte russische Kunst umgewandelt, eine den Proletarischen
Museen ähnliche Einrichtung. Seit 1921 wurde dieses Museum
dann Museum für Porzellan: 1926 gingen 119 Morozov-Ikonen
ins Staatliche Historische Museum, eine in die Rüstkammer des
Kremls über. Rund 500 Ikonen wurden z. B. 1918 im Proletarischen Museum in der Gončarna-Straße gezeigt, bis 1924 Filiale der
Tret'jakov-Galerie, die danach geschlossen wurde. Die Ikonen
wurden dem »Zubalov-Fond« und der Basilius-Kathedrale (die
seit 1923 zum Staatlichen Historischen Museum gehörten) übergeben.
1918–1919 befand sich die Rjabušinskij-Sammlung im Staatlichen
Museumsfonds, nach 1926 gingen einige Ikonen ins Staatliche
Historische Museum, andere Ikonen landeten zwischen 1924 und
1928 in Antiquitätenläden, in der Staatlichen Rüstkammer und in
den Museen von Perm und Kuban.
In die staatliche Tret'jakov-Galerie gelangten bedeutendste Sammlungen aus Kirchen- und Privatbesitz und machten dieses Museum
zum wichtigsten in der Sowjetunion: hier befinden sich seit 1930
die Vladimirskaja Gottesmutter, die Verkündigung von Ustjug,
die Große Panagia und die Gottesmutter von Don Teophanes dem
Griechen, seit 1929 die Dreifaltigkeits-Ikone Rublevs.
Die Trennung der Kirche vom Staat und die Übernahme des
Kirchenbesitzes durch ihn führte zur Gründung (1918) der Allrus-
sischen Restaurierungskommission, seit 1924 Zentrale Staatlicher
Restaurierungswerkstätten genannt, unter der Führung Igor Grabar's (1871–1960) Zahlreiche Dienstreisen dieser Kommission in
die Provinz (Novgorod, Kazan, Pskov, Kiev, Zvenigorod,
Vologda, Dreifaltigkeits-Kloster, Jaroslavl', an die Volga und in
den Norden) brachten die Entdeckung von Dutzenden von Ikonen der vormongolischen Zeit (12.–13. Jahrhundert) mit sich.
Viele Wandmalereien wurden freigelegt und gereinigt, die Kunst
von Theophanes, Rublev und Dionisij wurde zum ersten Mal
wissenschaftlich erfaßt.

1918 wurde die Vladimirskaja Gottesmutter vom Restaurator Čirikov restauriert, im Sommer desselben Jahres wurden aus Zvenigorod die auseinanderfallenden Teile der berühmten Rublever Deesis entdeckt und nach Moskau gebracht. 1918 in einer Rumpelkammer der Entschlafen-Kathedrale in Zvenigorod wurden von der Kommission drei berühmte Ikonen Rublevs (heute in der Tret'jakov-Galerie), Teil einer großen ehemaligen Ikonostase: Apostel Paulus, Erzengel Michael und Christus Erlöser entdeckt. (Letztere Ikone hatte als Deckel für ein Faß voll Sauerkraut gedient.)
1920 in Jaroslavl', in der dunklen Sakristei des Erlöser-Klosters entdeckte Čirikov die mehrmals übermalte Große Panagia, die einige Forscher dem legendären Ikonenmaler Alimpij zuschreiben. Igor Grabar' führte 1920 eine Reise in den russischen Norden, an der viele Architekten, Kunsthistoriker und Restauratoren teilnahmen, unter anderem N. Pomerancev. Einer der besuchten Orte war das Dorf Krivoe am Ufer des Flußes Dvina. »Als Pomerancev um die Kirche herumging, entdeckte er ein kleines Fensterchen, das den kühlen Raum des Kirchenkellers beleuchtete. Er preßte sein Gesicht gegen das Fenster und verscheuchte einige Hühner, die sich — Schutz vor der Hitze suchend — in der lockeren trockenen Erde des Bodens eingegraben hatten. Pomerancev entdeckte, daß diese Erde alte, geschwärzte Ikonentafeln bedeckte.« Diesem lebendigen Bericht von Valentina Antonova bleibt nachzutragen, daß sich später in Moskau diese Tafeln als hervorragende alte Ikonen entpuppten. Nach ihrer Restaurierung der Tret'jakov-Galerie übergeben, gehören sie heute zu den wertvollsten Zeugnissen der altrussischen Malerei: das berühmte Triptychon aus dem 14. Jahrhundert, das den thronenden Christus, flankiert von der Gottesmutter und dem hl. Johannes darstellt, die einmalige Königstür aus dem 13. Jahrhundert, die seltene Ikone, die den hl. Christophorus mit Hundskopf zeigt.
Gleich 1918 wurde die erste Ausstellung des neugegründeten Museumsfonds gezeigt, die restaurierte Ikonen vorstellte. Auf der 1929 von der Deutschen Forschungsgesellschaft für Osteuropa und vom Volkskommissariat für Bildung der Russischen Sowjetre-

publik organisierten Ikonenausstellung in Berlin wurden zwölf der von Tret'jakov selbst früher erworbenen Ikonen gezeigt. Aus der Sammlung Il'ja Ostrouchov wurde keine einzige nach Berlin geschickt, obwohl sie 1918 verstaatlicht wurde und in der Tret'jakov-Galerie aufging. Bis zu seinem Tod, 1929, blieb Ostrouchov offiziell Direktor des Museums für Ikonenmalerei, das seinen Namen trug, danach ging seine Sammlung gänzlich in die Tret'jakov-Galerie über und nur Museumskataloge verzeichnen bisweilen die Schicksale einzelner Tafeln.

Im Katalog zur Berliner Ausstellung »Denkmäler altrussischer Malerei« schrieb 1929 der Volkskommissar Lunačarskij. »Gerade in den schweren Jahren dieses ersten Jahrzehnts nach der großen Umwälzung ist es gelungen, eine gewaltige Arbeit auf dem Gebiete der Schaffung von Methoden zu leisten, die tatsächlich eine gute Konservierung gewährleisten – auf dem Gebiet einer vorsichtigen und wahrheitsgetreuen Restaurierung der Vergangenheit, nicht im Sinne der Erneuerung, sondern ausschließlich im Sinne einer Wiederherstellung der ursprünglichen Formen. Dadurch gelang es, Seiten der Kunstgeschichte aufzuschlagen, die von Bedeutung nicht nur für unser Land, sondern für die ganze Welt sind und die, bisher zusammengeklebt und vergilbt, erst jetzt wieder gut leserlich geworden sind.« Es darf nicht vergessen werden, daß die neuen Methoden, von denen Lunačarskij geschrieben hat, auf die hervorragenden, passionierten Wissenschaftler, die zu der Restaurierungskommission von 1918 gehörten, zurückgehen.

Als führende Ikonenmuseen in der Sowjetunion gelten heute zu Recht die Tret'jakov-Galerie, die, wie wir gesehen haben, die besten Ikonen aus Kirchen- und Privatbesitz an sich zog – hier arbeiteten lange Jahre Valentina Antonova und Nadežda Mneva, Autorinnen des zweibändigen Katalogs von 1963 – und das Russische Museum in Leningrad, das die reiche Sammlung Lichačevs beherbergt. Unter dem Erzbischof Artenij entstand in Novgorod schon vor dem Zweiten Weltkrieg ein großes Diözesanmuseum. Seit 1947 befindet sich im Andronikov-Kloster in Moskau das Rublev-Museum für altrussische Kunst, wo immer wieder neuentdeckte Ikonen nach ihrer Restaurierung gezeigt werden. Von den Provinz-Museen sind diejenigen in Vologda, Suzdal', Vladimir, Jaroslavl', Gorki, Veliki Ustjug, Petrozavodsk, Arhangel'skoe unter vielen zu nennen. Seit 1918 wurden ständig Ikonenausstellungen in der Sowjetunion organisiert, zwischen 1929—1932 auch im Ausland: Deutschland, England und in den USA, in der Bundesrepublik von sowjetischer Seite zuletzt 1984—1985 in Düsseldorf, Stuttgart und Hannover. Schöne russische Ikonen haben die Museen in Stockholm, Oslo, Bergen und Recklinghausen. Der Kustos des letzteren, Heinz Skrobucha (1917—1986), hat nicht wenig für die russische Ikone und die Weckung des Interesses für sie in einem breiten Kreis getan.

Seit Réau, Wulff, Schweinfurth, Kondakov, Trubeckoj und Grabar', arbeiten im Ausland viele Kunsthistoriker über die russische Ikone. Viktor Lazarev hat in seinem post mortem erschienenen Werk *Die russische Ikonenmalerei — von den Ursprüngen bis Anfang des 16. Jahrhunderts* (Moskau 1983), nachdem er den dilettantischen Charakter vieler Publikationen über die russische Ikone im Ausland gerügt hat, Gelehrten wie L. Ouspensky, T. Talbot Rice, W. Weidlé, J. Blankoff, J. Myslivec, K. Onasch und B. Felicetti-Liebenfels seine Reverenz erwiesen. Über sich selbst und seine russischen Kollegen der älteren Generation urteilt der große Gelehrte: »Die Erforschung der altrussischen Ikone entwickelte sich in mehreren Richtungen. Einige, wie zum Beispiel I. Grabar', N. Syčev, A. Anisimov, J. Olsuf'ev, N. Mneva, V. Antonova, interessierten sich vor allem für den fachlichen Aspekt, andere, wie J. Dmitriev, G. Židkov und der Autor dieser Zeilen, strebten danach, ein zusammenhängendes historisches Gemälde der Entwicklung der altrussischen Malerei zu schaffen, wieder andere, wie M. Alpatov und N. Demina setzten sich zum Ziel, die emotionalen Qualitäten der Ikone zu entdecken, und unterzogen dafür einzelne Werke einer breit angelegten Kunstanalyse, die manchmal unter der subjektiven Methode litt.«

Wenn man auf die heute schier unüberschaubare Literatur über die russische Ikone in der Sowjetunion und im Ausland, auf die ständigen Entdeckungen auf diesem Gebiet, auf dem zahlreiche und große Institutionen und private Personen, besonders in der UdSSR arbeiten, hinweist, wäre der Rahmen umschrieben, der zum Verständnis der kunstgeschichtlichen Würdigung und Erforschung unserer Tage nötig ist.

Die Frühzeit der christlichen bildenden Kunst im Kiever Rus' ist mit byzantinischen und südslawischen Ikonenmalern verbunden, die in dem Gefolge von Priestern, wenn auch von Anfang an durch einheimische Kräfte unterstützt, ins junge christliche Fürstentum kamen. Bis ins 12. Jahrhundert ist in der russischen Ikonenmalerei kein nationaler Zug feststellbar. Von den byzantinischen Ikonen, die nach Kiev kamen, hat sich bis heute nur eine einzige Ikone erhalten, die Vladimirskaja Gottesmutter, 1155 von Fürst Andrej Bogoljubskij nach Vladimir gebracht, wo sie in der Entschlafung Mariae-Kathedrale aufbewahrt wurde. Die älteste Malerei auf dieser Ikone zeugt davon, daß die Kiever mit den besten Beispielen der byzantinischen Malerei vertraut waren. Die erst im 20. Jahrhundert entdeckten Ikonen des 12. Jahrhunderts in Novgorod und Vladimir bestätigen das hohe Niveau der einheimischen Meister. Zum ersten Mal wird im Paterikon des Kiever Höhlenklosters aus dem 13. Jahrhundert der Malermönch Alimpij oder Alipij namentlich erwähnt, der die Entschlafung-Mariae-Kirche dieses Klosters mit Mosaiken und Ikonen schmückte. Während die Ikonographie der Ikonen aus dem 11.–13. Jahrhundert der byzantinischen Schulung folgt, zeigt sich doch im Stil jener Zeit ein lakonisch-volkstümlicher Zug, die Neigung zur Monumentalität und die Vorliebe für lokale Farben. Aus Kiev und Černigov sind aus dieser Zeit keine Ikonen erhalten geblieben, da diese Städte mehrmals von den Tataren geplündert wurden. Novgorod, das fast gleichzeitig entstandene Zentrum im Norden, war besser geschützt – von dort kommen auch die ältesten Ikonen Rußlands. Im 11. Jahrhundert war Novgorod von dem Kiever Fürstentum abhängig und stand wahrscheinlich auch in der Kunst unter dem

Kiever Einfluß. Erhalten ist die Ikone der Heiligen Petrus und Paulus (heute noch in Novgorod) und wird um 1050 datiert. In der zweiten Hälfte des 11. und Anfang des 12. Jahrhunderts unter dem Fürsten Mstislav erreichte die Malerei Novgorods einen Höhepunkt: mit einheimischen Malern verbindet man heute die Ausmalung der Kuppel der Sophienkathedrale (1108), die Miniaturmalerei des Mstislav-Evangeliars (1103–1117) und zwei Ikonen des hl. Georg, letztere heute in der Tret'jakov-Galerie und in der Entschlafung-Kathedrale in Moskau. Die berühmte Verkündigung von Ustjug, die aus dem Jur'ev-Kloster bei Novgorod stammt, ist der Christus-Ikone und dem Kopf eines Engels (im Russischen Museum, Leningrad), alle drei wohl aus der zweiten Hälfte des 12. Jahrhunderts, ähnlich. Seit 1165 war Novgorod Sitz eines Erzbischofs; die Einflüsse aus Byzanz und Kiev nahmen merklich ab, was die Entwicklung lokaler stilistischer Varianten förderte. Hervorragendes Beispiel hierfür ist die Gottesmutter des Wunderzeichens, russisch *Znamenie von Novgorod* genannt, da diese Ikone nach der Legende der Novgoroder bei der Belagerung dieser Stadt durch die Suzdal'er ein Wunder bewirkt haben soll.

Novgoroder Ikonen aus dem 13. Jahrhundert zeigen stark stilisierte Figuren auf zinnoberrotem Hintergrund, etwa die Ikone, die die Märtyrerin Uljana darstellt (in der Korin-Sammlung der Tret'jakov-Galerie). 1294 malte Aleksa Petrov die berühmte Ikone des hl. Nikolaus; um 1224 datiert V. Lazarev die monumentale, in goldene Gewänder gekleidete Gottesmutter Panagia, die andere Forscher mit dem bereits erwähnten Ikonenmaler Alimpij in Zusammenhang bringen. Ende des 13. Jahrhunderts entstehen berühmte Gnadenbilder, wie die Gottesmutter von Tolga und diejenige vom Kiever Höhlenkloster (Svenskaja). Die russische Kunstgeschichte bezeichnet diese ganze Epoche in der Malerei als die Zeit »vor den Mongolen«; gemeint ist der Einfall der mongolischen Tataren 1223–1238, dem die zerstrittenen Teilfürstentümer nicht gewachsen waren. Neben den Hauptzentren wie Novgord, Pskov und dem bis zum Anfang des 14. Jahrhunderts fast unbekannten Moskau, zeichnen sich nach ca. 1300 die Konturen anderer Kunstzentren wie Vladimir, Nižnij Novgorod, Tver', Rostov und Suzdal' und Jaroslavl' ab.

Die neuere russische Kunstforschung ist bestrebt, immer neue lokale Malschulen einzugrenzen. »In der russischen Ikonenmalerei gab es, streng genommen, nur drei große Schulen – die Novgoroder, die Pskover und die Moskauer.« (V. Lazarev).

Die Novgoroder Ikonenschule konsolidierte sich im 14.– 15. Jahrhundert, als die freie Stadt-Republik durch den Handel und die Kolonialisierung des Nordens zur höchsten Blüte gelangte. Während die Wandmalerei zunächst unter griechischem Einfluß blieb und an sich den Charakter der offiziellen Kunst trug, entwickelte die Novgoroder Ikone und die Kunst der Gebiete nördlich von Novgorod (gen. Nordische Malschule) ihren eigenen Stil; es fehlt jede Überladenheit, verwendet werden lokale Farben und weiß-rote Gegenüberstellungen, Reduzierung kennzeichnet die gemalte Architektur. Seit den 30er Jahren des 14. Jahrhunderts unter dem Einfluß der sogenannten Paläologen-Renaissance in Byzanz und später in den 70er Jahren, als hier der hervorragende Grieche Theophanes arbeitete (bald darauf ging er nach Moskau), entstanden neben Ikonen in traditionellem Stil Arbeiten von feinem koloristischen Gefühl. Das rote Zinnober und das Gold für den Hintergrund wurden wieder beliebt, die Komposition locker und überschaubar. Die bereits erwähnte Paternitas-Ikone in der Tret'jakov-Galerie (Ende 14. Jahrhundert) zeigt interessante ikonographisch-theologische Neuerungen. Mit Vorliebe werden die in Novgorod verehrten Heiligen Elias, Georg, Blasius, Florus und Laurus, Nikolaus, Paraskeva und Anastasij dargestellt (letzterer als Schutzheiliger des Handels und der Märkte). Aus dieser Zeit stammt die Sitte, ausgewählte Heilige in einer Reihe, darüber das Palladium der Stadt – die Znamenie-Gottesmutter – in Auftrag zu geben. Die Ikonostase mit ganzfigürlichen Heiligen kommt in Novgorod wohl erst im 15. Jahrhundert und unter Moskauer Einfluß auf. Seit dem 14. Jahrhundert erfand die Novgoroder Schule ein neues Sujet, die *Pokrov* der Gottesmutter (Mariae Schutz und Fürbitte), eine vielfigürliche, ausgewogene Komposition, die später die Moskauer Malschule etwas abgewandelt übernommen hat.

Das Ende des 15. Jahrhunderts kennzeichnet eine gewisse Verfeinerung und Eleganz der Novgoroder Malerei, die in den Ikonen »Das Wunder von Florus und Laurus« und »Die Schlacht der Novgoroder mit den Suzdal'ern« vorzufinden ist. Im oberen Feld der letzten Ikone im Museum von Novgorod, sehen wir die Szene der Übertragung der wundertätigen Znamenie-Ikone aus der Erlöser-Kirche in den Novgoroder Kreml. Links wird sie mit Ehrfurcht von den Geistlichen, rechts von den stehenden Bürgern empfangen. Die mittlere Szene zeigt die Novgoroder hinter den Stadtmauern und das anrückende »Suzdal'er« Heer (darunter verstand man damals die Moskauer). Wie Regentropfen schlagen unzählige Pfeile gegen das Gnadenbild, jedoch unten, aus dem Festungstor, ziehen bereits die Novgoroder zum siegreichen Kampf, angeführt von den Heiligen Boris, Gleb und Georg, der Legende nach von der Gottesmutter selbst herbeigerufen, um Novgorod in der schweren Stunde beizustehen. Und schon laufen einige der Suzdal'er Reiter davon.

Die berühmten *tabletki* (dünne, doppelseitig gemalte Ikonen eines Kalendariums), Ende 15. Jahrhundert, heute in Moskau und Leningrad (eine Ikone in London), waren für die Sophien-Kathedrale in Novgorod gemalt worden. Sie zeigen höchstes künstlerisches Können der verschiedenen Meister, die hier am Werk waren. Das Thema »Um Dich freut sich die ganze Schöpfung«, eine Apotheose der Gottesmutter, wird auf einer der beeindruckendsten Tafeln aufgegriffen.

Nachdem 1478 Novgorod seine Unabhängigkeit verloren hatte, verlor langsam auch die Ikonenmalerei hier an Eigenständigkeit, um im Moskauer Stil aufzugehen.

Die Nordische Schule stand unter dem Einfluß Novgorods und Moskaus. Auf einem riesigen Territorium in Karelien, Vologda, an der Dvina entstanden maltechnisch bescheidene, jedoch gefühlvolle Bilder von volkstümlichem Charakter, graphisch, verhalten in der Farbigkeit. Einige Ikonen dieser Schule gehören zu den herausragendsten Leistungen der alten russischen Malerei.

Die Pskover Malschule wurde erst im 20. Jahrhundert durch den Maler A. Griščenko und Igor Grabar' als selbständige Erscheinung entdeckt. Asketische, etwas mürrische Gesichter, unstabile, hohe Gestalten auf meist gelbem Hintergrund, gemalt mit dunklen grünen, roten und orangenen Faben. Auf den Gewändern schimmern feine, linear aufgesetzte Goldlichter (Chrysographien), der russische ›asist‹. Die expressive Kraft der Pskover Ikonen ist das Gegenteil des verfeinerten, »weichen« Stils der Moskauer Schule. Die alte Stadt Pskov (Pleskau) befreite sich von der Abhängigkeit von Nogorod erst 1348. Die freien Bürger regierten die Stadt, der Fürst hatte wenig Macht, die in den Händen des Bojarentums konzentriert war. Die frühen Ikonen »Elias mit Vita« und »Entschlafung Mariae« aus dem 13. Jahrhundert in der Tret'jakov-Galerie standen noch unter Novgoroder Einfluß. Erst seit Ende des 14. Jahrhunderts — Deesis mit Barbara und Paraskeva (in Novgorod), Synaxis der Gottesmutter (Tret'jakov-Galerie), Christ Höllenfahrt (Russisches Museum, Leningrad) — zeigen sich die typischen Merkmale Pskover Malkunst, die erstaunlich stabil, ohne sprunghafte Entwicklungen bis Anfang des 16. Jahrhunderts bestehen blieb. In der Tat, wie Viktor Lazarev vermerkt, wurde Pskov erst nach Novgorod, im Jahre 1510 Moskau angeschlossen, womit sich die Kontinuität des Pskover Stils bis dahin erklären läßt, aber auch ihr Ende in dieser Zeit.

Die Moskauer Schule feierte später als Novgorod und gleichzeitig mit Pskov ihre Blütezeit — im 14. und 15. Jahrhundert. Ikonen aus früherer Zeit sind bis heute nicht bekannt geworden. Es ist nicht ganz klar, ob die berühmte Ikone im Russischen Museum, Leningrad, vom Anfang des 14. Jahrhunderts, die die russischen Märtyrer Boris und Gleb darstellt, ein Werk Moskauer Ikonenmaler ist. Erst Theophanes der Grieche, russisch Feofan Grek, der nach Moskau nicht später als 1378 kam, initiierte eine beispiellose

Entwicklung der Ikonenmalerei in der neuen Hauptstadt. Bekannt sind auch andere Maler aus dieser Zeit, die aus Griechenland und dem südslawischen Raum, der zu dieser Zeit von den Türken besetzt war, kamen. Jedoch beherrschte die zentrale Figur Theophanes' die 90er Jahre unbestritten. Verbunden ist sein Name mit der ersten großen Ikonostase Moskaus, bestimmt für die Verkündigungskirche und später in die Verkündigungskathedrale des Kremls überführt (wo sie heute noch ist), die die großen hohen Ikonostasen auf Moskauer Boden und von hier aus ihre Ausbreitung in ganz Rußland einleitete. Wir wissen, daß an der Arbeit für die Ikonen der Mönch Andrej Rublev beteiligt war, Schüler und später genialer Nachfolger des griechischen Meisters. (Die Ikonostase trennt in den orthodoxen Kirchen den Altarraum vom übrigen Kircheninneren als eine Art symbolische Fassade und prächtiger Eingang [Königstüren in der Mitte] ins »Himmlische Jerusalem«, das der Kirchenbesucher nur selten während des Gottesdienstes sieht. Diese auch Templon genannte Wand ist nach einer festgelegten Ordnung, die sich lange herausbildete und mit der Zeit immer komplizierter wurde, mit Ikonen geschmückt. Zentrales Thema ist die Deesis, die Fürbitte der Gottesmutter, Johannes des Täufers und anderer Heiliger, die den thronenden Christus Allherrscher flankieren.) Von Theophanes selbst ausgeführt sind die großen Figuren der Deesis, russisch »čin«, in der Kathedrale: Christus, Maria, Johannes der Täufer, Erzengel Gabriel, Paulus, Basileus der Große und Johannes Chrysostomos.

Andrej Rublev wurde ca. 1370 geboren und starb am 29. 1. 1430. Begraben wurde er im Andronikov-Kloster. Bekannt ist er auch als großer Freskenmaler. Sieben Festtagsikonen der Ikonostase der Verkündigungs-Kathedrale hat Rublev, die anderen haben Theophanes und der Ikonenmaler Prochor ausgeführt. Die Festtage Rublevs beginnen mit der Abendmahlszene und reichen bis zur Szene der Entschlafung Mariae. Etwa 1408 arbeitete er zusammen mit dem Maler Daniil an den Fresken der Entschlafenkathedrale in Vladimir. Wie üblich, wurden gleichzeitig auch die Ikonen von denselben Malern ausgeführt: erhalten ist die Ikonostase dieser Kirche, eine der größten dieser Zeit, die wir kennen. Die untere Deesis-Reihe aus 15 Figuren hat eine Höhe von über 3 m; eine vierte Ikonenreihe, die diese Ikonostase krönt, ist eine bedeutende Neuerung. In der berühmten Deesis von Zvenigorod (erhalten sind drei Ikonen, heute in der Tret'jakov-Galerie) und vor allem in der weltbekannten Dreifaltigkeits-Ikone Rublevs (ebenda), gemalt als Hauptikone für die Dreifaltigkeits-Kathedrale in Zagorsk um 1411 (oder nach 1422) sind die Hauptwerke des reifen Meisters. Das Stoglav-Konzil um 1551, das als Hauptanliegen die Ikonenmalerei zu behandeln hatte, nahm die Dreifaltigkeit Rublevs in den Kanon der Ikonenmalerei auf. Unzählige Kopien davon wurden seit dieser Zeit gemalt, jedoch keine kann sich mit dem genialen Werk Rublevs messen, das erst 1918—1919 freigelegt wurde. »Dieses Luftlicht, dieser Dunsthauch«, wie es die russischen Ikonenmaler nannten, »macht erst die Atmosphäre eines Bildes aus«. Die selbst bei den Novgoroder Komplementärfarben immer noch starke Unmittelbarkeit und Plakathaftigkeit, von der sich auch Feofan nicht ganz freimachte, wird jetzt bekämpft. Das Luftlicht wird erzeugt über der Lokalfarbe, was wiederum zur Folge hat, daß mit der Farbenatmosphäre die Ikone auch eine gewisse Tiefe erhält, ohne daß unser modernes künstlerisch perspektivisches Sehen angewendet werden müßte. Diese wichtige Entdeckung ist Rublevs eigene Leistung. (K. Onasch). In einer alten Chronik wird erwähnt, daß Rublev die Dreifaltigkeitsikone zum »Lobpreis seines Paters Sergij Radonežskij« gemalt hat. Der Zar Ivan der Schreckliche und fünfundzwanzig Jahre später (1600) Boris Godunov haben kostbare goldene *Oklade* (Metallüberfänge, die die Ikonen bedecken) gestiftet, denen besondere Untersuchungen gewidmet worden sind.

In der Zeit der Herrschaft Ivan III. (1462—1505), der die Zentralisierung Rußlands unter Moskauer Führung vorantrieb und die mongolische Goldene Horde abwehrte, lebte der dritte große Ikonenmaler Rußlands, Dionisij (1440—1505). Während seines langen Lebens hat dieser bedeutendste Nachfolger Rublevs eine

Fülle von Ikonen hinterlassen. Uns erhalten sind zwei Hodeget-
rien (Tret'jakov-Galerie und Russisches Museum, Leningrad), die
berühmten Kreuzigung- (Tret'jakov-Galerie) und Höllenfahrt
Christi-Ikonen (Russisches Museum). Seinen zahlreichen Schülern
— er unterhielt eine große Werkstatt — sind große Viten-Ikonen
zugeschrieben. Zartes, durchsichtiges Kolorit in hellen Pastelltö-
nen — rosa und blau, grazile, etwas manieristische Gestalten
charakterisieren seinen weichen, feierlichen Stil. Eine unmittel-
bare, weltfreudige Stimmung kennzeichnet auch die Fresken des
Therapontosklosters. Neben die alten ikonographischen Sujets
treten vielfigürliche, dekorativ angelegte Darstellungen allego-
risch-didaktischen Charakters. Seit 1478 greift sein Stil auf Novgorod, Twer' und Jaroslavl' über, jedoch verlieren sich im Laufe
des 16. Jahrhunderts die ästhetischen Ideale Dionisijs und seiner
Schüler für immer.

Die führenden Ikonenmaler des ausgehenden 16. Jahrhunderts
und zu Beginn des 17. Jahrhunderts, darunter auch solche, die wie
Prokopij Čirin und Istoma Savin, die durch miniaturenhafte Ikonenmalerei zu mythischen Berühmtheiten unter ihren Zeitgenos-
sen wurden, waren, das mag heute erstaunen, auch Freskenmaler.
Bereits um 1500 hat man die Ikonen Rublevs und Dionisijs vor
allem wegen ihrer ästhetischen Qualitäten verehrt, als kostbarstes
Geschenk betrachtet. In den folgenden zwei Jahrhunderten waren
die Ikonen die häufigsten Geschenke und Stiftungen für Klöster
und Kirchen, Zaren und Patriarchen. »Die Ikone wurde zum
Tauschwert-Objekt, aber ihr materieller Wert hing nicht so sehr
vom Wert der teuren Oklade ab, sondern vielmehr von ihrer
künstlerischen Qualität.« (V. Brjusova). Im 17. Jahrhundert
herrschte eine Vorliebe für die perfekte Miniatur, der geringe
Abstand zwischen Bild und Zuschauer bewirkte höchste Präzision
der Ausführung. Dies ist eine Folge der Tatsache, daß die Ikone
endgültig ihren bis dahin engen Zusammenhang mit der Innenaus-
stattung der Kirche als Teil eines untrennbaren Ganzen, der
Ikonostase, verlor und nun für den privaten Gebrauch bestimmt
wurde. Dementsprechend veränderte sich vor allem die Komposi-

tion der Ikonen. Die strenge Figurensymmetrie und die frontale Stellung, die die Anordnung in der Ikonostase erforderlich machte, mußte zwangsläufig an Bedeutung verlieren, die Formate verkleinerten sich zusehends. Das Bestreben der Ikonenmaler richtete sich auf kunstvoll gezeichnete und ornamental gestaltete Formen, die selbst Teile eines Ornaments wurden. (Muratov). Die dekorative Bereicherung, der kalligraphisch verspielte Charakter der Ikonen dieser Zeit, schöne Inschriften und komplizierte Szenen mit zahlreichen Personen, entsprach dem Bestreben nach Prunk und Glanz. Fein ornamentierte goldene Panzer tragen die Krieger, kostbare liturgische Gewänder die Heiligen, selbst das härene Gewand Johannes' des Täufers bedecken goldene Chrysographien.

Die Stroganov-Schule, 16.−17. Jahrhundert, ist eine Stilrichtung, die all diese Züge trägt. Sie ist benannt nach der Kaufmannsfamilie der Stroganov, in deren Auftrag Ikonen, Fresken und andere Kunstgegenstände entstanden. »Die Stroganov-Ikonenmaler begannen als erste, die Malerei als Kunst zu betrachten und nicht nur für die Beibehaltung des Symbolischen und des Überlieferten in der Ikonenmalerei zu sorgen, sondern auch für die Schönheit der Arbeit und die Vielfalt der Repliken. Sie erfanden neue Zeichnungen und kopierten eine Ikone selten ohne Veränderung und Zutaten. Die technischen Anforderungen der Malerei sind von ihnen zur bestmöglichen Vollkommenheit geführt worden, besonders in der Monumentalmalerei − eine Vollkommenheit, die in keinem anderen Stil zu finden ist.« (I. Rovinskij) Kein Wunder, daß auch die gesellschaftliche Stellung und der Wohlstand der Ikonenmaler stieg: 50 Rubel bezahlte Nikita Stroganov um 1614 Nazarij Istomin für die kleine Ikone der Petrovskaja Gottesmutter. Im übrigen sind Bezeichnungen wie »Stroganov«, »Godunov«, Schule der Rüstkammer des Moskauer Kremls, Schule der Zaren-Ikonemaler, die in den letzten Jahrzehnten in der Literatur auftauchen, Hilfsbegriffe für bestimmte Tendenzen innerhalb der Moskauer Schulen dieser Zeit. Allein für das Kirill Belozerskij-

Kloster arbeiteten außer den dort eingesessenen Maler auch solche aus Vologda und Jaroslavl'; die Ikonen vertrieb das Kloster selbst in Moskau, Jaroslavl' und Vologda. Man bezeichnet mit »Godunov-Schule« Ikonen, die gleichzeitig mit den verfeinerten Ikonen im Auftrag der Bojaren-Familie Godunov entstanden – angefangen mit dem Zaren Boris Godunov, gest. 1605 –, aber archaisierende, in der Tradition verhaftete Züge tragen. »Als ungenau kann die Klassifikation der Stile, die unsere Zeit angenommen hat, bezeichnet werden, da die selben Meister, Prokopij Čirin, Istoma, Nikifor und Nazarij Savin für die Godunovs, Stroganovs und Michail Romanov gearbeitet haben.« (Vera Brjusova).

Dabei gab es die üblichen Serienproduktionen zweitrangiger Ikonenmaler, durch die später die Dörfer um Vladimir-Palech, Mstera, Choluj und Šuja berühmt wurden.

Die große stilistische Wende vollzog sich noch im 17. Jahrhundert. Das Vorbild italianisierender polnischer Barockmalerei vor Augen, malten in Moskau Simon Ušakov (1626–1686), Nikita Pavlovec (gest. 1677), Fedor Zubov und Tichon Filat'ev – um die hervorragendsten Repräsentanten des neuen Stils zu nennen – plastisch gerundete Figuren, die sie in eine ideale Landschaft setzten. Die westlich-barocken Formen in neuartigen Sujets und Szenen von melancholischer Sentimentalität lassen vergessen, daß sich die genannten Maler mit der mathematischen Perspektive auseinandergesetzt haben; Ušakov hat auch theoretische Schriften hinterlassen.

Die sowjetische kunsthistorische Forschung ist gerade dabei, die Bedeutung der Ikonenmalerei des 17. Jahrhunderts zu überdenken und zu würdigen. Entsprechend wendet man sich verstärkt der Pflege der Kunstdenkmäler dieser Zeit und ihrer Publizierung zu. Über die letzten zwei Jahrhunderte in der Ikonenmalerei ist wenig geschrieben und gesagt worden. Freilich führte die immer größer werdende Nachfrage nach Ikonen – bereits Ušakov wandte sich dagegen – zu einer Aufteilung der Arbeit in Arbeitsvorgänge: jeweils besondere Maler für Gesichter, Gewänder, Hintergründe, Vergoldung, Inschriften etc. Jedoch brachte die Ikonenmalerei auch nach dem berühmten Gesetz Peter des Großen von 1707, das die Ikonenmaler von den weltlichen trennte (was das Ende der Zarenwerkstätten bedeutete), bis in die 30er Jahre unseres Jahrhunderts außergewöhnliche Leistungen hervor.

Die religiöse christliche Kunst Rußlands ging und geht denselben Weg, den sie in anderen christlichen Ländern in Europa gegangen ist. Gedruckte Heiligenbilder oder unbeholfene Kopien nach alten Meistern verdrängten die klassische Ikonenmalerei. Zwischen den beiden Weltkriegen beeinflußte die Ikonenmalerei solche gegensätzlichen modernistischen Strömungen in der Kunst wie die Neoprimitivisten Natalia Gončarova und Michail Larionov einerseits und den Suprematisten Kazimir Malevič andererseits. In der modernen Kunst, im Westen und im Osten, lassen sich sehr viele Beispiele für den Einfluß der Ikonenmalerei und der russischen insbesondere heranziehen. Diese Frage wollen wir hier nicht weiter erörtern, sondern eine neue stellen: Wo bleibt ist die zeitgenössische religiöse Malerei Rußlands? Ihre Erben, scheint es, pflegen nur — und mehren nicht.

Literaturhinweis zum Thema Ikone und Kunst:
Sieht man von bereits erwähnten Büchern und Lexika ab, haben wir uns im Text in sehr zusammenfassender Form nach dem einleitenden Aufsatz von Valentina Antonova, »Die altrussische Malerei in der Staatlichen Tret'jakov-Galerie, im ersten Band des Katalogs: V. I. Antonova, N. E. Mneva, Katalog drevnorusskoj živopisi, Moskau 1963; Viktor Lazarev, Russkaja ikonopis'od istočnikov do načala XVI veka, Moskau 1983 und Vera Brujusova, Russkaja živopis' 17 veka, Moskau 1984 gerichtet.
Der Thematik halber ist in diesem Beitrag die wissenschaftliche Transliteration verwendet worden: **V**-Wasser, **Ż**-Genie, **Z**-Sommer, **C**-Zimmer, **Š**-Schule, **Č**-tsch. Das Zeichen ' steht für das sog. russische Weichzeichen, das den vorhergesetzten Buchstaben weich aussprechen läßt, etwa Jaroslavl', sprich Jaroslawlj.

F. M. Dostojewski, Die Brüder Karamasow

Vom Gebete, von der Liebe und von der Berührung mit anderen Welten

Jüngling, vergiß nicht des Gebetes! Jedesmal, wenn dein Gebet aufrichtig ist, taucht eine neue Empfindung auf, und mit ihr auch ein neuer Gedanke, den du bisher nicht kanntest, und der dir neuen Mut und neue Kraft gibt; und du wirst begreifen, daß das Gebet Erziehung ist. Auch dies präge dir ein: jeden Tag, und so oft du nur kannst, wiederhole für dich: »Herr, erbarme dich aller, die heute vor dich hingetreten sind.« Denn in jeder Stunde, in jedem Augenblick lassen hier auf Erden Tausende ihr Leben, und ihre Seelen erscheinen vor dem Herrn; und wie viele von ihnen verließen vereinsamt die Erde, von niemandem gekannt. Und da erhebt sich vielleicht am andern Ende der Erde dein Gebet zum Herrn um die Seelenruhe des Verlassenen, obschon du ihn gar nicht kanntest, und er dich ebensowenig. Wie rührend wird es dann seiner Seele sein, in dem Augenblick, wenn er in Furcht vor dem Herrn steht, zu empfinden, daß es jemand gibt, der für ihn betet, und daß sich ein menschliches Wesen auf der Erde findet, das auch ihn liebt. Ja, auch Gott wird milder auf euch beide herabschauen, denn hast schon du mit jenem Mitleid, um wieviel mehr wird Er Mitleid haben, der unendlich mildherziger und liebreicher ist als du. Und Er wird ihm um deinetwillen vergeben. Brüder, ekelt euch nicht vor der Sünde der Menschen, liebet die Menschen auch in ihrer Sünde, denn das ist das Ebenbild der göttlichen Liebe und der Gipfel der Liebe auf Erden. Liebet die ganze Schöpfung Gottes, wie das Ganze, so auch jedes Sandkörnchen! Liebet jedes Blättchen, jeden Lichtstrahl Gottes! Liebt die

Tiere, liebt die Pflanzen, liebt jegliches Ding! Liebst du jegliches Ding, so wird sich Dir Gottes Geheimnis in den Dingen offenbaren. Einstmals wird es dir offenbar werden, und dann wirst du es Tag für Tag immer mehr und mehr erkennen. Und schließlich wirst du das ganze Weltall lieben mit allumfassender, allumspannender Liebe. Liebet die Tiere! Stört sie nicht, quält sie nicht, nehmt ihnen nicht den Frohsinn, handelt nicht dem Gedanken Gottes zuwider. Der Mensch überhebe sich nicht den Tieren gegenüber; sie sind sündlos, er aber in all seiner Erhabenheit versetzt die Erde durch seine Erscheinung in Fäulnis und läßt seine faulige Spur hinter sich, – o weh, fast jeder von uns. Liebet besonders die Kinder, denn auch sie sind sündlos, gleich den Engeln, sie leben zu unserer Demütigung, zur Reinigung unserer Herzen und gleichsam als Beispiel für uns. Fluch dem, der ein Kind gekränkt hat. Mich hat der Pater Anfim gelehrt, die Kinder zu lieben. Auf unsern Wanderungen hat dieser liebe Schweiger ihnen für geschenkte Groschen Lebkuchen und Zuckerwerk gekauft; er konnte nicht an ihnen vorübergehen, ohne daß seine Seele in Wallung geriet. So ist dieser Mann.

Mancher Regung gegenüber ist man im Zweifel, besonders aber beim Anblick der Sünden der Menschen, und man fragt sich: »Soll man Gewalt anwenden oder demütige Liebe?« Entscheide dich immer für demütige Liebe! Dafür entscheide dich ein für allemal, und du bist imstande, die ganze Welt zu bezwingen. Liebende Demut – eine mächtige Kraft ist das, die gewaltigste von allen, es gibt nichts ihr Ähnliches. Jeden Tag und jede Stunde, jede Minute beobachte und überwache dich, damit deine Erscheinung rein sei. Du gingst vielleicht gerade an einem Kindlein vorüber, während du zornigen Herzens böse, häßliche Worte ausstießest; du bemerktest das Kind nicht, aber es sah sich, und dein gottloses Antlitz ist seinem ungeschützten Herzchen eingeprägt geblieben. Du handeltest unwissend, aber vielleicht hat du eine böse Saat in des Kindleins Seele gestreut, und diese Saat geht auf, und alles nur, weil du in Gegenwart eines Kindes nicht auf dich achtetest, weil du keine umsichtige tatkräftige Liebe in deinem Herzen hegtest.

Meine Brüder, die Liebe wird teuer erkauft; nur durch anhaltende Arbeit kann man sie gewinnen. Hier und da vermag jeder zu lieben, auch der Bösewicht. Jener Jüngling, mein Bruder, bat auch die Vöglein um Vergebung. Das scheint unsinnig zu sein, und doch hat es Sinn. Denn wie ein Ozean ist das All, alles ist in Fluß und gegenseitiger Berührung, an einem Ende verursachst du eine Bewegung, und am andern Ende der Welt schallt es wider. Mag es Unsinn sein, die Vöglein um Vergebung zu bitten, doch hätten es die Vöglein und das kleine Kind und jedes Tier um dich her leichter, wenn du selbst auch nur um ein ganz Geringes reiner wärest, als du jetzt bist. Wie ein Ozean ist das All, sage ich euch. Wenn du reiner wärest, würdest du auch zu den Vögeln beten, wie in Verzückung, geplagt von allumfassender Liebe, und würdest sie bitten, auch sie möchten dir deine Sünde vergeben. Solche Verzückung aber halte hoch, wie sehr sie auch dem Menschen unsinnig erscheinen mag.

Meine Freunde, bittet Gott um Fröhlichkeit. Seid heiter wie die Kinder und die Vöglein des Himmels. Laßt euch durch die Sünde der Menschen nicht irremachen in eurem Tun, fürchtet nicht, daß sie eure Sache verderben und ihre Vollendung hindern werde. Sagt nicht: »Mächtig ist die Sünde, mächtig die Gottlosigkeit, mächtig die garstige Materie, wir aber sind vereinzelt und ohnmächtig, die garstige Materie wird uns verderben und an der Vollendung unseres guten Werkes hindern.« Flieht solche Verzagtheit, meine Kinder. Es gibt nur eine Rettung: mache dich selbst für die Sünde der Menschen verantwortlich. Es verhält sich in Wahrheit so, Freund, und du wirst, sobald du dich aufrichtig für alle und für alles verantwortlich machst, sofort die Richtigkeit einsehen und erkennen, daß du wirklich allen gegenüber für alles schuldig bist. Wenn du aber in deiner Faulheit und Ohnmacht die Menschen beschuldigst, wirst du schließlich satanischem Hochmut verfallen und gegen Gott murren. Über den satanischen Hochmut aber denke ich so: schwer ist es, ihn zu durchschauen, wie leicht können wir in Irrtum geraten und ihm verfallen, selbst wenn wir meinen, daß unser Tun groß und schön sein. Ja, gar vieles von den stärksten Gefühlen und Regungen unserer Natur vermögen wir hienieden nicht richtig zu erkennen; auch dadurch laß dich nicht verführen, und denke nicht, daß dir das irgendwie zur Rechtfertigung dienen könnte, denn der ewige Richter verlangt von dir nur, wozu deine Erkenntnis ausreichend ist, nicht aber, wessen du unvermögend bist. Diese Überzeugung wirst du selbst gewinnen, wenn du das Gesagte beherzigst, denn alsdann wirst du alles richtig erkennen und nicht daran denken, zu rechten. Auf Erden aber ist es so, als ob wir alle in die Irre gingen, und hätten wir nicht Christi teures Antlitz vor Augen, so müßten wir untergehn und gänzlich in Verirrungen geraten, wie das Menschengeschlecht vor der Sündflut. Vieles auf Erden ist uns verborgen, dagegen ist uns das geheimnisvolle Bewußtsein der lebendigen Bande verliehen, die uns mit der andern Welt, mit der erhabenen höheren Welt verknüpfen, und die Wurzeln unserer Gedanken und Empfindungen ruhen nicht hier, sondern in anderen Welten. Darum sagen auch manche Philosophen, man könne das Wesen der Dinge auf Erden nicht erkennen. Gott hat die Samen anderer Welten entnommen und sie auf unsere Erde gestreut, und daraus ist sein Garten erwachsen, und alles ist aufgegangen, was aufgehen konnte, und was ausgezogen worden ist, lebt und ist lebendig allein durch das Bewußtsein seiner Berührung mit den geheimnisvollen anderen Welten. Wenn dieses Bewußtsein sich in dir abschwächt oder vernichtet wird, dann stirbt auch ab, was in dir aufgekeimt ist. Dann wirst du gleichgültig gegen das Leben, ja du hassest es. So denke ich.

Kann man Richter über seinesgleichen sein?
Vom Glauben bis ans Ende

Sei besonders dessen eingedenk, daß du niemals Richter sein kannst. Denn niemand kann auf Erden Richter eines Verbrechers sein, bevor er nicht selbst anerkannt hat, daß er ein ebensolcher Verbrecher ist wie der, der vor ihm steht, und daß er an dem Verbrechen des vor ihm Stehenden vielleicht mehr als alle schuld ist. Erst wenn er das durchschaut hat, erst dann kann er Richter sein. Wie unsinnig das auch erscheinen mag, so ist es doch lautere Wahrheit. Denn wäre ich selbst gerecht, so stände vielleicht kein Verbrecher vor mir. Vermagst du aber das Verbrechen dessen, der vor dir steht, des von deinem Herzen gerichteten Verbrechers, auf dich zu nehmen, so tu es sofort, und leide selbst für ihn, ihn aber entlaß ohne Vorwürfe. Und selbst, wenn das Gesetz dich zum Richter eingesetzt hat, so sollst du in diesem Sinne wirken, soweit du es vermagst, denn er wird dann hingehen und sich selbst viel härter richten, als dein Tribunal es vermochte. Geht er aber für deine Küsse unempfindlich fort, und lacht er über dich, so sollst du daran keinen Anstoß nehmen. Ersieh daraus, daß seine Zeit noch nicht gekommen ist. Er wird sich aber zu seiner Zeit einstellen; und kommt er nicht, gleichviel, so wird ein anderer kommen und sich schuldig bekennen und wird für ihn leiden wollen und wird sich anklagen und sich selber richten, und dem Rechte wird Genüge geschehen. Glaube daran und halte an diesem Glauben unverbrüchlich fest, denn gerade hierin ist die ganze Zuversicht und der ganze Glauben der Heiligen begründet.

Wirke unermüdlich! Wenn du nachts vom Schlafe erwachst und dich erinnerst: »Ich habe nicht getan, was ich sollte«, so erhebe dich sofort und tu es. Wenn böse und gefühllose Menschen dich umgeben, und wenn sie von dir sich nicht wollen raten lassen, so falle nieder vor ihnen und bitte um ihre Vergebung, denn wahrlich auch du bist schuld daran, daß sie nicht auf dich hören wollen. Und wenn du mit Verbitterten nicht reden kannst, so diene ihnen schweigend und in Demut, ohne jemals die Hoffnung aufzugeben. Wenn aber alle dich verlassen und dich mit Gewalt hinaustreiben, so daß du ganz allein stehst, dan falle zur Erde und küsse sie, durchfeuchte sie mit deinen Tränen, und die Erde wird aus deinen Tränen Frucht bringen, sollte auch in deiner Vereinsamung dich niemand sehen und hören. Habe Glauben bis ans Ende, und wenn es so kommen sollte, daß sich alle auf Erden abwendeten und du der einzige Gläubige bliebest: auch dann bringe dein Opfer dar und lobsinge Gott, als einzig Übriggebliebener. Treffen sich aber euer zwei von solcher Gesinnung —, siehe, dan ist bei auch die ganze Welt, die Welt der lebendigen Liebe; umarmt euch und lobt den Herrn; denn seine Wahrheit hat sich bewährt, wenn auch nur an euch beiden.

Wenn du selbst sündigst und zu Tode betrübt bist über deine Sündenlast oder über eine Versündigung, in die du plötzlich verfällst, dann freue dich über einen anderen, freue dich über den Gerechten, freue dich darüber, daß, während du gesündigt hast, er gerecht ist und nicht gesündigt hat.

Wenn du so sehr durch Unmut und Kummer über die Bosheit der Menschen erregt bist, daß du danach trachtest, an den Bösewichten Rache zu nehmen, dan erschrick vor diesem Gefühle mehr als vor allem anderen; geh sofort hin und suche nach Qualen für dich selbst, als hättest du selbst Schuld an dieser Bosheit der Menschen. Nimm diese Qualen auf dich und ertrage sie, und dein Herz wird still werden, und du wirst begreifen, daß du selbst der Schuldige gewesen bist, denn du hättest vor den Bösewichten leuchten können als der einzige Sündenreine, und du hast nicht geleuchtet. Wenn du geleuchtet hättest, so hättest du mit deinem Lichte auch anderen den Weg gewiesen, und derjenige, der die Missetat verübt hat, würde sie vielleicht in deinem Lichte unterlassen haben. Und auch dann, wenn du zwar leuchtest, aber erkennen mußt, daß die Leute sich selbst in deinem Lichte weder läutern noch bekehren, bleibe doch fest und laß keinen Zweifel an der Macht des himmlischen Lichtes in dir aufkommen; glaube, daß sie, wenn auch jetzt nicht, so doch später sich bekehren werden. Und tun sie es auch später nicht, so werden ihre Söhne sich bekehren; denn dein Licht wird nicht sterben. Der Gerechte geht dahin, sein Licht aber bleibt. Das Menschengeschlecht ehrt seine Propheten nicht, sondern läßt sie zuschanden werden, aber ihre Märtyrer lieben die Menschen, und sie ehren diejenigen, die von ihnen gemartert wurden. Du arbeitest für das Ganze, du wirkst für das Kommende. Darum strebe auch nie nach Belohnung, denn ohnehin ist dein Lohn hienieden groß: die Freudigkeit im Geiste, die nur der Gerechte erlangt. Fürchte weder die Vornehmen noch die Mächtigen, sei aber immer weise und rein. Lerne maßhalten und tue alles zu rechter Zeit. Bist du allein, so bete! Liebe es, dich zur Erde niederzuwerfen und sie zu küssen. Küsse die Erde unermüdlich, liebe unersättlich, liebe alle, liebe alles, suche das Entzücken und die Ekstase der Liebe! Netze die Erde mit deinen Freudentränen und liebe diese Tränen. Und schäme dich dieser Verzückung nicht, halte sie hoch, denn sie ist eine Gabe Gottes, eine große Gabe, und wird nicht vielen verliehen, sondern nur den Auserwählten.

Von der Hölle und dem höllischen Feuer. Ein mystische Betrachtung

Meine Väter und Lehrer, ich frage mich: Was ist die Hölle? Ich denke, sie ist das Leiden darüber, daß man nicht mehr zu lieben vermag. Einst im unendlichen, nach Zeit und Raum unermeßlichen Sein ward einem geistigen Wesen durch sein Erscheinen auf der Erde die Fähigkeit verliehen, sich zu sagen: »Ich bin und ich liebe.« Einmal, nur einmal ward ihm ein Augenblick tätiger, lebendiger Liebe verliehen, und dazu ward ihm das irdische Leben gegeben, und mit ihm Zeiten und Gelegenheiten. Und was geschah? Dieses glückliche Wesen wies die unschätzbare Gabe von sich, betrachtete sie höhnisch und blieb befühllos. Nachdem es in solcher Fühllosigkeit von der Erde geschieden war, schaute es Abrahams Schoß und redete mit Abraham, wie uns im Gleichnis vom Reichen und vom armen Lazarus gelehrt worden ist, und schaute das Paradies und konnte zum Herrn eingehen. Aber gerade das peinigte den Abgeschiedenen, daß er zum Herrn eingehen sollte, ohne geliebt zu haben, und daß er mit denen, die geliebt hatten und deren Liebe er verschmäht hatte, zusammentreffen sollte. Denn er sah nun klar und sagte sich selbst: »Jetzt habe ich die Erkenntnis, aber wie sehr ich auch danach dürste zu lieben, so gibt es für meine Liebe keine Betätigung mehr, zu keinem Opfer mehr gibt es Gelegenheit; denn das Erdenleben ist beendet, und Abraham wird nicht kommen, um auch nur mit einem Tropfen

Wasser (das ist durch Verleihung eines neuen tätigen Erdenlegbens, wie das vergangene) die Flamme des geistigen Liebesdurstes zu kühlen, in dem ich jetzt brenne, nachdem ich auf Erden zu lieben verschmäht habe. Das Leben ist nicht mehr, und die Zeit kehrt nicht wieder! Wie glücklich ich auch wäre, mein Leben für andere hinzugeben, so kann ich es nun nicht mehr, denn jenes Leben ist vergangen, das als Liebesopfer hingegeben werden konnte, und nun liegt ein Abgrund zwischen jenem Leben und diesem Sein.« Man redet von einer wirklichen Höllenflamme: ich will dieses Geheimnis nicht erforschen und fürchte mich davor, aber ich denke, daß man sich, wenn es eine wirkliche Flamme in der Hölle gäbe, ihrer wahrlich erfreuen würde, denn in der körperlichen Qual, glaube ich, würde man, wäre es auch nur für einen Augenblick, die allerentsetzlichste geistige Pein vergessen. Und von dieser geistigen Pein befreit zu werden, ist unmöglich, denn es ist keine äußere, sondern eine innere Marter. Und wenn es auch möglich wäre, so müßten, denke ich, die, die davon befreit worden sind, ihr Unglück dadurch nur um so bitterer empfinden. Denn wenn auch die Gerechten im Paradiese ihnen vergäben und sie in ihrer unendlichen Liebe zu sich riefen, so würden sie gerade dadurch die Martern noch mehr vergrößern, denn sie würden die Flamme des Durstes nach werktätiger Liebe (die aber doch jetzt unmöglich ist) noch heftiger anfachen. In der Schüchternheit meines Herzens meine ich indessen, daß gerade das Bewußtsein dieser Unmöglichkeit ihnen schließlich zur Linderung dienen muß, denn indem sie die Liebe der Gerechten ohne die Möglichkeit der Vergeltung empfangen, werden sie in dieser Ergebenheit schließlich eine Art jener werktätigen Liebe, die sie auf Erden verschmähten, oder eine dem ähnliche Betätigung finden und gewinnen . . . Ich bedaure, meine Brüder und Freunde, daß ich das alles nicht deutlicher auszusprechen vermag. Aber wehe denen, die auf Erden sich selbst vernichteten, wehe den Selbstmördern! Ich denke, daß niemand unglücklicher als diese werden kann. Und wird gesagt, es sei eine Sünde, für diese zu Gott zu beten, und die Kirche weiset sie von sich, doch im Innersten meiner Seele glaube ich, daß man auch für sie beten darf. Über Liebe und Erbarmen kann und wird Christus nicht zürnen. Für Selbstmörder habe ich mein ganzes Leben lang gebetet, das will ich euch beichten, meine Väter und Lehrer, und auch gegenwärtig bete ich jeden Tag für sie.

Oh, in der Hölle gibt es auch solche, die trotz klarer Erkenntnis und obwohl sie die unableugbare Wahrheit geschaut hatten, stolz und grausam gelebt haben; es gibt Entsetzliche, die sich ganz und gar dem Satan und seinem hoffärtigen Geiste übergeben haben. Für diese ist die Hölle eine selbstgewollte, und sie werden mit ihrer eigenen Zustimmung gequält. Sie haben sich selbst verflucht, indem sie Gott und das Leben verfluchten. Sie nähren sich an ihrer boshaften Hoffart, gleich wie ein Hungriger in der Wüste, der das eigene Blut aus seinem Leibe saugt. Unersättlich, wie sie für alle Ewigkeit sind, weisen sie auch die Vergebung von sich und fluchen Gott, der sie ruft. Sie können den lebendigen Gott nicht ohne Haß anschauen und wünschen, Gott möchte sich und seine Schöpfung vernichten. Und sie werden ewig im Feuer ihres Zornes brennen und nach Tod und Nichtsein schmachten. Doch den Tod werden sie nicht empfangen . . .

Hier endigt Alerei Feodorowitsch Karamasows Handschrift. Ich wiederhole es, sie ist nicht vollständig und besteht aus Bruchstükken. Die biographischen Nachrichten zum Beispiel umfassen nur die erste Jugend des Starez. Aus seinen Lehren und Meinungen aber ist wie zu einem Ganzen zusammengestellt worden, was offenbar zu verschiedenen Zeiten und bei verschiedenem Anlasse gesagt wurde. Alles das aber, was der Starez in den letzten Stunden seines Lebens redete, ist nicht genau wiedergegeben, sondern es hat nur im Zusammenhange mit dem, was in Alerei Feodorowitschs Aufzeichnungen von seinen früheren Lehren mitgeteilt worden ist, eine Vorstellung von dem Geiste und dem Charakter dieser Unterhaltung gegeben werden sollen.

Das Ende des Starez trat vollkommen unerwartet ein. Denn wenn auch alle, die an jenem Abend bei ihm versammelt waren, sich darüber, daß sein Ende nahe sei, keiner Täuschung hingeben konnten, so vermuteten sie doch nicht, daß es so plötzlich eintreten würde; seine Freunde waren im Gegenteil, wie ich bereits bemerkt habe, in jener Nacht beim Anblick seiner scheinbaren Munterkeit und Redseligkeit überzeugt, daß in seinem Befinden eine Besserung eingetreten sei. Selbst fünf Minuten vor seinem Ende ahnte man noch nichts. Plötzlich empfand er einen heftigen Schmerz in der Brust, erbleichte und preßte heftig die Hände aufs Herz. Da erhoben sich alle von ihren Plätzen und wandten sich ihm zu; er aber, der sie trotz seines Leidens immer noch mit Lächeln anblickte, ließ sich vom Lehnstuhle leise zu Boden gleiten und fiel auf die Knie, darauf beugte er sich nieder, mit dem Gesichte zur Erde, breitete die Arme aus, und indem er in freudiger Ekstase die Erde küßte und betete (wie er es gelehrt hatte), gab er still und freudig seinen Geist auf.

Die Nachricht von seinem Tode verbreitete sich sofort in der Einsiedelei und gelangte auch zum Kloster. Die dem Verstorbenen am nächsten Stehenden und diejenigen, denen es ihrem Range nach zukam, kleideten seine Leiche nach dem alten Ritus, die ganze Bruderschaft aber versammelte sich in der Hauptkirche. Und schon vor Tagesanbruch hatte die Nachricht, daß er gestorben sei, die Stadt erreicht. Am Morgen sprach fast die ganze Stadt von dem Ereignisse, und massenhaft strömten die Städter zum Kloster.

Ein Buch, das einen tiefen Einblick in die japanische Geschichte und die Mentalität der Japaner gewährt

Als Band mit der Bestellnummer 10707 erschien:

In bewegenden Bildern schildert die Autorin, wie es dazu kam, daß das Inselreich sich für mehr als zwei Jahrhunderte in die totale Isolation begab, wie dann der Wissenshunger wuchs und sich daraus eine Gesellschaft bildete, die heute die ganze Welt durch ihre Leistungsfähigkeit in Atem hält.

»Ein faszinierendes Buch, das mit den Mißverständnissen im Westen über Leben und Denkart der Japaner aufräumt.« DIE WELT

BASTEI
LÜBBE

Sachbuch

Als Band mit der Bestellnummer 63050 erschien:

»Griechischer Sommer« ist mehr als ein Reisebuch, es ist eine Iden-
tifikation mit einem Land, einem Volk, einer 4000jährigen Geschichte. Die Originalität von Lacarrière liegt im wörtlichen Sinne
in seiner Gangart: er ist zu Fuß unterwegs, und wir durchwandern
mit ihm Griechenland bis in seine geheimsten Winkel.
»Das einzig vergleichbare Buch ist Henry Millers »Koloß von
Maroussi«.

Nouvel Observateur

Die Götter der Nation: Künstlerkarrieren in der Sowjetunion.

Ein Blick hinter die Kulissen.

Norbert Kuchinke

Elite in Rußland

Leben und Arbeit
sowjetischer Künstler

Maja Plissetzkaja
Swjatoslaw Richter
Oleg Kagan
Walentin Rasputin
Ilja Glasunow
Sergej Bondartschuk
und andere

Lübbe

In der Sowjetunion werden die Künstler, gleich welcher Sparte, wie die Götter der Nation verehrt. Wo immer sie auftreten, eine Lesung geben, eine Ausstellung eröffnen, einen Film zeigen oder ein Konzert veranstalten, strömen die Menschen in großen Scharen hin. Viele dieser Künstler sind durch ihr Schaffen auch im Westen bekannt. Doch wie sieht ihr Alltag aus, wie arbeiten und leben sie, was denken und verdienen sie?
Norbert Kuchinke hat die bekanntesten unter ihnen kennengelernt und lange, aufschlußreiche Gespräche mit ihnen geführt. In sieben Porträts entwirft er ein umfassendes Bild von der Welt sowjetischer Künstler, das in vielen Fällen die bei uns geläufigen Vorstellungen revidiert und ergänzt.
272 Seiten. 62 Abbildungen.

Gustav Lübbe Verlag